L'EXPLORATION DU SAHARA

ÉTUDE HISTORIQUE ET GÉOGRAPHIQUE

PAR

P. VUILLOT

Membre de la Société de Géographie

PRÉFACE DU COLONEL PRINCE DE POLIGNAC

OUVRAGE ACCOMPAGNÉ
DE
QUARANTE-CINQ CARTES-ITINÉRAIRES HORS TEXTE
DOUZE PLANS
ET UNE CARTE DU SAHARA AU $\frac{1}{4.000.000}$

PARIS
AUGUSTIN CHALLAMEL, ÉDITEUR
LIBRAIRIE COLONIALE
5, RUE JACOB ET RUE FURSTENBERG, 2
—
1895

L'EXPLORATION
DU SAHARA

OUVRAGES DU MÊME AUTEUR

EN VENTE

CHEZ AUGUSTIN CHALLAMEL, ÉDITEUR

LIBRAIRIE COLONIALE

5, RUE JACOB ET RUE FURSTENBERG, 2

DES ZIBAN AU DJERID par les chott algériens.
Un volume in-4°, avec 2 cartes en couleurs et 30 phototypies hors texte. Paris, 1893.......................... 10 fr.

Carte du SAHARA et du NORD-OUEST de l'Afrique, de la Méditerranée au Sénégal et au lac Tchad, au 1/4.000.000^{me}, format grand-aigle, tirage en quatre couleurs. Honorée de souscriptions des Ministères de l'Instruction publique et des Colonies.

Cette Carte est constamment mise à jour et tenue au courant des travaux les plus récents et des dernières explorations. 5 fr.

Carte des Environs de TOMBOUCTOU, de DONGOÏ et de GOUNDAM, au 1/200.000. — **Plan de la ville de Tombouctou**, au 1/16.000. — **Carte du moyen Niger, en aval de Tombouctou**, au 1/1.000.000. — D'après les levés exécutés par les officiers de la région de Tombouctou, du 1er janvier au 1er juillet 1894. (Société de Géographie, *Comptes-rendus des Séances*.)............. 3 fr. 50

Clermont-Ferrand, typographie MONT-LOUIS, rue Barbançon, 2.

L'EXPLORATION
DU SAHARA

ÉTUDE HISTORIQUE ET GÉOGRAPHIQUE

PAR

P. VUILLOT

Membre de la Société de Géographie

PRÉFACE DU COLONEL PRINCE DE POLIGNAC

OUVRAGE ACCOMPAGNÉ
DE
QUARANTE-CINQ CARTES-ITINÉRAIRES HORS TEXTE
DOUZE PLANS
ET UNE CARTE DU SAHARA AU $\frac{1}{4.000.000}$

PARIS
AUGUSTIN CHALLAMEL, ÉDITEUR
LIBRAIRIE COLONIALE
5, RUE JACOB ET RUE FURSTENBERG, 2

1895

Au signataire du traité de Ghadamès
a l'un des plus ardents propagateurs de l'influence
française dans l'Afrique du Nord

AU COLONEL PRINCE DE POLIGNAC

Je dédie, en signe de respectueux hommage, cette étude historique de l'Exploration du Sahara.

P. Vuillot.

Paris, 1895.

PRÉFACE

Monsieur,

En daignant nous dédier votre œuvre, vous me demandez un mot de préface.

Que dire, si ce n'est que l'œuvre elle-même est une préface, celle de notre grandeur nationale régénérée?

Elle dit à notre cher pays que l'héritage des Romains en Afrique nous revient : l'Islam, qui l'a recueilli, frappe aux portes de notre Sud algérien pour nous le transmettre, agrandi jusqu'à l'équateur; l'unification est déjà faite du Tchad à la mer Rouge, par l'empire du Mahdi.

Le livre vient à son heure.

Oui, c'est bien une préface de notre prise de possession, ce résumé complet de l'histoire de nos précurseurs dans le Sud algérien, de leurs efforts, de leurs souffrances poussées parfois jusqu'à l'amertume de la mort.

Ils sont allés consulter pour nous cette grande voix criant dans le Désert pour annoncer l'ère nouvelle, et *vous avez reconstitué en un texte saisissant, les paroles éparses que chacun a recueillies.*

D'ailleurs, pour être interprète fidèle, vous avez voulu goûter vous-même aux fatigues que vous alliez raconter; vous avez choisi votre terrain avec une sagacité rare, une zone du Sud-Est algérien, à peine explorée, mais qui est destinée à devenir une des régions les plus peuplées et les plus commerçantes.

Vous avez rendu compte de ce voyage, accompli il y a deux ans, dans un récit qui est un modèle du genre.

Vous êtes donc vous-même un précurseur. Peut-être vous êtes-vous oublié dans la liste, ou ne vous êtes-vous pas mis à votre vrai rang?.... Je tiens à réparer ici, d'avance, cette omission.

Quant à nous, si nous avons pu faire quelque chose pour la cause ici plaidée, la dédicace de la présente œuvre nous assure notre récompense. Mais nous voulons associer à notre honneur la mémoire de notre père, qui a bravé dix-sept ans de prison et d'exil pour pouvoir donner l'Algérie à la France, et qui a transmis à ses enfants le désir de la servir au prix de pareils sacrifices.

Et maintenant, beau livre, qui cherches le cœur de notre cher pays, que Dieu te mène à ton adresse.

COLONEL PRINCE DE POLIGNAC.

Bou Zaréa, 1894.

INTRODUCTION

BUT DE L'OUVRAGE.

Du Haut-Sénégal, les colonnes françaises ont planté notre drapeau sur les rives du Niger d'abord, au Macina ensuite, enfin à Timbouctou. Dans le Sud oranais, la voie ferrée se prolonge, lentement il est vrai, mais sûrement, au delà d'Aïn-Sefra, et l'occupation des oasis du Gourara, du Touat et du Tidikelt est imminente. Au sud-est de nos provinces algériennes, des relations amicales viennent d'être renouées par les dernières missions avec les Touareg-Azdjer. Le mystérieux Sahara central, minotaure terrible qui a dévoré tant de courageux voyageurs, d'explorateurs intrépides, se trouve enserré dans un cercle qui l'étreint chaque jour plus étroitement, et il ne saurait tarder à abaisser les obstacles qu'il opposait à la civilisation et à la science.

Au moment donc où toute cette immense région va ouvrir un vaste champ à la géographie, réduite jusqu'à ce jour à de simples probabilités, il nous a paru utile et intéressant, de passer en revue les différentes explorations qui ont été faites dans le Sahara, et auxquelles nous devons les renseignements que nous possédons actuellement sur ces vastes territoires qui s'étendent de l'Algérie au Niger.

De nombreux volumes déjà ont été publiés, surtout en ces dernières années, sur l'extrême-sud de nos possessions d'Algérie; mais, de ces ouvrages, les uns, simples récits d'explorations, ne se rapportent qu'à tel ou tel itinéraire particulier suivi par l'auteur; les autres, œuvres d'officiers qui ont longtemps résidé dans le sud, sont, en général, des recueils d'une haute valeur scientifique, il est vrai, mais techniques et arides, contenant surtout des statistiques de tribus et des itinéraires dressés par renseignements : aucun ne résume la longue suite des efforts tentés, avec un succès inégal, par les voyageurs qui sont partis de la côte nord d'Afrique, attirés par l'inconnu mystérieux du grand massif du Sahara central.

Le récit de chacun de ces voyages divers se trouve bien être le sujet, soit d'un ouvrage particulier, soit d'un article dans quelque revue scientifique, soit même d'une simple note dans un bulletin quelconque de Société de géographie; mais ces ouvrages sont souvent épuisés, ces articles, ces notes, sont ou ignorés, ou très difficiles à retrouver; quelles difficultés ne rencontre pas celui qui, ne s'étant pas fait une spécialité de l'étude des questions sahariennes, désire cependant avoir une idée générale des résultats géographiques ou politiques de chaque exploration faite dans le Sahara septentrional.

C'est à ce désir du lecteur que nous nous sommes efforcés de répondre, en condensant dans ce volume les différents itinéraires suivis par les voyageurs dans le Sahara algérien, marocain et tunisien, et en indiquant les conséquences de chacun de ces voyages. Aussi souvent que possible, nous avons cité les paroles mêmes de l'explorateur, résumant son voyage dans quelque conférence scientifique. Enfin, nous nous sommes efforcés de faire ressortir l'importance de chaque route suivie, de chaque région explorée, tant au point de vue particulier du chemin de fer de pénétration dit *Transsaharien*, qu'à celui, plus général, de la propagation de l'influence française et de l'extension de notre autorité dans le vaste empire colonial qui nous a été reconnu dans le nord-ouest de l'Afrique par l'acte de la conférence de Berlin.

Nous nous occuperons donc particulièrement, sinon essentiellement, dans cette étude, des voyages ayant eu pour objet le Sahara septentrional et central, que nous délimitons ainsi : à l'ouest, la côte de l'Océan Atlantique; au nord, le Maroc, l'Algérie, la Tunisie et la côte de la Tripolitaine; à l'est, une ligne allant de Tripoli à l'Aïr en passant par Mourzouk, laissant en dehors les routes passant par les oasis de Koufra et le Tibbesti, et la route allant du Fezzan au Tchad, par Bilma; au sud, une ligne allant d'Agadès au sommet de la boucle du Niger; enfin, au sud-ouest, la région d'El Hodh, du Tagant et de l'Adrar, jusqu'au-dessous du cap Bogador.

Nous avons choisi, pour étudier l'ensemble de ces différents voyages, l'ordre chronologique plutôt que la réunion par groupes se rapportant à telle ou telle région particulière. Souvent, en effet, tel voyage exécuté à l'une des extrémités du Sahara peut avoir une grande influence sur tel autre fait à l'extrémité opposée; il eût été difficile de mettre ce rapport suffisamment en valeur sans cet ordre chronologique général.

A chaque voyage, nous avons attribué, soit une carte générale, indiquant l'ensemble de l'itinéraire parcouru, soit une ou plusieurs cartes-itinéraires au 1/8.000.000, ou même au 1/2.000.000, suivant l'importance du voyage ou l'intérêt de la région parcourue.

Toutes ces cartes se trouvent — non pas réunies en atlas en un volume séparé, ou même assemblées à la suite de l'ouvrage, ce qui aurait le défaut de les rendre difficiles à consulter pendant la lecture du texte — mais à côté du texte même qui s'y rapporte. Nous nous sommes soigneusement attachés à ce que tous les noms géographiques cités dans le cours d'un voyage se trouvent reportés sur la carte correspondante. Enfin, pour la question toujours délicate de l'orthographe de ces mêmes noms géographiques, nous avons choisi, aussi bien pour le texte que pour les cartes, celle adoptée par M. le commandant de Lannoy de Bissy pour sa grande carte d'Afrique au 1/2.000.000, en y apportant cependant quelques rares modifications qui nous ont paru nécessaires.

Nous avons donc lieu d'espérer que cet ouvrage, rendu aussi clair que possible, donnera une idée précise et nette des progrès successifs de l'exploration du Sahara septentrional et central. Si le lecteur veut bien en juger ainsi, nous nous estimerons heureux, car notre but sera atteint.

Paris, 1895.

TABLE DES MATIÈRES

	Pages.
Préface	VII
Introduction et but de l'Ouvrage	IX

1re PÉRIODE. — Depuis l'occupation française jusqu'au traité de Ghadamès (1830-1862).

Chap. I. — Les premiers voyageurs européens dans le Sahara. — Le major Laing, — René Caillié	1
Chap. II. — Voyages de Davidson, — Richardson ; — Barth, Richardson et Overweg	11
Chap. III. — Voyages de Panet, — de Bonnemain, d'Ismayl bou Derba.	43
Chap. IV. — Voyages de Henri Duveyrier. — Mission Colonieu et Burin.	59
Chap. V. — Mission Mircher et de Polignac. — Traité de Ghadamès...	77

2me PÉRIODE. — Du traité de Ghadamès au massacre de la mission Flatters (1862-1881).

Chap. VI. — Voyages de Gerhard Rohlfs	93
Chap. VII. — Voyage et mort de Mlle Tinne. — Expédition du général Lacroix et du lieutenant-colonel Gaume. — Colonne du général de Galliffet	109
Chap. VIII. — Voyage et mort de Dournaux-Dupéré et Joubert. — Voyage de Soleillet au Tidikelt. — Les deux voyages de Largeau à Ghadamès. — Mort des Pères Paulmier, Ménoret et Bouchand. — Insuccès de Largeau au sud d'Ouargla. — Voyage et mort de Von Bary	119
Chap. IX. — Voyage d'Oskar Lenz. — Voyage des Pères Richard et Kermabon	153
Chap. X. — Première idée d'un chemin de fer transsaharien. — Missions Duponchel, Choisy et Pouyanne. — Les deux missions Flatters	173

3ᵐᵉ Période. — Du massacre de la mission Flatters jusqu'a l'époque actuelle.

Chap. XI. — Mort des Pères Richard, Morat et Pouplard. — Voyage de M. Foureau en 1883............................. 201
Chap. XII. — Le lieutenant Palat. — Camille Douls................. 221
Chap. XIII. — Rhazzou de Touareg-Taïtok au hassi Inifel. — Mission de M. Foureau au Tademaït, en 1890............... 241
Chap. XIV. — Voyage de M. G. Méry (Février-Mars 1892). — Mission de M. F. Foureau (Janvier-Avril 1892)............... 255
Chap. XV. — Une ambassade targuie en Algérie. — Mission de M. Méry (Décembre 1892-Avril 1893). — Mission de M. Foureau (Décembre 1892-Février 1893)................... 265
Chap. XVI. — Mission de F. Foureau (Novembre 1893-Mars 1894). — Mission d'Attanoux (Janvier 1893-Avril 1894)......... 297
Chap. XVII. — L'Avenir du Sahara. — Sa mise en valeur pratique. — Conclusions.. 321

EXPLORATION DU SAHARA

CHAPITRE PREMIER

LES PREMIERS VOYAGEURS EUROPÉENS DANS LE SAHARA.
LE MAJOR LAING. — RENÉ CAILLIÉ.

Avant l'occupation française, et pendant les débuts même de cette occupation, toute militaire, l'Algérie ne pouvait guère être choisie par les voyageurs comme point de départ pour leurs explorations dans le Sahara central; la Tripolitaine et le Maroc leur offraient une base d'opérations plus tranquille et plus calme, et par cela même plus sûre.

Aussi est-ce du Maroc que nous voyons, en 1809[1], partir l'Allemand Rœntgen, avec l'intention de gagner

---

[1] Nous ne citerons que pour mémoire Paul Imbert, matelot français qui, vers 1630, fut pris par les Arabes à la suite d'un naufrage sur la côte de l'Atlantique et vendu comme esclave; il arriva ainsi à Timbouctou. Plus tard il fut amené au Maroc, et l'expédition du commandant français Razilly, en 1632, ne put lui rendre la liberté; il mourut quelques mois plus tard, étant encore en captivité; Imbert n'a donc jamais raconté ce voyage forcé, qui est réellement sans aucune valeur pour l'histoire des découvertes en Afrique.

Timbouctou en se faisant passer pour Arabe. Il quitta Mogador, aux frais de l'« African Association », avec deux guides, dont l'un était un renégat allemand; il ne put que s'avancer à quelques journées de marche dans la direction du Sud, et fut assassiné par ses deux compagnons de route, en juillet 1809, dans la province marocaine de Haha.

C'est de Tripoli que partirent, quelques années plus tard, en 1819, les Anglais Ritchie et Lyon. Les premiers ils relevèrent la route de Tripoli à Mourzouk par Sokna, route ordinairement suivie par les caravanes allant du Soudan en Tripolitaine.

C'est encore de Tripoli que partit le major Laing, pour son grand voyage au Sahara central et à Timbouctou. Laing, connu dans le Sahara sous le nom d'*er Raïs* (le capitaine), avait débuté, en 1822, par une exploration dans le nord du territoire anglais de Sierra-Leone; pour son second voyage, il préféra partir de la côte méditerranéenne; en mai 1825, il quittait Tripoli pour se rendre à Ghadamès en faisant un grand détour dans la région qui s'étend au nord de Mourzouk.

De Ghadamès, Laing prit la route de Temassinin pour aller au Tidikelt, à In Salah et à Akabli; le 10 janvier 1826, il continua son voyage vers Timbouctou, mais à peine arrivé sur le versant occidental de l'Adrar Ahnet, il fut attaqué pendant la nuit du 27 janvier par des Touareg Ahaggar, qui lui firent des blessures graves. Il est permis de supposer que la conduite de ces Ahaggar fût, en cette circonstance, dictée par un sentiment de vengeance, conséquence du mal que Mungo-Park[1] avait fait à

---

(1) Mungo-Park, docteur écossais, né en 1771, avait fait plusieurs voyages en Afrique. Il fut le premier à voir le Niger (ou Dhioli-Bâ), à Bammako

leurs frères, les Iguouadaren et les Kel Terarart, lorsqu'il fut attaqué par eux, vingt ans auparavant, pendant sa descente du Niger.

Laing quitta alors, par mesure de prudence, la route directe sur laquelle il marchait jusque-là ; il passa par le point d'In Zizé, d'où il traversa obliquement le Tanezrouft, à l'endroit de sa moins grande largeur, pour gagner Am Ghannam (Am Ranem), et arriva dans l'Azaouad pendant la saison d'été. Reçu en ami par Sidi Mohammed ech Cheikh, aïeul de Sidi Mohammed el Bakkay, il s'arrête auprès de lui le temps nécessaire pour se remettre de ses blessures ; une fois rétabli, vers le 12 août, il reprend sa route et arrive à Timbouctou le 18 août 1826.

Le major Laing, qui avouait hautement sa religion et sa nationalité, se heurta, dans Timbouctou, à la fois contre le fanatisme religieux et contre la jalousie politique des Foulbé ; ceux-ci l'expulsèrent de la ville. Il se confia alors au chef des Berabich, Ahmed ould Abêda ould er Rahal, de la tribu des Ouled Sliman, et au chef de la ville d'Araouan, Ahmed el Habib ; il partit de Timbouctou, sous leur escorte, le 22 septembre : deux jours après, il mourait sur la route d'Araouan, étranglé par son guide Ahmed ould Abêda.

On a successivement attribué ce meurtre, soit au fanatisme des Berabich, soit à leur avidité et à leur désir de s'approprier les bagages du voyageur, soit même à des difficultés d'ordre privé que Laing aurait eues avec son guide ; quoi qu'il en soit, tous les efforts faits pour

---

d'abord, puis à Ségou. Chargé dans la suite d'une mission par le gouvernement anglais, il retourna à Bammako, s'embarqua sur le Niger, qu'il descendit jusqu'auprès de Bouroum. Attaqué par les Aouelimmiden, il périt, tué ou noyé, en 1806. Toute la mission fut anéantie dans ce désastre.

retrouver le journal de route et les cartes du major ont été infructueux; les quelques lettres que l'on ait reçues de lui (la dernière est datée de l'Azaouad, avant son entrée à Timbouctou), ont été publiées dans la *Quaterly Review*, vol. XXXVIII, XXXIX et XLII. Ce sont là les seuls résultats géographiques de ce voyage; quant aux résultats politiques, ils sont assez importants : le souvenir d'*er Raïs* est resté vivant dans la famille puissante des Bakkay de Timbouctou, ainsi que Barth a pu le constater plus tard; Rohlfs, de son côté, devait également, dans le Tidikelt, entendre parler avec beaucoup d'éloges du voyageur anglais; ce fait est d'autant plus remarquable que Laing, ne cachant nullement sa nationalité, risquait de froisser les préjugés religieux des tribus fanatiques qui habitent le Sahara central.

.˙.

Cette route de Timbouctou à Araouan, si funeste au major Laing, fut parcourue et prolongée jusqu'au Maroc, quelques années après, par un jeune et hardi Français, René Caillié. Le premier, il rapporta au monde civilisé des données exactes sur les tribus du Sahara central, sur les habitants de Timbouctou et sur la ville elle-même; enfin ce fut lui qui releva le premier itinéraire régulier reliant, à travers le désert, le bassin du haut et du moyen Niger à la côte méditerranéenne.

De 1816 à 1824, René Caillié fit plusieurs voyages au Sénégal et à la Guadeloupe, et débuta comme explorateur en partageant les fatigues et les souffrances que M. Partarricu et le major Gray eurent à subir dans

ITINÉRAIRE
de
RENÉ CAILLIÉ
1827-1828
1re Partie
Echelle 1:5 000 000

leur mission au Boundou; il passa ensuite de longs mois chez les Maures Braknas, vivant de leur vie nomade, étudiant leurs coutumes et leurs mœurs; se sentant enfin capable de passer pour Arabe, il demande au gouverneur du Sénégal un léger subside pour préparer son grand voyage vers la ville mystérieuse de Timbouctou; repoussé de toutes parts, en butte aux railleries et aux dédains de ceux-là même qui, par leur position officielle, auraient dû être son plus ferme appui, il ne se découragea pas : une place lui est offerte dans une factorerie anglaise de Sierra-Leone, il l'accepte; après y avoir fait quelques économies, il part avec son petit avoir, un peu moins de 2,000 francs, pour Kakondy, sur le rio Nunez, d'où il se dirigera vers l'intérieur.

Nous passerons rapidement sur les deux premières parties du voyage de Caillié, de Kakondy (19 avril 1827) à Timé, où une cruelle maladie le retint cinq mois, du 3 août au 9 janvier de l'année suivante, et de Timé à Timbouctou (19 avril 1828) par Djenné et le cours du Dhioliba ou Niger.

C'est la troisième partie de l'itinéraire du jeune voyageur, de Timbouctou à la côte méditerranéenne, qui nous intéresse ici, comme traversant le Sahara septentrional et jetant un jour tout nouveau sur la géographie de cette région, tout à fait inconnue à cette époque.

Après un court séjour à Timbouctou (19 avril-4 mai 1828), Caillié se joint à une grande caravane de six cents chameaux devant aller à Araouan, au nord de Timbouctou; il y arrive le 9 mai, après avoir visité le lieu où avait péri le major Laing; il avait, du reste, déjà recueilli quelques renseignements sur l'infortuné voyageur, ayant habité à Timbouctou une maison voisine de la sienne et ayant eu l'occasion de s'entretenir plusieurs fois avec l'ancien hôte de son malheureux devancier; mais, voyageant sous le costume d'un pauvre Maure, Caillié était tenu à une réserve des plus grandes : la moindre question compromettante aurait dévoilé sa nationalité et causé infailliblement sa perte.

Pendant les dix jours que Caillié passa à Araouan, il eut cruellement à souffrir d'un vent d'Est, brûlant, qui embrasait continuellement l'atmosphère; il n'en recueillit pas moins de nombreux renseignements sur le commerce de la ville elle-même et sur celui de Oualet (Oualata), à dix jours de marche vers l'Ouest.

Caillié repartit d'Araouan le 19 mai avec une caravane forte de douze cents chameaux, qui remontait vers le Nord; les Maures qui la composaient, le prenant pour un pauvre pèlerin, sans ressource aucune, lui firent subir mille avanies qui vinrent s'ajouter aux tortures de la soif : en effet, l'eau manqua pendant plusieurs jours, avant l'arrivée de la caravane aux puits de Téligh (26-27 mai) près de Taoudéni.

C'est avec la même caravane que Caillié poursuivit sa route jusqu'à El Harib, au sud du Maroc et au sud-ouest des oasis du Tafilet, par l'itinéraire suivant : puits de Khamès, de Trajas (Tghâza), d'Amoul Gragin (5 juin), d'Amoul Taf, d'El Kseif (bir Eglif), de Marabouty, d'El Guedea (Iguédia), de Mayara et de Sibicia. Arrivé le 29 juin à El Harib, il y vécut misérablement, dans un campement de Maures, jusqu'au 12 juillet, époque à laquelle il trouva l'occasion d'accompagner quelques Maures se rendant à Gourlan dans le Tafilet; il y arrive le 23 juillet, après avoir visité El Hamid, Mimcina, Yéné-

Exploration du Sahara

P. Vuillot.

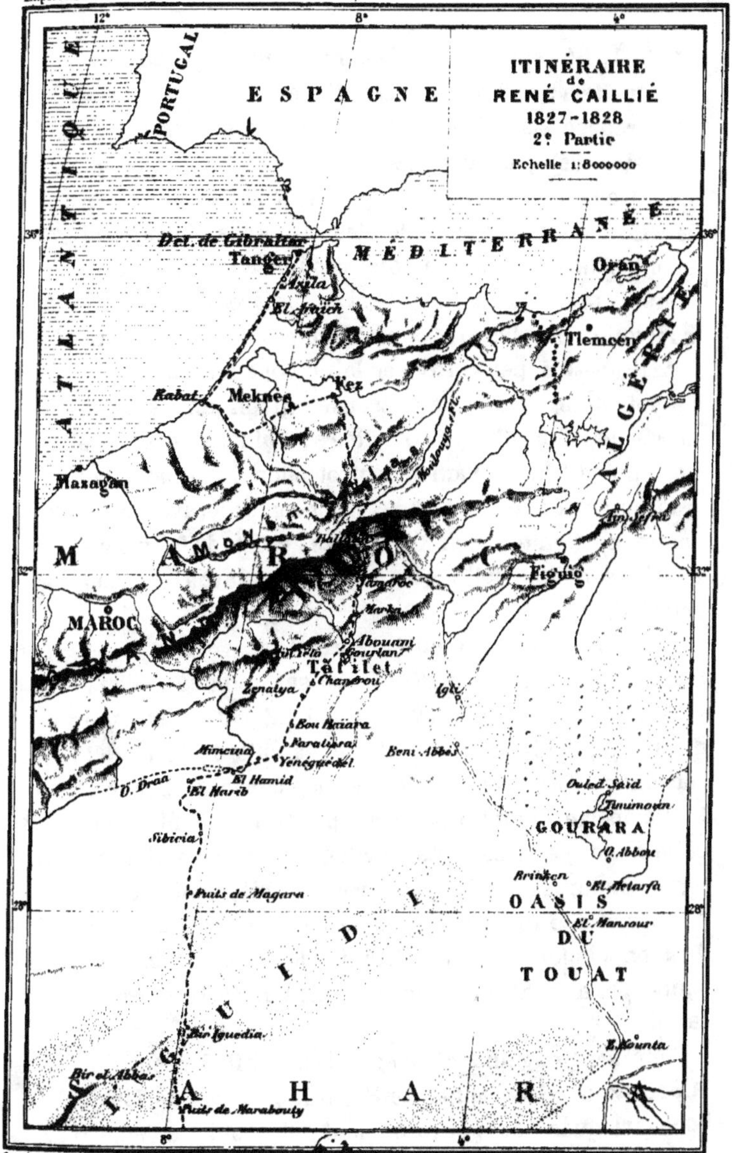

Gravé par R. Hausermann.

Guédel, Faratissa, Bou-Haïara, Zenatya, Chanerou et Aïn-Yéla; épuisé par les fatigues et les privations, il se repose six jours, ne négligeant cependant aucune occasion d'étudier le Tafilet et sa situation commerciale qu'il trouve florissante; il reprend, le 29, sa route vers le Nord, au milieu de difficultés de toutes sortes, craignant sans cesse de se voir reconnu comme chrétien et mis à mort. Le 6 août, il est à Tamaroc, le 14 à Fez qu'il quitte au plus vite pour Mequinez (Meknez) et Arbate (Rabat); il pense trouver là un consul français : sa déception est grande de ne trouver qu'un juif marocain faisant fonction d'agent consulaire; Caillié se découvre néanmoins à lui, réclamant la protection due à tout sujet français; pour toute réponse, il est congédié, avec la recommandation toutefois de bien se garder de faire connaître sa nationalité « s'il ne veut pas avoir le cou coupé ».

Toujours errant, Caillié reprend sa route, passe à El Araïch, d'où il aperçoit, non sans émotion, deux corvettes croisant au large; il atteint enfin, exténué de fatigue, épuisé par la maladie, la ville de Tanger (7 septembre 1828). Recueilli par le vice-consul de France, M. Delaporte, il quitte ses haillons de mendiant arabe et se remet peu à peu, mais lentement, de toutes les fatigues endurées; enfin, embarqué secrètement à bord d'une corvette française afin de déjouer le fanatisme de la population, il quitte le continent africain le 28 septembre, et ne tarde pas à poser le pied sur la terre française.

Pour son magnifique voyage, René Caillié reçut de la Société de Géographie de Paris le prix dit de Timbouctou; quant au gouvernement, il remit au jeune voyageur diverses récompenses et le créa chevalier de la Légion d'honneur.

Les résultats géographiques du voyage de Caillié sont des plus importants : sans parler de ses itinéraires de Kakondy à Djenné et sur le Niger, il put relever d'une façon assez précise, à l'aide de la boussole, la route suivie de Timbouctou à Tanger, malgré les difficultés que lui causait le fanatisme de ses compagnons de route; obligé de se cacher pour crayonner ses quelques notes journalières, il parvint cependant à rapporter de Timbouctou et des régions qu'il avait traversées une description et des itinéraires que tous les voyageurs suivants se sont accordés à trouver très exacts. Quant aux résultats politiques de ce voyage, ils sont et ne peuvent être que nuls, étant donnée l'obligation dans laquelle se trouvait le voyageur de cacher avec le plus grand soin sa nationalité.

Les notes de route de Caillié, réunies et rédigées par lui-même, ont été publiées par les soins de M. Jomard, membre de l'Institut, sous le titre suivant : *Journal d'un voyage à Timbouctou et à Jenné, dans l'Afrique centrale,* par René Caillié, avec une carte itinéraire et des remarques géographiques par M. Jomard. — Paris, Imprimerie Royale, MDCCXXX, 3 vol.[1].

A la suite des notes de route et du journal du voyageur se trouvent des vocabulaires français-mandingue et fran-

---

(1) Le voyage de Caillié fut mis en doute, surtout par les Anglais, et cet intrépide explorateur eut à supporter le tourment de s'entendre reprocher d'avoir décrit des contrées qu'il n'avait jamais vues. Ces doutes ne disparurent complètement que quand Barth eut confirmé les récits de Caillié. Ce dernier ne vécut pas longtemps ; les terribles épreuves qu'il avait supportées n'étaient pas restées sans laisser de traces, même sur une constitution aussi robuste que la sienne, et le 17 mai 1839, il mourut dans son pays natal, à Mauzé, dans le Poitou.

çais-kissou, des observations sur les mœurs et les usages des peuples qu'il a visités, des notes sur les productions naturelles des pays qu'il a parcourus, des tableaux-itinéraires de sa route, des remarques sur les puits du désert au nord de Timbouctou, etc. Cette simple énumération montre suffisamment toute l'importance et la diversité des renseignements qu'a recueillis le voyageur, et l'intérêt très grand que présente l'ouvrage dans lequel il les a réunis.

CHAPITRE II

VOYAGES DE DAVIDSON, — RICHARDSON, — BARTH, RICHARDSON ET OVERWEG.

Le succès de René Caillié et les quelques renseignements qu'avait rapportés le jeune voyageur sur le Sahara central firent grand bruit dans le monde géographique de cette époque ; les Anglais ne pouvaient se consoler de voir réussir un pauvre voyageur français là où un de leurs plus brillants officiers avait trouvé la mort. Jean Davidson, connu chez les musulmans sous le nom de Yahiya Ibn Daoud, résolut d'essayer, lui aussi, d'atteindre Timbouctou, mais, contrairement à Caillié, par la voie du Nord-Ouest.

Il partit de Tanger le 26 décembre 1835, après avoir pris dans cette ville sa première leçon d'arabe un mois auparavant. Il suivit la côte jusqu'à Azemmour, par Azila, el Araïch, Mehediya, Salé, Rabat, Fedhala et Dar-Cheurfa. D'Azemmour, il s'enfonça dans la province de Dekkala, et, après avoir visité Souk Tleta, Nezla Smira et Souinia, atteignit la ville de Maroc (Merakech) à peu près en même temps que s'y répandait la nouvelle de la prise de Tlemcen par les Français.

Davidson parcourut alors les parties de l'Atlas qui se trouvent au sud de Maroc, le Tagherout et le Djebel Tezah, et rejoignit la côte à Mogador, où les bruits qui coururent à son sujet permettaient de prévoir toutes les difficultés qu'il devait rencontrer dans la suite. Il continua sa route par Agadir, à l'embouchure de l'Ouad Sous, Dar ben Deleïmi, et arriva à Aouguelmin (22 avril 1836), capitale du petit Etat de l'Ouad Noun, après avoir traversé le territoire des Aït bou Amran ; là, il attendit vainement, pendant six mois, une occasion de départ pour Timbouctou.

A cette époque, la situation était très embrouillée dans cette partie du sud marocain : l'anarchie et les guerres intestines régnaient entre les tribus, la population d'Aouguelmin donnait des preuves continuelles de fanatisme, et les meurtres étaient fréquents. Le cheikh Beyrouk, chef du petit district de l'Ouad Noun, insistait pour que Davidson ne continuât son voyage qu'en compagnie et sous la protection de la grande caravane annuelle ; d'autre part, le voyageur venait d'être prévenu personnellement par le consul anglais à Mogador de l'imminence du danger qu'il courait s'il ne revenait pas près de lui ; Davidson avait déjà trouvé, à plusieurs reprises, la confirmation des craintes qu'on lui avait exprimées, mais il jugea qu'étant donné l'état du pays, il lui serait aussi difficile de revenir en arrière que de continuer sa marche en avant.

Enfin, le 8 novembre, Davidson partit d'Aouguelmin avec une caravane de Tadjakant et sous la protection directe de deux hommes de la tribu : Cheikh Mohammed el Abd et Ahmed Moulid ; il traverse l'oued Draa, non sans avoir à payer, ainsi que ses compagnons de route,

Exploration du Sahara — P. Vuillot

ITINÉRAIRE de DAVIDSON 1836
Echelle 1:8 000 000

un lourd droit de passage aux Idaoulet et aux Aït-Atta qui attaquèrent la caravane; il franchit ensuite les dunes d'Iguidi, mais, arrivé à Souékeya, près de l'Ouad Sous, à peu de distance à l'ouest du puits Metemna bou Chelbia, il fut mis à mort, le 18 décembre 1836, par un parti d'Aarib, à l'instigation des marchands du Tafilet, qui ne pouvaient s'expliquer la venue de Davidson que par le désir où étaient les Anglais d'accaparer le commerce de l'intérieur, ou par les intentions de cette nation de faire des conquêtes dans le Maroc et le Sahara marocain comme nous en faisions alors nous-mêmes en Algérie [1].

***

L'insuccès et la mort tragique de Davidson ne découragèrent pas les Anglais ; James Richardson voulut se lancer, lui aussi, dans le Sahara, mais non par le Maroc ; il choisit la Tripolitaine pour point de départ, et résolut d'étudier les avantages commerciaux que pourrait retirer l'Angleterre d'une connaissance plus complète des routes de caravanes allant de Tripoli au Soudan et vers le Niger.

Après un séjour de trois mois à Tripoli, nécessaire pour ses préparatifs de route et pour l'obtention d'un passe-port du pacha pour les villes du Sahara tripolitain, il se mit en route le 2 août 1845, avec une caravane de marchands ghadamsi qui rentraient dans leur ville.

Trois itinéraires différents mènent de Tripoli à Ghadamès : l'un, oriental, passe par Mizda et bir Nasra en faisant une grande courbe vers le Sud-Est; un second,

---

[1] La correspondance de Davidson, la première partie de son journal et ses notes de route, recueillies par son frère, ont été imprimées, à très peu d'exemplaires, sous ce titre : *Notes taken during travels in Africa, by the late John Davidson*. London, 1839.

passant par Sidi Belat, Djâdo, Nâlout et Sinaoun, fait un écart par le Nord-Ouest; enfin, un troisième, plus direct, se trouve entre les deux itinéraires précédents, traverse le Djebel Nefousa à Ksar Yefren et à Zintan, et va retrouver la seconde route à Sinaoun.

C'est ce troisième itinéraire que suivit la caravane qu'accompagnait Richardson; elle monta péniblement les contreforts septentrionaux du Djebel Nefousa et arriva le 6 août au ksar Yefren. Richardson trouva ce ksar très délabré, mais placé dans une situation si forte qu'une très faible garnison turque y suffisait pour tenir en respect toutes les populations des montagnes environnantes.

Du ksar Yefren Richardson passe à Zintan, où il sort du Djebel Nefousa proprement dit et franchit le plateau qui lui fait suite vers le Sud-Ouest, par une route facile qui l'amène à Sinaoun le 20 août; le 25 il fait son entrée à Ghadamès, et y fut bien reçu par les habitants, quoique voyageant ouvertement comme chrétien; il se faisait, en effet, passer pour un consul anglais que son gouvernement envoyait dans les villes du Sahara Tripolitain.

Pendant trois mois, Richardson reste à Ghadamès, sous la protection du gouverneur turc Mustapha; il parcourt la ville, étudie les mœurs de la population et ses besoin commerciaux; il a, de plus, de nombreuses occasions de converser avec des Touareg de la tribu des Azdjer qui, tous, lui offrent de le conduire en toute sécurité à Rhât d'abord, et dans l'Aïr ensuite. Le 25 novembre, il quitte Ghadamès avec une caravane qui se dirige vers Rhât; les ghadamsi de la caravane, craignant un rhazzou de Chaamba qui se trouvait alors au

Exploration du Sahara   P. Vuillot

ITINÉRAIRE
de
JAMES RICHARDSON
1845-1846

Échelle 1:8 000 000

Sud-Ouest de Ghadamès, ne prirent pas la route ordinaire qui se dirige droit sur le puits de Taghma, mais firent un crochet vers l'Est en passant par In Guelzam et bir Macin; de ce puits, la caravane traversa la Hamada el Homra en se dirigeant droit au Sud vers le bir Nazar, point où elle sortit de la Hamada pour entrer dans les Sables d'Edeyen; elle passa au puits d'el Misla, rejoignit la route habituelle à Taghma, but aux puits de Cheberma et sortit des dunes d'Edeyen à Djeberten pour entrer dans la vaste plaine qui s'étend au nord de Rhât.

Après une dernière station à Tarz-Oulli, Richardson arrive le 15 décembre à Rhât, où il est reçu par le gouverneur de la ville, el Hadj Ahmed, qui lui offre l'hospitalité. Pendant les cinquante jours qu'il passe à Rhât, il entre en relations avec Mohammed Chaffao ben Saïd, chef des Touareg Azdjer, oncle d'Ikhenoukhen, qui lui accorde sa protection : « Tu peux aller, chrétien, partout où il te plaira, partout où nous allons nous-mêmes. » Des Touareg Kel Oui, venant de l'Aïr, voulurent l'emmener avec eux, mais Richardson crut devoir refuser cette offre pour différentes raisons : tout d'abord sa santé lui donnait quelques inquiétudes; de plus, il voyait ses ressources pécuniaires et ses approvisionnements diminuer rapidement, n'ayant pas reçu de Tripoli les envois sur lesquels il avait compté; il préféra rentrer à Tripoli par le Fezzan et revenir plus tard, soit seul, soit avec des compagnons de voyage, profiter des bonnes dispositions des Touareg Azdjer et Kel Oui à son égard.

Le 6 février 1846, il quitte Rhât avec une caravane qui devait remonter à la côte en passant un peu au nord de

Mourzouk ; il s'arrête avec elle à Serdelès, côtoie ensuite le bord septentrional de la hamada de Mourzouk et quitte à Oubari la caravane qui va, en traversant l'Ouadi Chiatti, passer à Douera, Mizda et regagner Tripoli. D'Oubari, il se dirige, seul avec ses quelques serviteurs et son guide, vers Mourzouk (22 février), où il trouve chez le pacha, les autorités turques et le consul européen, M. Gagliouffi, une cordiale réception ; il se remet de ses fatigues et quitte, le 6 mars, la capitale du Fezzan par la route qui, passant par Sebha, Oum el Abid, les oasis de Sokna (22-30 mars), Bondjem, et en-Nemoua, atteint la côte à Masrata.

Le 18 avril 1846, il faisait son entrée à Tripoli, après un voyage de huit mois et demi.

Richardson rapporta de son voyage, non des itinéraires levés régulièrement, mais des renseignements précieux cependant sur les routes fréquentées par les caravanes, sur les mœurs des Ghadamsi, des Touareg Azdjer et Kel Oui, et surtout, sur le trafic des esclaves qui, à cette époque, se faisait en grand entre le Soudan et la Tripolitaine par la route de Mourzouk et du Fezzan.

∴

Frappé de l'importance que le voyage de Richardson avait découverte aux routes allant de Tripoli au Soudan, le gouvernement anglais résolut, dans le courant de l'année 1849, d'envoyer dans la même région une mission plus importante, ayant pour but essentiel l'établissement de relations et de traités commerciaux avec ces contrées ; le gouvernement anglais chargea de cette mission James Richardson, et celui-ci s'adjoignit pour ce nouveau voyage deux compagnons, les docteurs

Henri Barth et Adolphe Overweg, qui ne consentirent à se joindre à l'expédition qu'à la condition expresse que le côté scientifique primerait la question des traités politiques ou commerciaux à conclure.

Henri Barth venait de passer trois années (1845-46-47) à voyager sur les côtes de la Grande Syrte, en Cyrénaïque, dans le désert de Lybie, en Syrie et en Asie-Mineure; il était donc admirablement préparé pour entreprendre avec succès un voyage de longue durée dans l'intérieur du continent africain.

Les trois voyageurs, partis de Tripoli, visitèrent successivement Mourzouk, Rhât, Tin-Telloust, Agadez, et se séparèrent à Taghelel en se donnant rendez-vous au lac Tchad. Richardson mourut pendant le trajet, et Overweg expira entre les bras de Barth, à Kouka; du Tchad, Barth se dirigea vers le bassin du Niger, parvint jusqu'à Timbouctou, et revint par les mêmes régions au lac Tchad d'abord, puis à Mourzouk par la route des oasis de Bilma, et enfin à Tripoli par Sokna, après six années de voyages presque continuels.

De ce long itinéraire, les seules parties qui rentrent dans le cadre de cette étude, c'est-à-dire qui touchent le Sahara et ses habitants, sont : l'itinéraire d'aller, de Tripoli à Mourzouk, de Mourzouk à Rhât, de Rhât à Tin-Telloust, de Tin-Telloust à Agadez avec retour à Tin-Telloust; nous laisserons Barth et ses compagnons s'enfoncer plus au sud dans le Damergou, le Bornou et le Sokoto, qui n'ont aucun rapport géographique avec le Sahara, pour retrouver le voyageur allemand à Timbouctou, étudier les circonstances de son séjour dans cette ville et ses relations avec les tribus touareg qui l'avoisinent.

Pendant que Richardson, resté à Tripoli, s'occupait des préparatifs de la nouvelle expédition et attendait les instruments que devait fournir le gouvernement anglais, Barth et Overweg firent de nombreuses excursions dans les montagnes qui entourent Tripoli, au sud; ils visitèrent les ruines romaines et arabes qui sont nombreuses dans cette région, les ruines de Leptis, notamment, et, le 24 février, rentrés à Tripoli, ils aidèrent Richardson à mettre la dernière main à l'organisation de leur caravane.

Le 25 mars 1850, tout étant prêt pour le départ, Barth et Overweg, afin de ne pas passer brusquement de la vie des villes à l'existence aventureuse des voyages, quittèrent Tripoli dans l'après-midi et après une courte marche allèrent s'établir sur la lisière de la petite plantation de palmiers d'Aïn Zara, tandis que Richardson restait à Tripoli; ils demeurèrent là jusqu'au 29 mars, et allèrent ensuite déployer leurs tentes dans un pré, près de Zébéa; ils y attendirent plusieurs jours Richardson, qui arriva enfin le 31 mars; mais, la pluie tombant continuellement, l'expédition ne put se mettre définitivement en marche que le 2 avril.

Après avoir franchi le défilé qui se trouve entre les deux immenses rochers de Bateo et de Smera, les voyageurs inclinèrent vers l'Ouest et arrivèrent dans la vallée de l'Ouadi el Hera : Barth et Overweg firent l'ascension du mont Foulidje, gravirent, le lendemain, avec leur caravane les contreforts septentrionaux du Djebel Gharian, et atteignirent, le 4 avril, le petit ksar du même nom; le 5 avril, ils commencèrent à monter vers le village de Kouleba, situé très haut sur le versant sud-est du Djebel Gharian; pendant que la caravane s'ap-

ITINÉRAIRE
de
BARTH, RICHARDSON et OVERWEG
1850
de Tripoli à l'Ouadi Chiatti

Echelle 1:2000000

provisionnait d'eau pour aller jusqu'à l'oasis de Mizda, Barth et Overweg escaladèrent le mont Toêche, le plus élevé de la contrée, et laissant sur leur gauche les monts Thouel el Khamer, redescendirent vers Mizda (7 avril) en traversant les têtes des Oued Djenneba, Mezoumitta et Lilla.

Mizda, que Barth identifie avec le Mousti Kome de Ptolémée, doit son importance d'abord à la fertilité de son oasis, située dans la vallée supérieure l'ouadi Sofedjin, et aussi à ce fait qu'elle se trouve au point de jonction de deux routes parcourues par les caravanes, routes qui se dirigent l'une vers Mourzouk, l'autre vers Ghadamès.

Barth profita de la halte à Mizda pour faire avec Overweg l'ascension du Djebel Dourman et visiter, sur une colline s'avançant dans la plaine, les ruines du château de Khafaïdji Aamer. Cette forteresse, qui appartient à l'ancienne époque arabe, est située au delà du Djebel Chourmet bou Metek; après avoir franchi les oued Mansia, Terrot, Khouroub et Zemzen, la caravane arriva le 15 avril à la source de Tabonieh, située sur la limite septentrionale de la Hamada el Homra; on se reposa un jour pour les approvisionnements d'eau à faire à la source, et les voyageurs utilisèrent cette halte pour visiter le village de Gharia el Gharbia, où se trouvent des ruines romaines.

Le 17 avril, on se mit en marche pour traverser l'Hamada qui, en cet endroit, s'étend sur une très grande largeur; sous ce nom générique de Hamada, les Arabes ont l'habitude de désigner de vastes plateaux, pierreux, arides, sans eau ni végétation, et absolument uniformes; c'était la première fois que des voyageurs européens traversaient l'Hamada el Homra (l'Hamada la Rouge); Ritchie l'avait évitée en prenant, pour aller à Mourzouk la route orientale par Sokna. Il fallut six jours de marche pour franchir ce désert; la caravane passa successivement à l'ouadi Manoura, aux lieux dits El Ouchké, Douëda, Guera'a Selem, Redjem el Erha « l'amas de pierres », le point le plus élevé de la Hamada, puis à l'ouadi El Alga, à Douera, à la hauteur d'El Hammamât, à l'ouadi Meretim, et par le défilé de Teniet el Ardh arriva, le 22 avril, au puits connu sous le simple nom générique de « El Hassi ».

Ce puits, qui, quoique situé au milieu d'une région absolument aride, donne en abondance une eau excellente, marque la limite entre la régence de Tripoli proprement dite et le pachalik du Fezzan. L'expédition s'arrêta deux jours en cet endroit, bien qu'il fût privé d'ombre, et l'on se remit en route le 24 avril.

A partir d'El Hassi, il y a trois routes qui conduisent à Mourzouk; la caravane, sur les conseils des chameliers, choisit l'embranchement du milieu, nommé Trik ès Safar, et arriva le soir près d'une haute masse de granit, appelée El Medal, où l'on campa; le lendemain, on atteignit l'endroit appelé Chabet el Talba après avoir laissé au loin à gauche le Djebel bou Chechia et être passé à Deroua et à Erchad ben Chagour; on traversa l'ouadi Ziddré, et il était plus de midi quand on découvrit dans le lointain le petit bois de dattiers situé dans la vallée de l'ouadi Chiatti, où la caravane allait enfin trouver de l'ombre et de la fraîcheur : elle campa entre des palmiers et des champs de blé, près d'une vaste source située au pied de la colline que surmonte la petite ville d'Ederi.

Les voyageurs visitèrent les quelques villages qui se trouvent vers le Nord-Est, toujours dans la vallée de l'ouadi Chiatti, et, le 28 avril, quittèrent leur campement d'Ederi ; ils arrivèrent, après quatre jours de marche, dans la grande vallée nommée ouadi Gharbi, ou simplement el Ouadi ; cette vallée, et celle de l'ouadi Chiatti, sont les deux grandes artères du Fezzan ; entre elles se trouvent des dunes de sable formant des vallées profondes dont les plus importantes, traversées par Barth et ses compagnons, sont : l'ouadi Radâm, l'ouadi Chioukh, l'ouadi Gober, l'ouadi Moredja, et les oued Touil, Moukméda, Guerazam, Portékaoud, Djumar, Djemal, Guella, et Tiguidaefa ; la caravane s'arrêta près de ce dernier ouad, au puits de Kerderfel Trez, puis atteignit l'ouadi Gharbi au bir Moghras, qui se trouve sur sa limite septentrionale.

Pour aller du bir Moghras à Mourzouk, les voyageurs passèrent à El Ghoreifa, au vieux et au nouveau Djerma, ensuite à Tekertiba, où ils arrivèrent le 4 mai, et le lendemain ils gravirent le plateau de Mourzouk, dont le niveau égale la hauteur moyenne de la Hamada, et qui lui fait pendant au sud de l'ouadi Gharbi ; ils campèrent le lendemain près de l'ouadi Aghar, après avoir franchi les oued Endjaren, Gadas et Rezan, et, le 6 mai, ils arrivèrent à Mourzouk, où ils furent reçus par M. Gagliouffi, que Richardson avait connu à son premier voyage.

De Mourzouk, deux voies principales conduisent vers le midi : la plus directe des deux est celle de l'est, qui traverse le territoire du Tebbou et, passant par Bilma, conduit à Kouka ; l'autre, plus occidentale, passe par le pays des Touareg et se dirige, par Rhât et l'Aïr, vers Katsena et Kano ; cette dernière est beaucoup plus favorable pour les relations commerciales, car, tandis que les Touareg sont toujours prêts à louer n'importe quel nombre de chameaux, et offrent par conséquent des garanties de sécurité, la route du Bornou est si mauvaise et si dangereuse, d'après Barth, que le marchand ou le voyageur doit la parcourir avec ses propres chameaux et à ses risques et périls : cette considération, et le désir d'explorer le pays montagneux d'Aïr, que nul Européen n'avait encore visité, firent choisir la route occidentale à Barth et à ses compagnons.

Pour ajouter encore à la sécurité de leur voyage, ils résolurent de se mettre sous la protection d'un chef puissant : il se trouvait alors à Mourzouk un homme nommé Mohammed Boro, ayant près du sultan d'Agadès le titre de Serki N'Touraoua « chef des étrangers ». Il revenait de La Mecque, et avait été recommandé aux voyageurs par Hassan Pacha, l'ancien gouverneur du Fezzan; mais M. Gaglioufli se méprit sur l'influence et l'importance politique de cet homme; il ne lui fit qu'un présent dérisoire et, par ce manque de tact, attira sur les voyageurs l'animosité la plus ardente de ce personnage.

Par contre, M. Gaglioufli avait écrit aux chefs des Touareg Azdjer, à Rhât, pour leur annoncer l'arrivée de Barth et de ses compagnons, et les engager à se rendre à Mourzouk pour les protéger pendant leur voyage; mais les voyageurs virent plus tard que cette protection était illusoire. Le transport des bagages de la mission fut confié aux Kel Tin Alkoum, tribu targuie qui se trouve au nord-ouest de Mourzouk et possède le monopole du transport des marchandises dans cette partie du Sahara; les membres de cette tribu devaient également

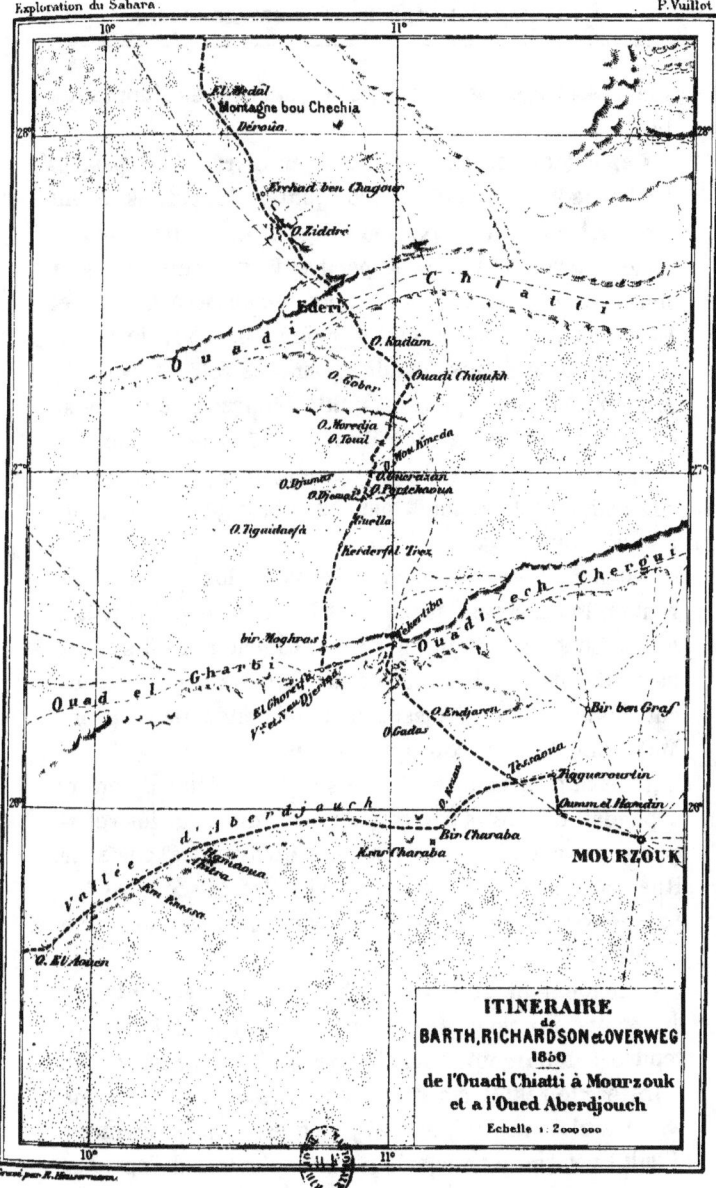

ment servir de guides aux voyageurs de Mourzouk jusqu'à l'Aïr.

Cependant, les chefs des Azdjer n'arrivaient pas, et Richardson ne voulait pas quitter Mourzouk avant d'avoir traité avec eux, pour la protection de la caravane : Barth et Overweg partirent en avant, dans la matinée du 13 juin, et après avoir campé à Oumm el Hammam, village à moitié ruiné, ils s'arrêtèrent à Tigguerourtin, dans l'ouadi Aghar; ils retrouvèrent là, Mohammed Boro qui avait quitté Mourzouk avant eux, et se rendait également à Rhât. Le 17 et le 18 juin, les voyageurs furent rejoints par la majeure partie de leurs compagnons de route et par leurs bagages ; le 19 juin, ils quittèrent Tigguerourtin.

Barth et Overweg étaient à Tessaoua lorsqu'ils apprirent enfin l'arrivée des chefs de Rhât : c'étaient Khatîta, fils de Choden, Outéti, fils aîné de Chafaou, un fils cadet de ce dernier, et plusieurs autres; mais leur présence eut pour effet de froisser plus profondément encore Mohammed Boro, qui avait attendu les voyageurs à Tigguerourtin, pensant que le succès de l'expédition ne dépendait que de sa protection : il se figura que les voyageurs ne voulaient avoir affaire qu'avec les chefs de Rhât et s'étaient moqués de lui : il éclata contre les voyageurs en menaces qui devinrent plus tard une réalité.

Le lendemain, 20 juin, les chefs de Rhât vinrent rendre visite aux voyageurs et déclarèrent qu'il fallait se rendre à Mourzouk pour traiter du libre passage sur leurs territoires : Barth s'y décida; les négociations furent longues et ce ne fut que le 24 juin que l'on pût conclure : il fallut verser aux chefs deux cents piastres d'Espagne, et encore ne voulurent-ils pas s'engager, d'une manière positive, à remettre les voyageurs, sains et saufs, sous la protection d'Annour, le chef des Touareg Kel[1] Oui.

Le pacte conclu, Barth retourna à Tessaoua, mais les Kel Tin Alkoum étaient partis en avant avec les bagages, et le lendemain, 25 juin, il dut les suivre sans attendre Richardson, toujours à Mourzouk. La caravane entra alors dans l'ouadi Aberdjouch, bas-fond long et étroit qui s'étend vers l'ouest jusqu'à la vallée d'El Aouen et qui forme la grande voie naturelle entre le Fezzan et le massif central du Sahara.

En suivant la vallée d'Aberdjouch, les voyageurs campèrent près de la source de Charaba; le lendemain ils laissèrent à leur gauche les ruines du ksar du même nom et firent halte dans le lieu dit Hamaoua; le 28 juin, ils rejoignaient les Kel Tin Alkoum et leurs bagages, et le 29, la troupe entière campa dans les environs du puits Em Enessa et y resta deux jours pour y attendre Richardson et les chefs des Azdjer. Le 2 juillet, Barth et Overweg apprirent que Richardson suivait à une petite distance; ils poursuivirent leur chemin et, sortant de la vallée de l'ouadi Aberdjouch, ils atteignirent l'ouadi El Aouen, large vallée qui prolonge l'ouadi Aberdjouch vers l'ouest-sud-ouest.

Ce même jour, dans l'après-midi, Richardson et les chefs Azdjer arrivèrent, et tout semblait présager un voyage favorable, lorsque le chef Khatîta leur déclara qu'il fallait aller avec eux à Rhât pour acheter d'autres chameaux, qu'un mois serait nécessaire pour terminer les préparatifs du voyage vers l'Aïr, et qu'il était indis-

---

(1) Kel. — Signifie peuple de, gens de.... Ainsi kel Ahaggar, gens des Ahaggar, kel Terarart, gens de Terarart, etc.

pensable de demander au chef de la contrée l'autorisation de la traverser.

Après plusieurs discussions, les voyageurs finirent par se résoudre à accompagner Khatîta à Rhât en se séparant des Kel Tin Alkoum et de leurs bagages qu'ils devaient retrouver à la première étape au delà de Rhât. Le 5 juillet, Barth et ses compagnons continuèrent leur route; ils campèrent dans l'ouadi el Ghomondé, et, après une autre marche de trois milles environ, ils s'arrêtèrent de nouveau à l'ouadi Tilizzahren, où ils trouvèrent, sur des rochers de grès lisse, des inscriptions sculpturales remarquables; le lendemain, 7 juillet, ils ne firent encore qu'une courte marche, arrivèrent dans une vallée nommée Erhazar en Haggarne, puis dans une autre appelée Erhazar Amam Semmeden, et à a source du même nom; le 8, les voyageurs traversèrent le défilé d'Arhelad, laissant au nord-est la chaîne d'Amsak, et commencèrent à monter dans une vaste vallée nommée Erhazar Tizi; dans l'après-midi, ils atteignirent l'extrémité du défilé qui établit une séparation parfaite entre les eaux du plateau de Mourzouk et celle de la plaine de Tayta; après une descente de plusieurs heures, la caravane déboucha enfin dans la plaine de Tayta, et vers le coucher du soleil, le 8 juillet, elle s'établit dans le ravin profond d'Erhazar en Tesse, où elle rencontra un peu de verdure. Pendant les deux jours suivants, les voyageurs marchèrent dans la plaine aride de Tayta et, au delà de Kassewa, dans un bas-fond au sol rude et calcaire, ils atteignirent le point considéré comme formant la frontière entre le Fezzan et le pays des Touareg Azdjer.

Bientôt, la caravane arriva près de la chaîne des monts

Akakou et, arrivée à trois milles de la montagne, elle dressa ses tentes dans la vallée de Tiliya; cette vallée, qui est fort plate, s'étend vers le nord-ouest, parallèlement au chaînon septentrional de l'Akakou, et rejoint plus loin la vallée d'Ilaghlarhen.

Il existe deux chemins pour aller de la vallée de Tiliya à Rhât : les voyageurs laissèrent de côté le plus court, trop difficile dans sa traversée des monts Akakou, et prirent le plus long, mais aussi le plus aisé qui contourne la montagne vers le nord ; après avoir marché cinq milles vers le nord-ouest, ils atteignirent la vallée d'Ilaghlarhen, et du nord-ouest obliquant vers l'ouest d'abord, puis vers le midi, ils arrivèrent dans la vaste vallée de l'ouadi Tanezzouft, avec l'Akakou à leur gauche et la crête aiguë du mont Idinen devant eux vers le sud.

Le 14 juillet, Richardson et ses compagnons suivirent la large vallée du Tanezzouft, et Barth et Overweg résolurent de gravir le mystérieux Idinen, que les indigènes ont surnommé « ksar Djenoûn » ou « demeure des Fantômes »; les chefs de Rhât refusèrent, par suite de leurs scrupules superstitieux, de leur donner des guides, et Barth partit seul, suivi plus tard par Overweg ; il atteignit la crête du mont, n'y trouva ni ruines ni inscriptions et, accablé par la chaleur, tourmenté par la soif, il se trompa de direction et s'égara; Overweg de son côté, avait pris un autre chemin et était revenu seul, le soir, au campement; de tous côtés on se mit à la recherche de Barth, promettant une forte récompense à qui le retrouverait : enfin, un Targui le rencontra au moment où il avait perdu connaissance et délirait, étendu à terre ; ramené au camp, il resta malade trois jours, et sa forte constitution le sauva.

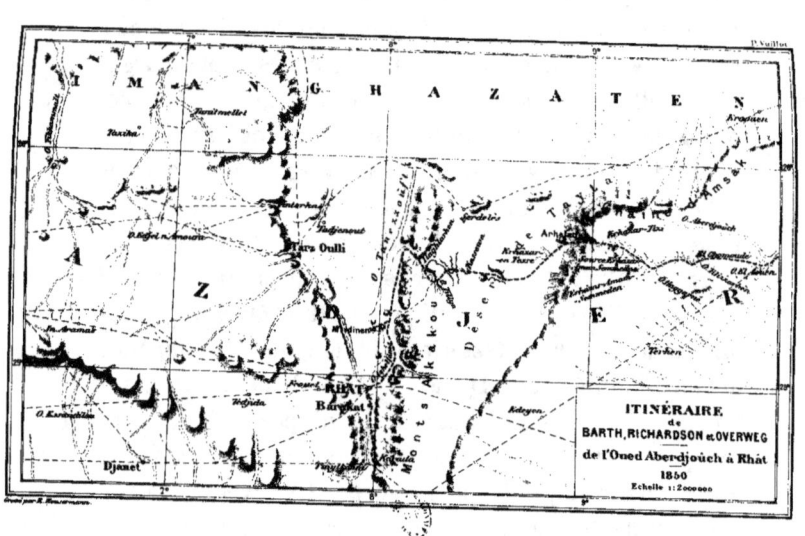

La caravane se remit en marche le 17 juillet, suivit la vallée de l'ouadi Ighelfanis, prolongeant au sud du mont Idinen celle de l'ouadi Tanezzouft, et atteignit Rhât le 18 ; les voyageurs furent accueillis par Mohammed Cherif, neveu du gouverneur el Hadj Ahmed, qui vint, avec beaucoup d'habitants, à la rencontre de Richardson et de ses compagnons.

Hadj Ahmed offrit l'hopitalité à la mission anglaise, comme il l'avait fait au premier voyage de Richardson ; mais les négociations que ce dernier essaya d'engager avec lui n'obtinrent aucun résultat sérieux ; Rhât est une ville importante par son commerce propre tant à cause de son grand marché annuel, que par le transit des caravanes allant au Soudan, à l'Aïr, au Niger, où en revenant ; Richardson désirait donc grandement conclure un traité de commerce avec les chefs des Azdjer dont les tribus commandent toutes les routes conduisant à cette ville.

A quelles causes fut dû l'insuccès diplomatique du voyageur anglais ? Barth lui-même ne se prononce pas positivement : peut-être les négociations ne furent-elles pas conduites avec assez de prudence ? peut-être la mission ne disposait-elle pas de moyens d'action assez énergiques ou d'un appareil suffisant pour représenter une grande puissance ? peut-être enfin le voyageur anglais avait-il eu le tort de mettre trop vite en avant la question de l'abolition de la traite, et avait-il abordé ce point d'une manière trop brusque, dans une ville tirant de ce trafic une grande partie de ses ressources ?

Toujours est-il que les négociations de Richardson avec Hadj Ahmed échouèrent complètement : Barth le constate d'une manière formelle, sans insister davantage sur les causes de cet échec.

Rien ne retenait plus les voyageurs à Rhât : le 15 juillet, ils quittèrent cette ville, toujours accompagnés de Outîti qui avait promis de les escorter jusqu'à Tin-Telloust, la capitale de l'Aïr. Ils traversèrent la plantation d'Iberka et arrivèrent à Barakat où ils retrouvèrent les Kel Tin Alkoum et leurs bagages ; de là, ils franchirent le ruisseau de Korama et allèrent camper au puits d'Issaiou. Le lendemain, ils firent une marche forcée pour rejoindre une petite troupe de Kel Oui qui rentraient dans l'Aïr, et dont la compagnie pouvait être une garantie de sécurité pour les voyageurs ; ils ne les atteignirent qu'aux sources de Karada, et Richardson se mit de suite en rapport avec les trois principaux personnages de cette troupe : c'étaient Annour, parent du vieil Annour, amenokhal des Kel Oui, Didi et Farredji. En outre la caravane s'augmenta de la compagnie d'un indigène du Touat, nommé Abd el Kader, qui s'était arrangé avec ces Kel Oui pour les accompagner jusqu'à Agadez.

On se mit en route et le lendemain, 27 juillet, on atteignit l'extrémité méridionale de la vallée, après avoir passé près des ruines d'un château construit, dit-on, par les Kel Tin Alkoum, et qui porte, pour cette cause, le nom de Tinylkoum ; la caravane commença ensuite à gravir un étroit ravin et vint camper dans une vallée verdoyante appelée Erhazar n' Akerou. Deux jours après, les voyageurs franchirent le plateau le plus élevé que Barth devait rencontrer dans tout son voyage, et qui forme, en quelque sorte, la limite, au sud de Rhât, des bassins du Niger au sud, et des oued du

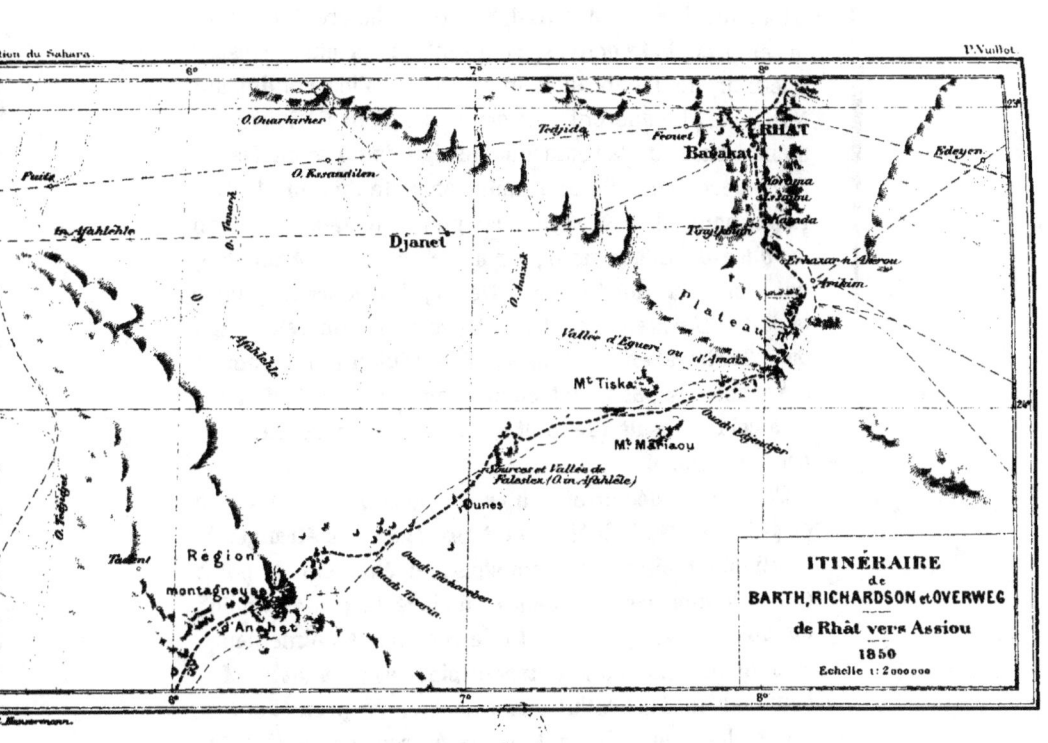

Sahara septentrional, au nord. Le 30 juillet, la caravane commença à descendre la crête supérieure du plateau : elle mit deux heures à effectuer ce passage et arriva dans la belle vallée d'Egueri, connue également sous le nom d'Amaïs.

A cet endroit, les voyageurs reçurent l'avis, faux heureusement, que leur caravane allait être attaquée par quelques pillards appartenant à des fractions de tribus dissidentes des Azdjer : ils se hâtèrent de lever le camp et, le 1er août, se remirent en marche; laissant à leur droite l'embranchement de la vallée conduisant à Djanet, ils allèrent camper dans l'ouadi Edjendjer, au sud-ouest de la remarquable aiguille du mont Tiska; ils longèrent ensuite une chaîne abrupte du nom de Mariaou pour aller s'arrêter au puits de Faleslez, dans la vallée du même nom, formée par l'ouadi Afahlêhle, qui vient du nord-ouest. De là, ils allèrent gagner le puits d'Arokan (9 août), en traversant auparavant les oued Tarhareben et Tiraria, et la région montagneuse d'Anahet; ils passèrent ensuite au puits de Tadjetterat et à celui d'Issalà (12 août), où ils rencontrèrent Mohammed Boro.

Ce dernier déconseilla à Outîti de continuer à servir de guide à des infidèles, et à protéger des étrangers : Outîti allait suivre ces conseils, et était sur le point d'abandonner les voyageurs, malgré le traité conclu, lorsque ceux-ci parvinrent à le ramener à de meilleurs sentiments, moyennant trente piastres; quant à Mohammed Boro, il fallut aussi acheter sa protection.

Ces obstacles aplanis, la route fut reprise : le 15 août, la caravane arrivait au lieu dit Mararraba, qui se trouve à moitié route entre Rhât et l'Aïr; et, plus loin que le mont Guifergetangt, à Ibellakangh, les voyageurs eurent à essuyer un orage d'une violence extrême, accompagné de fortes averses, qui leur indiquait qu'ils s'approchaient des régions soumises, non plus au régime climatérique saharien, mais à celui de la zone tropicale. Enfin, le 17 août, Barth et ses compagnons franchirent le petit plateau d'Efinagangh et campèrent dans la vallée d'Assiou.

Assiou est un ensemble de puits qui forme le point limite entre les Azdjer et les Kel Oui; les quatre puits les plus septentrionaux appartiennent aux premiers, tandis que les autres, placés un peu plus au midi, sont la propriété des Kel Oui. — Ce point d'Assiou est fort important pour les caravanes : il se trouve à la jonction des routes allant à Ghadamès, à Rhât, au Touat, à l'Aïr et au Soudan; il se trouve, de plus, à la tête de la vallée de l'ouadi Tafasasset, qui se prolonge jusqu'au Niger.

Des puits d'Assiou à l'Aïr, Barth et ses compagnons mirent quinze jours, en franchissant tout d'abord le plateau de Tahassaza, et en traversant ensuite un grand nombre de vallées ou de ravins encaissés, allant presque tous de l'est à l'ouest, ou plutôt du nord-est au sud-ouest. Les points principaux de cette route, d'Assiou à la vallée de Tidik, c'est-à-dire à l'entrée du massif montagneux d'Aïr, sont : le ravin d'Erhazar n-Féno-rang, les monts Tin-Dourdourang, Timazgaren et Tizgaouadé à droite, ceux de Maket-n-Ikelan et de Fenebakka à gauche, et les monts Tin-Dourdouren; les vallées de Yinninaou, de Tiyout et de Fadéangh; puis, le ravin d'Erhazar-Guebi et la plaine de Taghadjit; enfin les vallées de Zerzou et de Yménan et la chaîne

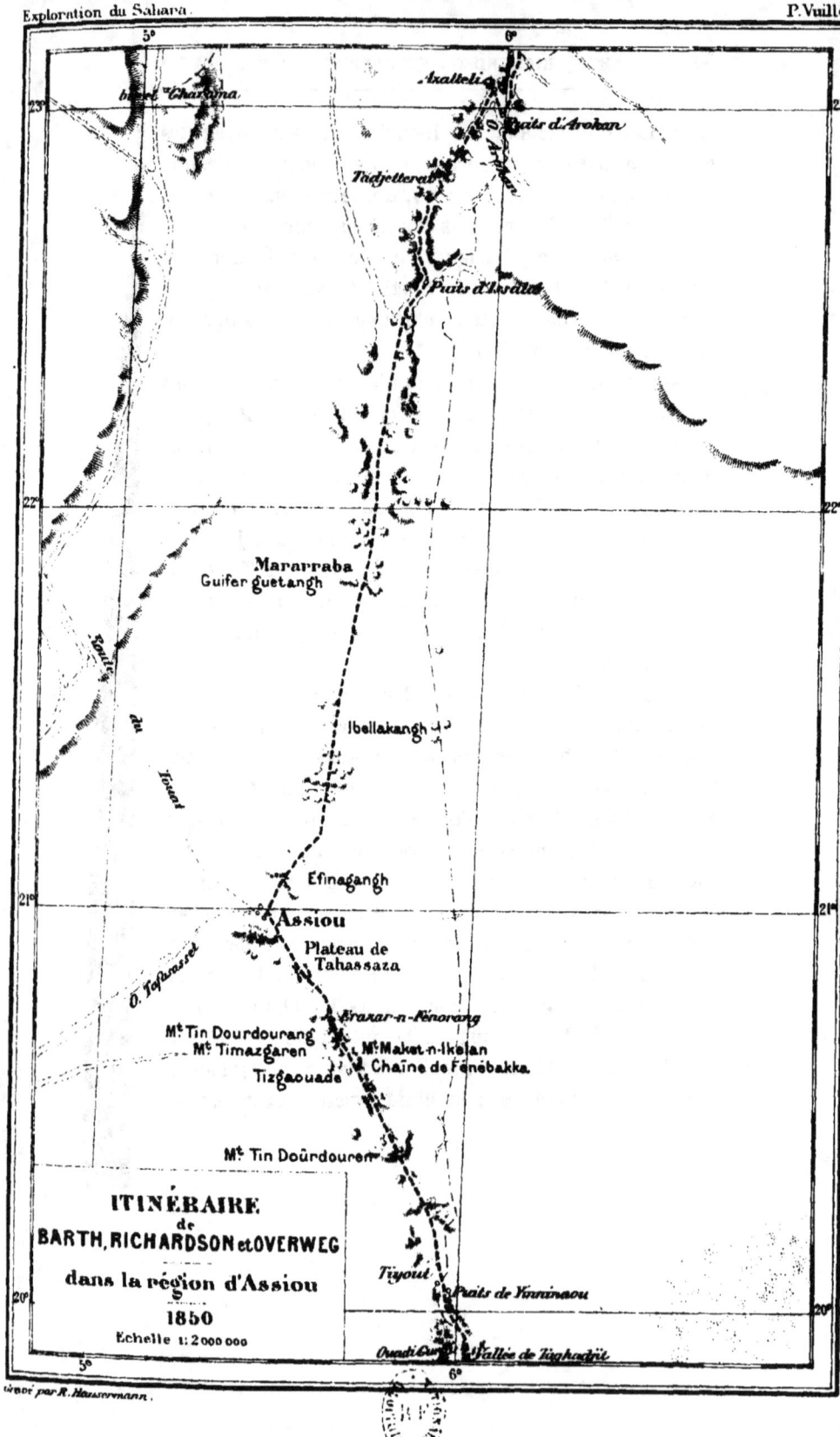

d'Itza. Arrivés à la vallée de Tidik, les voyageurs se trouvèrent au pied des contreforts septentrionaux du massif montagneux de Timgué; pour gagner Tin-Telloust, qui est à l'extrémité sud de ce massif, ils le contournèrent à l'ouest, en traversant les vallées de Tarenoui et de Zelouflet.

Au village de Tin-Taghode, habité par des marabouts, les voyageurs eurent quelques difficultés avec les habitants, qui ne voulaient les laisser passer qu'à la condition d'abjurer leur religion, ou de laisser, comme prix de passage, la moitié de leurs bagages; heureusement ils abandonnèrent leurs prétentions devant la fermeté des voyageurs, et ceux-ci purent continuer leur route jusqu'à Tin-Telloust (4 septembre), résidence du vieil Annour, aménokhal de la confédération des Kel Oui.

Le lendemain de leur arrivée à Tin-Telloust, Richardson et ses compagnons allèrent rendre visite au vieux chef; il les reçut avec une sorte de bonhomie sauvage, et leur dit qu'une fois placés sous sa protection, ils n'avaient plus à craindre que les voleurs et le climat. Quelques jours après, il leur fit savoir, avec une rude simplicité, que, s'ils voulaient se rendre au Soudan à leurs risques et périls, ils pouvaient se joindre à la grande caravane au sel, mais que, s'ils voulaient qu'il les accompagne et les protège, il fallait lui compter une somme d'argent assez forte.

Les voyageurs reconnurent par la suite que si, en général et dès le début, la conduite d'Annour envers eux ne fut pas très amicale, elle fut cependant simple et droite; il énonçait sans détour ses désirs et ses prétentions, mais, une fois satisfait, il tenait sa parole avec l'exactitude la plus scrupuleuse.

Quel que fût le moyen choisi par Richardson pour gagner le Soudan — soit la compagnie de la caravane au sel, soit celle du vieux chef Annour —, les voyageurs ne se trouvaient pas moins, dans l'une ou l'autre des deux conjonctures, obligés de séjourner environ deux mois à Tin-Telloust. Barth mit ce temps à profit en allant pousser vers le sud-ouest, une pointe hardie jusqu'à la ville d'Agadez.

Pour se faciliter cette excursion, Barth eut recours à Annour, qui l'aida à écarter les nombreux obstacles qui entravaient son départ, et lui donna comme guide et comme protecteur son gendre Hamma; il fit également écrire une lettre à Abd el Kader, ou Kadiri, sultan alors récemment élu à Agadez, lettre dans laquelle il recommandait chaudement le voyageur allemand.

Barth mit six jours pour gagner Agadez; parti le 4 octobre de Tin-Telloust, il arriva le 10 du même mois. L'itinéraire qu'il suivit lui fit tout d'abord contourner le versant ouest de la partie méridionale du massif de l'Aïr, en laissant successivement à sa gauche les monts Boundaï, Eghellal, Ayouri, et le massif du sud de Djiro; un peu plus loin que le mont Aouderas, Barth visita le marabout de Si Abd el Kerim; de là, franchissant encore de nombreux ravins, il gravit enfin le plateau sur lequel se trouve la ville d'Agadez.

Accueilli avec bienveillance par le sultan Abd el Kadiri, Barth demeura à Agadez du 10 au 30 octobre, étudiant l'histoire de la région et son avenir commercial. Pendant son séjour eut lieu une petite expédition contre quelques pillards se rattachant à des tribus de la confédération des Aouelimmiden, et qui étaient venus rhazzier quelques chameaux un peu au sud d'Agadez, au grand émoi de la population.

En effet, les Aouelimmiden, qui forment le vaste groupe des Touareg du sud-ouest, sont la terreur constante des Kel Oui, abâtardis par leur mélange avec la population nègre indigène. Le vieil Annour lui-même avait déjà fait à Barth un tableau épouvantable des mœurs barbares de ses ennemis, et, plus tard, le voyageur eut fréquemment occasion d'en rire de bon cœur avec ces mêmes Aouelimmiden, devenus ses meilleurs amis et ses plus sûrs protecteurs.

C'est, du reste, un exemple du peu de fonds qu'il faut faire des appréciations des races indigènes les unes sur les autres; de même, beaucoup de Français ayant habité les villes des plateaux d'Algérie ou du Sahara algérien, s'en rapportant aux dires des Arabes sédentaires des villes et des ksours, considèrent les Chaamba comme des pillards de grand chemin. Qu'un Européen, au contraire, aille vivre dans une tribu chaamba et apprenne à les connaître, il les trouvera honnêtes et sûrs, mais s'apercevra bien vite qu'ils lui feront des tribus touareg du nord le même portrait que les Arabes sédentaires faisaient de ces mêmes Chaamba, portrait que tous les voyageurs qui sont entrés en relations avec les Touareg ont trouvé aussi peu justifié que celui fait des Chaamba par les Ksouriens; ce qui n'empêchera pas, du reste, les Touareg Azdjer, par exemple, de faire des tribus Chaamba le tableau le plus noir. Aussi le mieux est-il de faire comme Barth, et de n'accorder à tous ces jugements, rarement impartiaux, qu'un crédit très limité.

Hamma ayant, le 29 octobre, terminé toutes ses affaires

à Agadez, Barth se disposa à repartir le lendemain avec lui, après avoir pris congé du Sultan, qui lui remit une lettre de recommandation pour les chefs de Kano et de Katsena.

D'Agadez à Tin-Telloust, où il arriva le 5 novembre, Barth suivit la même route qu'à l'aller, mais en campant à des points différents ; il aurait désiré prendre une route, plus orientale, qui passe par le gros village d'Afazaz, mais Hamma refusa, alléguant qu'il n'avait pas le temps nécessaire; en effet, arrivé le soir du 5 novembre à Tin-Telloust, Barth ne trouva plus Annour, ni ses propres compagnons; ils étaient partis en avant vers le sud, et il ne les rejoignit que par une marche de nuit, dans la vallée de Tin-Teggana.

Barth et ses compagnons séjournèrent en ce lieu jusqu'au 12 décembre, attendant la caravane au sel des Kel Oui, qui, revenant des salines de Bilma, allaient le transporter sur les marchés du Soudan.

Toute la caravane étant enfin réunie, les voyageurs se mirent en route avec elle vers Kano, par Taguelel, Tessaoua et Katséna; ils franchirent les têtes des vallées de Tanégat et d'Adorat, passèrent à l'ouest du mont Mari, coupèrent la vallée de Tellia et, près de la colline de Nabarou, quittèrent définitivement le massif de l'Aïr. Ils suivirent quelque temps la vallée de Bargot, qui se dirige vers le sud-sud-est, et la quittèrent bientôt, à la hauteur d'Atéserket pour se diriger vers le sud-sud-ouest, droit vers Taguelel.

C'est en ce point que le 11 janvier 1851, les trois voyageurs se séparèrent, autant à cause du mauvais état de leurs finances que pour cette raison qu'ils allaient en-

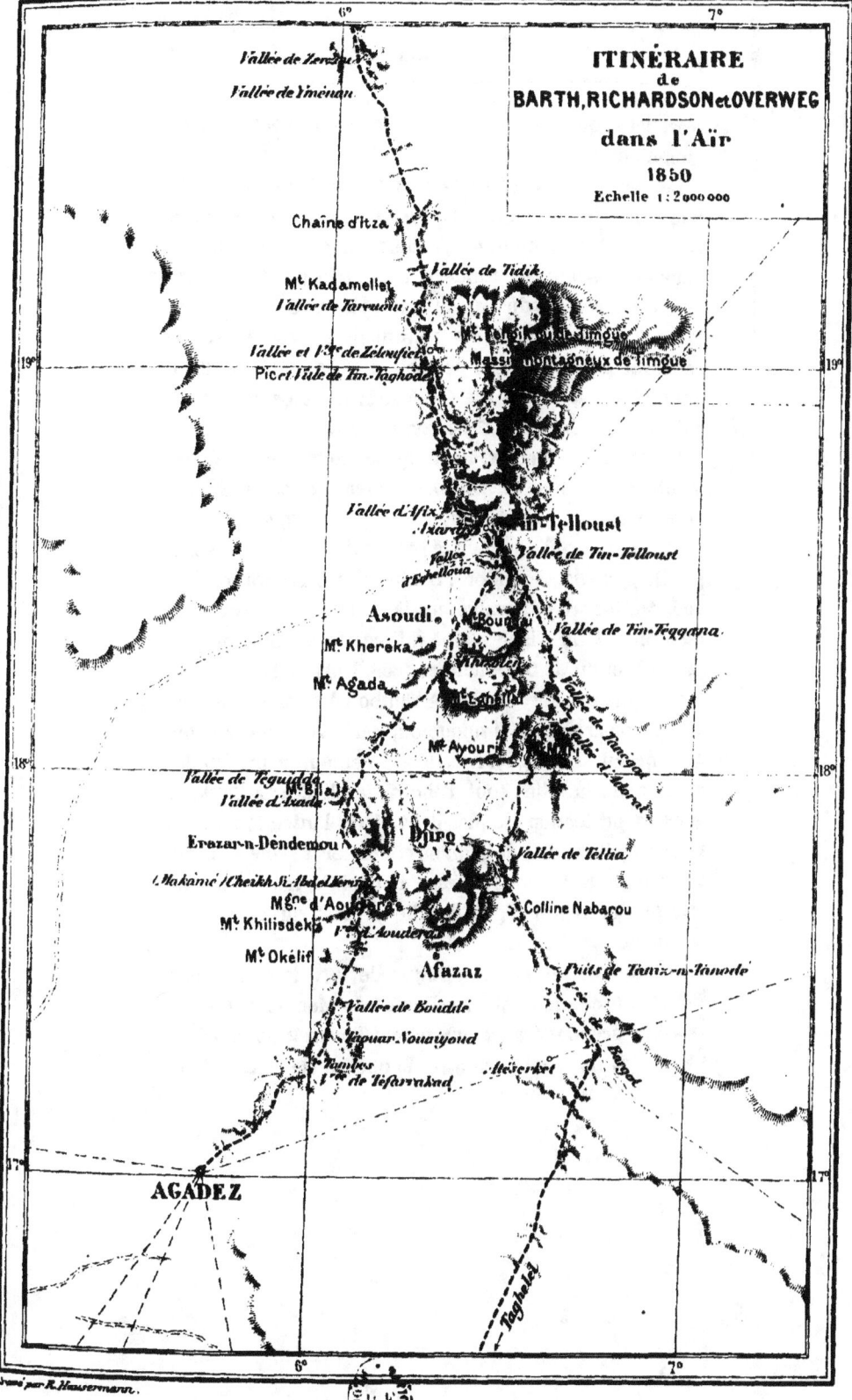

trer dans des contrées où un voyageur peut voyager isolément.

Les trois voyageurs devaient se retrouver à Kouka pour les premiers jours d'avril : Richardson résolut de se rendre directement de Taguelel au point de rendez-vous en passant par Sinder : il mourut pendant le trajet ; Overweg se dirigea de son côté vers le Gober et Maradi, tandis que Barth continuait sa route avec la caravane au sel, sous la protection d'Eleidji, frère d'Annour ; il rejoignit ensuite Overweg ; mais celui-ci mourut entre ses bras, le 27 septembre 1852.

Resté seul à Kouka, Barth quitta cette ville le 24 novembre 1852, et se dirigea, par Sinder, Sokoto et Gando, vers le Niger, qu'il traversa à Say. De cette dernière ville, il coupa obliquement la boucle du Niger en passant par Bangapellé, Boundoré, Sebba, Doré, Lamorde, Tingué, Moundoro et Saraiyamo ; là, Barth s'embarqua sur un affluent du Niger allant du lac Do à l'île Cora, et atteignit enfin, le 5 septembre 1853, Koriumé et Kabara, petite ville qui sert de port à Timbouctou sur le Niger.

Dès son arrivée à Timbouctou, Barth se rendit compte qu'il ne lui serait guère facile de demeurer tranquillement dans la ville : tout d'abord, le cheikh El Bakkay, sous la protection duquel il avait eu l'intention de se placer, était absent, et il dut se contenter d'avoir, comme protecteur, Sidi Alouate, frère du cheikh, mais qui n'avait pas la même réputation de loyauté que le cheikh lui-même.

De plus, la situation politique de la ville était assez troublée à ce moment : les Foulbé du Macina y disputaient la prépondérance aux tribus Touareg du nord et de l'ouest de Timbouctou, et le cheikh de la ville était obligé de s'appuyer tantôt sur l'un des partis, tantôt sur l'autre, pour conserver son autorité et faire régner un semblant d'ordre dans Timbouctou.

Barth essaya tout d'abord de tenir sa maison fermée et de n'accueillir aucun visiteur, mais une foule d'individus envahit sa demeure, et les objets qu'ils y virent leur donnèrent des doutes sur la nationalité de leur propriétaire ; Barth, en effet, tout en n'ayant pas l'intention de se faire passer pour musulman auprès du cheikh de Timbouctou, avait cependant joué le rôle d'Arabe pour arriver jusqu'à cette ville ; il voyageait sous le nom d'Abd el Kérim.

Quelques jours après son entrée dans la ville, il apprenait qu'Hammadi, rival et compétiteur du cheikh El Bakkay, avait prévenu les Foulbé qu'un chrétien avait pénétré dans la ville, et, qu'en conséquence, il courait le risque d'être assassiné. Barth, ayant confiance dans son hôte, Sidi Alouate, ne s'inquiéta pas trop de ces menaces; mais son hôte, après s'être fait faire un grand nombre de présents, sous prétexte d'en remettre une partie à des chefs Touareg qui devaient contrebalancer l'influence des fanatiques Foulbé, garda le tout pour lui, et la position de Barth resta toujours aussi précaire.

Enfin, Barth reçut, le 13 septembre, une lettre du cheikh El Bakkay, lui promettant aide et protection ; le 26, le cheikh lui-même arriva ; il fit des présents à Barth, et l'invita même à choisir d'avance la route par laquelle il désirait s'en retourner, afin de pourvoir à sa sécurité.

Barth avait trois routes principales pour quitter Timbouctou : celle du Sud-Est, par laquelle il était arrivé; une autre, par le Sud-Ouest, traversant le Macina et allant rejoindre la côte occidentale ; enfin la route du

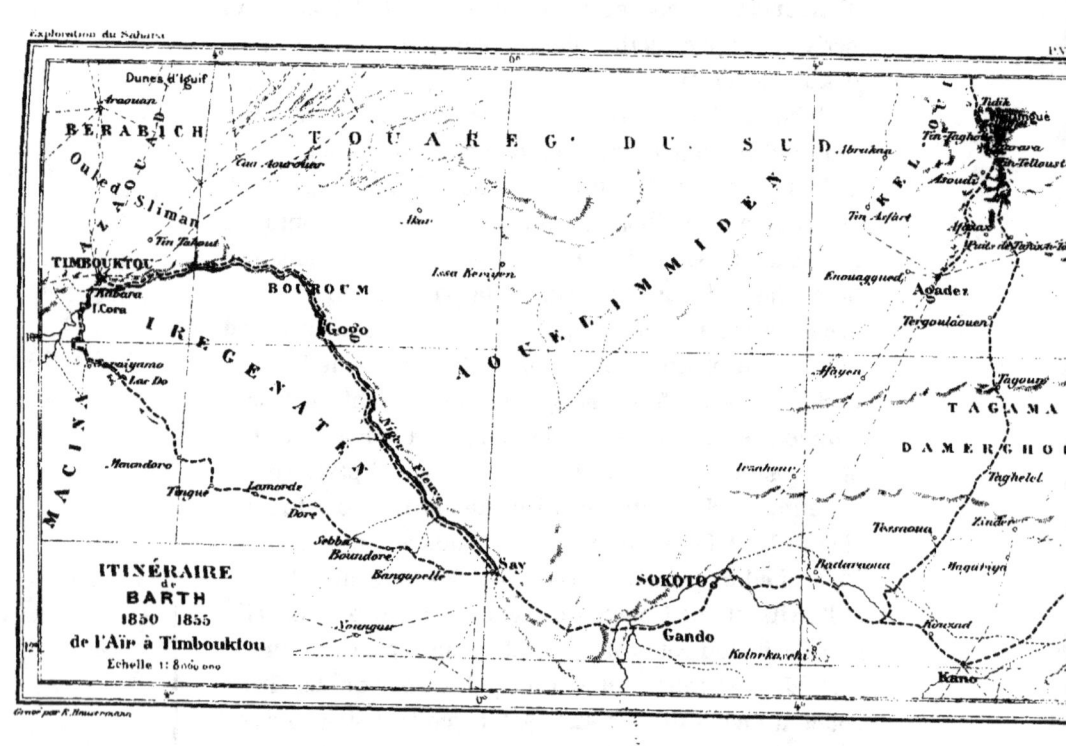

Nord, celle de Caillié, allant rejoindre la côte méditerranéenne. Barth répondit au cheikh que son intention était de redescendre le Niger jusqu'à Say, et de visiter Gogo, l'ancienne capitale du Sourhaï.

Peu à peu des rapports cordiaux et agréables s'établirent entre Barth et le cheikh Ahmed el Bakkay, dont le père, Sidi Mohammed ech Cheikh, avait recueilli et protégé Laing lorsqu'il arriva dans l'Azaouad, blessé par les Touareg Ahaggar. Mais, le 1er octobre arriva une troupe d'hommes armés venant de Hamd Allahi, résidence d'Ahmadou ben Ahmadou, souverain du Macina et chef suprême de la ville de Tombouctou : ils apportaient au cheikh l'ordre d'agir envers Barth comme on avait agi envers Laing, et de le chasser de la ville. Hammadi, compétiteur d'El Bakkay, lança de suite une proclamation aux habitants de Tombouctou pour les engager à obéir à l'ordre d'Ahmadou, et, en cas de résistance, à ne pas épargner les jours de l'infidèle.

L'ordre d'Ahmadou embarrassa beaucoup El Bakkay qui se voyait forcé, comme protecteur de Barth, de se mettre en opposition avec la volonté des Foulbé et de la population ; cependant, les choses s'arrangèrent, car le cheikh prit le parti d'aller camper avec Barth hors la ville, aux environs, afin de pouvoir, au besoin, s'unir avec des tribus Touareg des alentours contre les Foulbé, si ces derniers accentuaient leurs desseins hostiles contre le voyageur européen.

Barth passa quelques jours au camp, et rentra en ville, le 13 octobre, avec le cheikh ; mais ils retournèrent plusieurs fois au camp avant la fin du mois, chaque fois que les exigences de la situation intérieure de la ville forçaient Barth à s'éloigner momentanément.

Cependant, au milieu de toutes ces difficultés politiques, le cheikh ne parlait plus du départ définitif du voyageur; Barth tenait, d'autre part, à explorer le Niger jusqu'à Say, et refusa, pour ce motif, de profiter d'une caravane de marchands du Touat qui retournaient dans leur pays.

Pour faire diversion à la monotonie de son séjour et aux inquiétudes qui l'accablaient, Barth accepta de faire, avec le cheikh, une excursion à Kabara; el Bakkay entreprit ce voyage comme un défi aux Foulbé de Timbouctou et afin de prouver son influence et son autorité à Barth, car Kabara, situé au bord du fleuve, est plus soumis encore à l'autorité des Foulbé que la ville même de Timbouctou. Barth, quel que fût le danger que présentait cette excursion, suivit son protecteur, surtout dans le but d'observer les variations des contrées riveraines du fleuve pendant les pluies de septembre et d'octobre.

En effet, la plaine, qui, deux mois plus tôt était sablonneuse et aride, s'était couverte de verdure; le fleuve avait inondé le pays plat, et le bras qui se dirige vers Kabara, qui ne formait auparavant qu'un étroit canal, présentait alors une vaste surface d'eau où flottaient des embarcations indigènes de toute grandeur; à Kabara, le voyageur n'eut aucune mésaventure et il rentra à Timbouctou sans avoir été inquiété.

Le mois de novembre se passa sans que Barth pût s'occuper de préparer son départ; à plusieurs reprises il pria Ahmed el Bakkay de le laisser partir, mais il lui était constamment répondu que le moment n'était pas encore favorable. En effet, à cette époque, les difficultés étaient nombreuses : dans le Nord, les relations avec le Maroc étaient interrompues à la suite d'une guerre intestine qui avait éclaté dans la tribu des Tadjacant; au Sud-Ouest, les Aouelimmiden, ou tout au moins une fraction d'entre eux, étaient en lutte avec le Macina.

Au milieu de ces circonstances fâcheuses arriva à Timbouctou un nouvel ordre d'Ahmadou au sujet de l'expulsion de Barth, et le voyageur apprit en même temps que les Oulad Sliman, fraction de la tribu des Berabich à laquelle appartenait le meurtrier de Laing, avaient l'intention d'attenter à sa vie; Barth et son protecteur retournèrent au camp, et là, ils apprirent que des Foulbé étaient arrivés du Macina avec ordre de s'emparer de lui, mort ou vif; le 1er décembre, en effet, des cavaliers apparurent, mais el Bakkay, Barth et leurs compagnons firent bonne contenance, et les cavaliers se retirèrent.

Cependant les notables de Timbouctou voulaient mettre à exécution l'ordre d'Ahmadou : el Bakkay leur résista énergiquement, et sa protection envers Barth ne se démentit pas; il adressa en même temps à Ahmadou un long message, se plaignant qu'on voulût enlever par violence un voyageur couvert par les lois et les droits de l'hospitalité; il fit également parvenir un message à la tribu targuie des Tademekket pour lui demander assistance; aussitôt un des chefs de cette tribu, Aouab, arriva avec cinquante cavaliers, et le lendemain, son neveu en amena un nombre égal.

Dès l'arrivée d'Aouab, le cheikh fit dire à Barth de lui rendre visite : Barth alla aussitôt lui présenter ses compliments, mais Aouab parut tout d'abord assez mal disposé en sa faveur, sous le prétexte que le voyageur ne reconnaissait pas Mahomet comme prophète; Barth lui répondit que les musulmans eux-mêmes ne le regardaient pas comme seul prophète, puisqu'ils admettaient également Moussa et Aïssa (Moïse et Jésus), et qu'ils attendaient de ce dernier la résurrection. Barth lui parla ensuite de l'histoire de sa tribu, dont il avait visité, dans l'Aïr, l'ancienne résidence, Teguidda, qui se trouve au nord-ouest de la ville de Djiro, tout près du mont Bila, et parvint ainsi à modifier les dispositions d'Aouab à son égard.

Tandis que les menées des Foulbé continuaient, la situation de Barth se trouva aggravée par l'arrivée à Timbouctou des Berabich qui avaient juré de le tuer; ils étaient conduits par Ali, fils aîné de Ahmed ould Abêda, le meurtrier avéré du major Laing. Devant tous ces dangers, Barth s'efforça de s'attacher d'une manière plus intime les chefs Touareg qui formaient son seul appui, après le cheikh El Bakkay, et dont les territoires pouvaient lui offrir un lieu de retraite; il fit donc des présents à Aouab et à son neveu qui tous deux, de leur côté, lui donnèrent des témoignages d'amitié.

Mais ces bons sentiments des Touareg à l'égard du voyageur ne suffisaient pas à lui assurer une sécurité complète; heureusement pour lui, il se produisit alors un événement qui fit une impression profonde dans la contrée : Ali, chef des Berabich, et fils du vieil Ahmed ould Abêda, le meurtrier du major Laing, fut atteint subitement de maladie et, bien qu'âgé d'une quarantaine d'années seulement, mourut dans la matinée du 19 décembre. Cette mort soudaine produisit une sensation extraordinaire, car personne n'ignorait que son père était le meurtrier du chrétien qui avait visité Timbouctou avant Barth, et l'effet fut d'autant plus grand que l'on

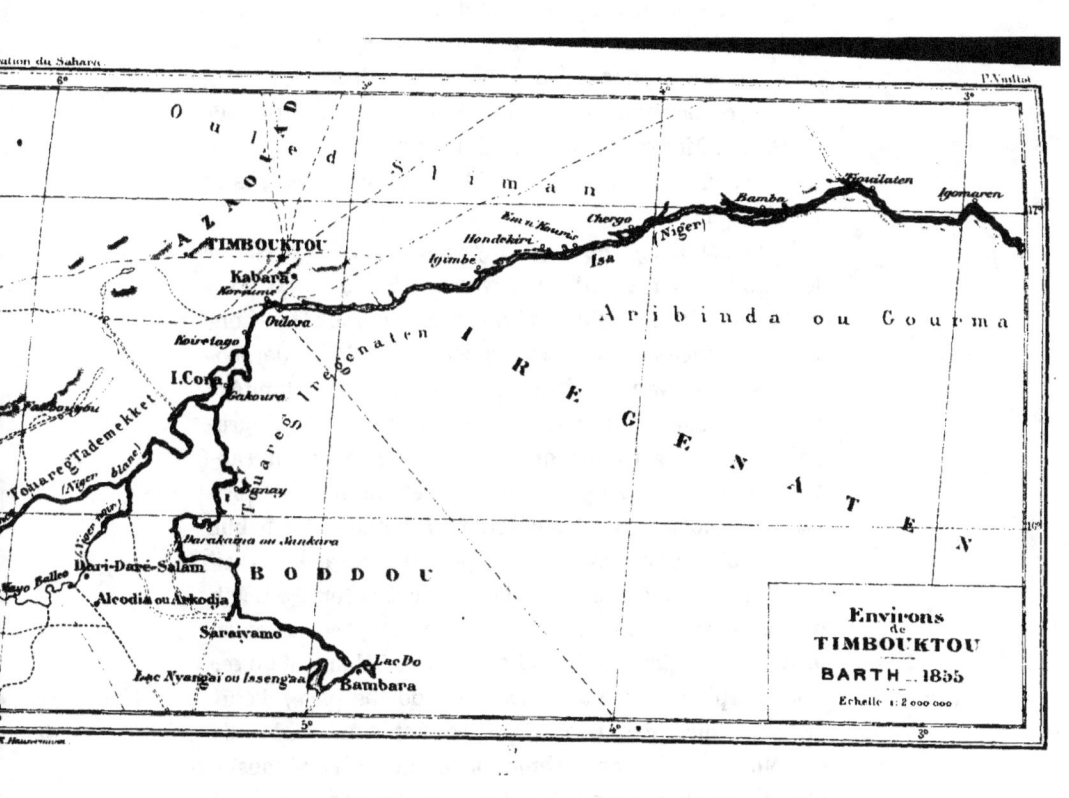

croyait dans le pays que Barth était le fils du major Laing.

Aussi les derniers jours de l'année 1853 se passèrent-ils pour Barth dans un repos relatif, mais sans lui apporter aucune certitude au sujet de l'époque de son départ ; ce ne fut que le 18 mai, après plusieurs retards successifs, que El Bakkay permit enfin à Barth de s'éloigner. Sous la protection de différentes tribus Touareg, appartenant toutes à la confédération des Aouelimmiden, il descendit le cours du Niger, jusqu'à Say, atteignit Kouka, sur le lac Tchad, le 11 décembre 1854, et n'en repartit que le 9 mai 1855 par la route orientale de Bilma, Mourzouk, Sokna, pour arriver, à la fin du mois d'août 1855, à Tripoli, qu'il avait quitté cinq ans et demi auparavant.

Il faudrait certes de longues pages pour faire ressortir les nombreux résultats du voyage de Barth : qu'il nous suffise de dire ici qu'il a été le premier à nous faire connaître les races qui habitent le centre de l'Afrique septentrionale : avant lui, tout n'était que fables ou données vagues, aussi bien sur le pays lui-même et sa géographie que sur ses habitants ; Caillié même n'avait rapporté sur les Touareg que des indications fort peu précises, et encore n'avait-il entendu parler que des tribus sud-ouest ; Richardson, à son premier voyage, n'avait osé s'aventurer au delà de Rhât ; il était réservé à Barth de rapporter au monde civilisé des notes précises aussi bien sur la région du Tchad que sur le Sahara, de fixer la géographie encore très incertaine de ces pays, d'étudier l'histoire des tribus qui les habitent, enfin, de recueillir des renseignements d'une valeur inestimable sur l'ethnographie, l'histoire ancienne et l'état politique des vastes étendues de territoires qu'il a parcourues.

Tels sont les résultats généraux du voyage de Barth ; quant aux conséquences heureuses qu'il s'est trouvé avoir pour l'extension de notre influence dans le Sahara, nous les indiquerons plus loin, en montrant qu'il fut en quelque sorte, sinon la cause première, du moins une des causes déterminantes des missions successives du capitaine De Bonnemain et de l'interprète Bou Derba, et enfin du voyage d'Henri Duveyrier chez les Azdjer.

CHAPITRE III

VOYAGES DE PANET, — DE BONNEMAIN,
ISMAYL BOU DERBA.

Pendant le long voyage de Barth, deux voyageurs, Panet et Dickson, faisaient, aux deux extrémités du Sahara, deux voyages aussi différents par leur but que par la région parcourue : Panet (1850), n'ayant pour objectif que l'exploration d'une partie, jusqu'alors inconnue, du Sahara, partit du Sénégal et parvint à atteindre le Maroc ; Dickson, consul anglais à Tripoli (1852), se rendit de cette ville à Ghadamès, avec le seul but d'en rendre les habitants hostiles aux tentatives commerciales que la France pourrait tenter par le Sud Algérien et l'Oued-Souf.

Depuis plusieurs années, le gouvernement français cherchait à étendre vers le nord les relations commerciales du Sénégal ; dans les premiers mois de l'année 1849, le Département de la Marine et des Colonies confia à Léopold Panet la mission de se rendre de Saint-Louis à Alger en traversant le désert.

Panet était né au Sénégal et venait d'accompagner M. Raffenel dans sa tentative de pénétration au Kaarta : il se trouvait donc dans les meilleures conditions pour mener à bien cette difficile et dangereuse mission, entraîné qu'il était par ce récent voyage, et connaissant d'une manière complète la langue et les usages indigènes.

Arrivé le 1ᵉʳ mai 1849 à Saint-Louis, Panet dut attendre, pour se mettre en route, la fin de la saison des pluies; son intention était de se faire passer pour indigène, comme l'avait déjà fait Caillié, et de remonter vers le nord en se joignant à quelque caravane, après avoir obtenu la protection d'un chef puissant.

Dans ce but, il alla chez les Trarzas, pour intéresser à lui le cheikh Cidiya, mais ce dernier avait quitté la région pour plusieurs mois; Panet se rendit alors chez un autre chef indigène, le cheikh Schems, qui mit à sa protection des conditions si onéreuses que Panet la refusa et rentra à Saint-Louis. Là, il fit la rencontre d'un juif maure, nommé Yaouda, qui consentit à l'accompagner vers le nord.

Le 5 janvier 1850, Panet quitta définitivement Saint-Louis avec une caravane à destination de Chingueti, petite ville de l'Adrar. Il dut, pour écarter les soupçons de ses compagnons de route, leur raconter que, né à Alger, il avait été fait prisonnier très jeune par les Français, élevé en France, puis remis en liberté; que, depuis ce moment, il cherchait à retrouver sa famille, et, pour cette raison, remontait vers le nord et cherchait à gagner l'Algérie.

Cette fable fut admise par les Maures, et Panet put continuer à suivre la caravane avec quelque apparence de sécurité, quoique contraint de subir tous les ennuis auxquels ne peut se soustraire le voyageur qui se fait passer pour indigène.

La caravane à laquelle s'était joint Panet n'arriva que le 27 janvier à Chingueti, par l'itinéraire suivant : de Saint-Louis, elle suivit la côte jusqu'à Tiourout, en passant par Boguena et la saline de Macheba ; elle obliqua ensuite vers le nord-est, et se dirigea droit vers le pays d'Inchiri, par Oglet Moumarsa, Teniafoïl et El Barek Allah; arrivée au nord-ouest du puits d'Akjaucht, elle inclina à l'est, vers les puits d'Ikhref et d'Oujeft, dans l'Adrar, et reprit ensuite la direction nord-est jusqu'à Chingueti.

Panet demeura un mois dans la petite ville de Chingueti, avant de trouver une occasion de départ pour le nord; il profita de son séjour pour étudier le commerce de la ville, qui est le principal entrepôt du sel tiré de la sebkha d'Idjil, et qui forme, avec Ouadan, le seul centre commercial de l'Adrar en relation directe avec le nord du Sénégal.

Le 27 février, Panet reprit sa route vers le nord, en se joignant à une famille des Oulad bou Sbah qui allait rejoindre sa tribu, campée sur la limite ouest des dunes d'Iguidi, à la hauteur du cap Garnet. Cette direction éloignait Panet du but qu'il s'était proposé d'atteindre, l'Algérie, en le rejetant de beaucoup à l'ouest; mais il n'avait pas d'autre occasion pour le moment de quitter Chingueti, et il craignait, en restant trop longtemps en cette ville, d'être dénoncé comme chrétien, soit par des caravanes venant du Sénégal, soit par quelque indiscrétion de son compagnon Yaouda.

De Chingueti, il franchit les hauteurs de l'Adrar, passa à El Moufga, à Akheridjit, Aouchich, Tourin et Guemgoun; mais, un peu avant d'arriver à Grôna, au lieu dit Galb el Hamra, il fut, pendant son sommeil, assailli par quelques Oulad Tidrarin, blessé, laissé pour mort sur le terrain, et dépouillé de ses quelques bagages, le tout en la présence de son compagnon Yaouda, qui ne fit rien pour le protéger; il est vrai que son intervention n'aurait pas eu grande efficacité, étant donnée sa qualité de juif; Panet avait même déjà été obligé de prendre plusieurs fois sa défense auprès des autres Arabes, qui trouvaient que molester un juif était chose naturelle.

Laissé évanoui sur le sol et abandonné de tous, Panet revint à lui et put gagner, près de Grôna, un campement de Larocîn; ces derniers prirent sa position en pitié; quelques-uns d'entre eux se mirent même à la poursuite de ses voleurs, leur reprirent une partie de ce qui avait été dérobé au voyageur, entre autres ses notes de route, auxquelles il tenait particulièrement, et les lui rendirent sans vouloir accepter de récompense.

Panet se remit de ses blessures dans le campement des Larocîn, et reprit sa route, accompagné par quelques membres de cette tribu, qui allaient dans le petit État de l'Ouad Noun. Il passa successivement par Saoual Maslin, Salkha, Tin, les puits de Touarga, Adsokha et Termaçoun; le 20 avril, il entrait à Aouguelmin, capitale de l'Ouad Noun, où le reçut le cheikh Beyrouk, qui avait déjà donné l'hospitalité à Davidson en 1836. Panet dut rester pendant un mois à Aouguelmin, retenu par le fanatisme des habitants qui le soupçonnaient fort d'être un infidèle; quant au cheikh Beyrouk, il avait été fixé, dès le début, sur la nationalité du voyageur, et ne lui en accorda pas moins sa protection.

ITINÉRAIRE
de
LEOPOLD PANET
1850
Echelle 1:12,000,000

Panet quitta Aouguelmin le 20 mai, pour gagner Mogador par la route ordinaire, suivie déjà, mais en sens contraire, par Davidson (1836). Le 25 mai, il était accueilli dans cette ville par M. Flory, consul de France, et s'embarquait quelques jours après pour Marseille.

Le voyage de Panet, sans avoir eu une importance capitale, ne fut pas cependant sans résultats : à défaut de relèvements exacts, impossibles à exécuter pour un voyageur circulant sous le costume arabe, Panet rapporta des renseignements suffisamment précis sur toute la région, inconnue jusqu'alors, s'étendant depuis le pays d'Inchiri jusqu'au sud de l'Ouad Noun; de plus, il rapportait des notions nouvelles sur les ressources commerciales de l'Adrar et de tout le pays s'étendant au nord du Sénégal, et sur le parti que cette colonie pouvait en tirer plus tard.

∴

Laissant de côté, momentanément, le Sahara occidental, nous allons voir quelles conséquences heureuses pour la France eut le voyage de Richardson, Barth et Overweg chez les Touareg Azdjer et Kel Oui, et comment il détermina une période des plus actives dans notre œuvre de pénétration dans le Sahara central, période qui eut pour conclusion la signature du traité de Ghadamès.

D'une part, le voyage de Barth montrait le peu d'intérêt de Timbouctou, et la grande importance commerciale de Kano et de la région du Tchad; d'un autre côté, les causes du refus par les Touareg Kel Oui du traité proposé par Richardson montraient que, seule, la France, étant donné qu'elle occupe l'Algérie, pouvait réaliser efficacement une alliance avec les Touareg de l'Est, Azdjer et Kel Oui, qui sont maîtres des routes de caravanes entre la Méditerranée et le Soudan central.

C'est à cette époque [1] qu'un symptôme de grande portée se produisit au sud de l'Algérie : trois hommes d'intelligence supérieure, indigènes et musulmans, tournèrent leurs regards vers la France : c'était d'abord Si Hamza, khalife des Ouled Sidi Cheikh, dont l'ambition était de commander à tout le sud arabe, de Ouargla au Touat et jusqu'à Timbouctou ; c'était ensuite Ikhenoukhen, amenokhal [2] des Azdjer et beau-frère de l'amenokhal des Kel Oui, qui voulait régner sur les quatre confédérations touareg : Azdjer, Kel Oui, Hoggar et Aouelimmiden ; pour accomplir de pareilles destinées, l'un et l'autre sentaient que le plus sûr moyen était de reconnaître la suzeraineté de la France ; le troisième était simplement un homme de cœur et d'humanité, cheikh Othman, de l'ordre des Tidjani et de la tribu maraboutique des Ifoghas ; il cherchait à rétablir la paix et la fraternité chez tous ces peuples du sud, troublés par tant d'ambitions ; il se trouva tout naturellement d'accord avec Ikhenoukhen et Si Hamza dans leurs projets, et devint leur agent diplomatique et pacifique auprès de nous.

En 1854, Si Hamza, après avoir pris Ouargla et y avoir planté le drapeau français, descendit jusqu'auprès de

---

[1] Colonel de Polignac, *Le Temps*, Juin 1893.
[2] Amenokhal ; — Roi, chef de peuple, chef de confédération. Les Touareg nobles ont dû, par suite de leur infériorité numérique, fonder des confédérations dans lesquelles l'amenokhal gouverne avec l'assistance des cheikh (amrar) des principales tribus de la confédération.

Rhât et ramena à Alger cheikh Othman, dont il avait garanti la sécurité, sur sa tête, à Ikhenoukhen. Cheikh Othman promit au maréchal Randon, gouverneur général de l'Algérie, une alliance avec la France, au nom d'Ikhenoukhen et au sien; il lui signalait en même temps l'opposition aussi clairvoyante que dissimulée que les Anglais nous faisaient en Tripolitaine : à leur instigation, les Turcs avaient occupé Ghadamès, situé cependant en territoire targui; le consul anglais à Tripoli, Dickson, avait même pris le soin d'aller jusqu'à Ghadamès (1852-54), pour détourner les commerçants de cette ville de chercher dans le sud de l'Algérie les marchandises indispensables aux relations qu'ils entretenaient, par leurs caravanes, avec tous les grands centres de l'Afrique septentrionale.

Pour détruire l'effet des intrigues anglaises, le gouvernement général de l'Algérie envoya de son côté, à Ghadamès (1856-57), M. de Bonnemain, capitaine de spahis, avec la mission d'étudier la situation commerciale de la ville, et de démontrer aux autorités et aux principaux commerçants tout l'intérêt qu'ils auraient à lier avec les marchés sud-algériens des relations plus suivies.

Le capitaine de Bonnemain se rendit d'abord à El Oued, où il forma sa petite caravane, composée d'un guide, de cinq commerçants indigènes du Souf, de huit chameliers et d'un chef de caravane, nommé Ahmed ben Touati; le 26 novembre 1856, il se mettait en route et allait camper à Radjel el Koudiat (ou Radjel el K'dia); le lendemain, les voyageurs laissèrent à leur droite la route du bir Ghardaïa, qu'ils devaient suivre à leur retour, et entrèrent dans la région des dunes, qu'ils ne quittèrent plus jusqu'à Ghadamès.

La caravane n'atteignit le but de son voyage que le 17 décembre, c'est-à-dire après vingt-deux jours de marche, et suivit la route suivante :

26 novembre : El Oued, Radjel[1] el K'dia ;

27 novembre : Bir Dra el Khesin ;

28 novembre : Chouchet Hannena, bir Oud el Baguel, bir et Sif[2] Arbïa ;

29 novembre : Bir Hamrouni, Haoud Sfâ ;

30 novembre : El Mour, bir Mouiat Embarek, bir Melah el Abid ;

1er décembre : Bir Messaoud ben Ammar, bir Msaggeuch ;

2 décembre : Ghourd Fratit, bir El Mouilah, bir El Lebda ;

3 décembre : Ghourd el Kelb, Ghourd Mehadjer ;

4 décembre : Ghourd Rekab, Sahan[3] el Mehadjer el Gueblia, bir Mouï Aïssa ;

5 et 6 décembre : Séjour à bir Mouï Aïssa, dernier point d'eau (sur cette route) jusqu'à Ghadamès ;

7 décembre : Sedred el Arich, Selselet el Merkh ;

8 décembre : Sahan el Azreg ;

9 décembre : Zemlet el Harcha ;

10 décembre : Sahan Tanguer, Ghourd Tanguer, Ghourd es Saïd, Ghourd Rouba, Zemelet[4] Zemouta ;

(1) Radjel, — Redjem ou Ardjem, pluriel Redjam : tas de pierre commémoratif d'un assassinat ou d'un combat ; sur le sommet d'une éminence indique la proximité d'un puits ou d'une source.

(2) Sif, — pluriel Siouf ; littéralement : sabre, tranchant du sabre ; par extension, sommet des dunes.

(3) Sahan, — bas-fond en forme de cuvette, dépression fermée, plateau en forme de cirque.

(4) Zemlet, — ou Zemla ; pluriel Zemoul : Dune basse et allongée. Diminutif : Zemila, petite dune.

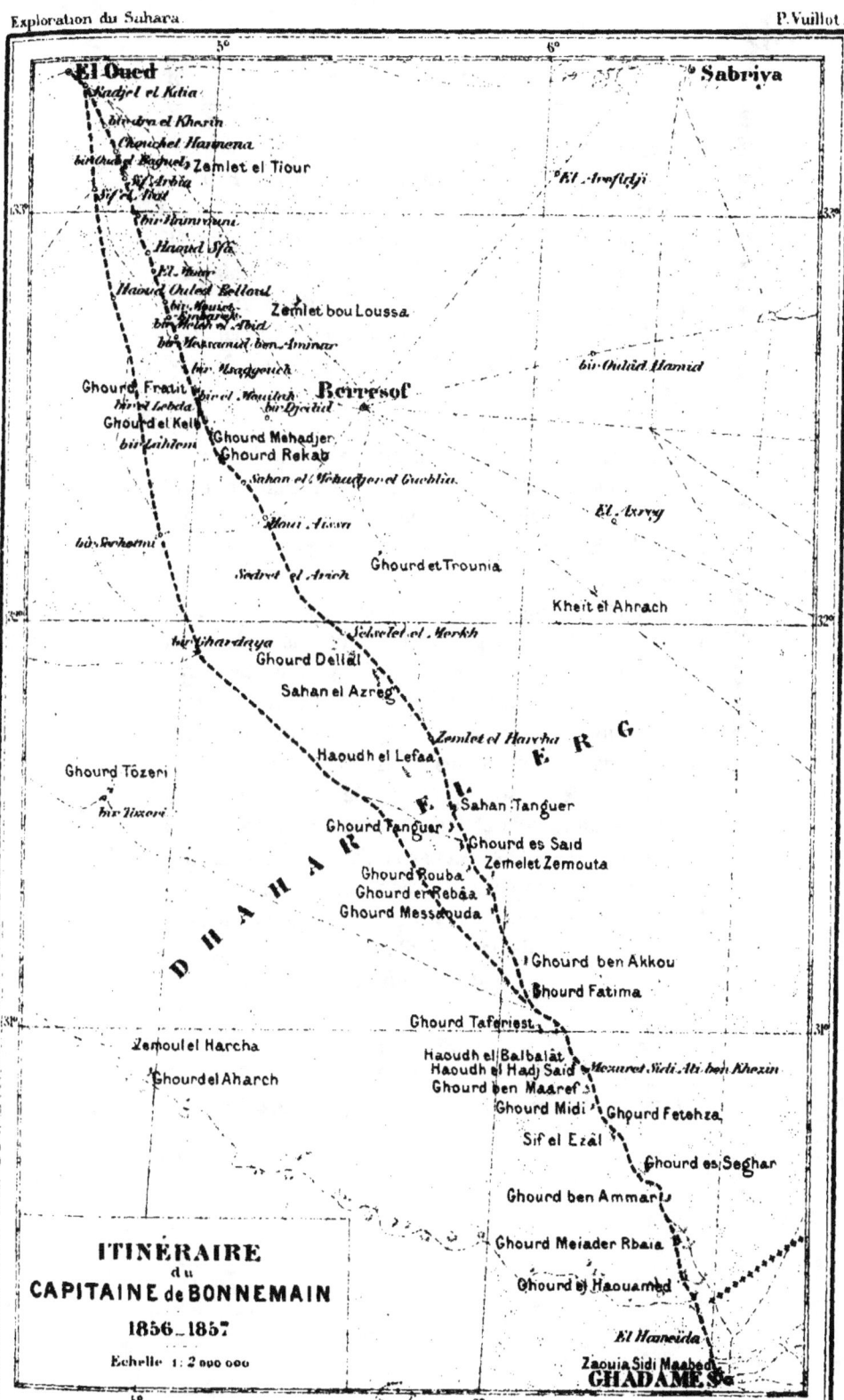

11 décembre : Ghourd er Rebâa, Ghourd Messaouda;

12 décembre : Ghourd ben Akkou, Ghourd Fatima, Ghourd Taferiest;

13 décembre : Haoudh[1] el Balbalât, Mezaret Sidi Ali ben Khezin, Haoudh el Hadj Saïd, Ghourd ben Maaref;

14 décembre : Ghourd Midi, Ghourd Fetehza, Sif el Ezah, Ghourd es Seghar, Ghourd ben Ammar;

15 décembre : Ghourd Meiad er Rebaïa, Ghourd el Haouamed;

16 décembre : El Hameida;

17 décembre : Zaouia[2] Sidi Maabed, Ghadamès.

Dès son arrivée à Ghadamès, De Bonnemain se rendit auprès du « hâkem » (gouverneur), Osman-bey, qui lui offrit l'hospitalité, tout en l'accueillant assez froidement du reste.

Cependant, quelques Souafa[3], domiciliés à Ghadamès, vinrent prévenir le capitaine De Bonnemain de l'effet que son arrivée avait produit sur l'esprit des habitants de l'oasis : on recherchait les motifs de son voyage; Dickson avait eu le soin de répandre les bruits les plus absurdes au sujet des Français, affirmant qu'ils ne chercheraient, sous prétexte de commerce, qu'à s'emparer de la ville et à en massacrer les habitants; les notables, travaillés tout particulièrement par le consul anglais, étaient ceux qui montraient le plus de méfiance, et cherchaient même à exciter la population.

Craignant tout de la part d'une foule fanatisée par les mensonges de quelques mauvais conseillers, le ca-

---

[1] Haoudh, — bas-fond entre des dunes, cuvette fermée.
[2] Zaouia. Littéralement : Coin, couvent, école, centre de confrérie musulmane.
[3] Souafa, — habitants du Souf, capitale El Oued, au sud-est de Biskra.

pitaine De Bonnemain résolut de détourner le danger en s'expliquant franchement avec le Gouverneur, et se rendit seul à sa demeure. Après l'avoir remercié de l'hospitalité qu'il lui avait offerte, il lui exposa ainsi le but de son voyage :

« Si-Osman, l'accueil généreux que tu m'as fait
» commande la franchise; je ne te laisserai donc point
» ignorer plus longtemps l'objet de ma mission. Aussi
» bien, il est nécessaire de dissiper les soupçons qu'on
» a pu faire naître dans ton esprit. Je suis au service
» de la France, et j'ai le grade de capitaine dans un ré-
» giment de spahis. Le maréchal gouverneur de l'Al-
» gérie a daigné me charger d'étudier la route qui mène
» d'El Oued à Ghadamès, et d'examiner la question du
» commerce dans votre pays; il y va de votre intérêt
» comme de l'intérêt des Français. Le commerce est
» le lien des nations. Les Français, sachant que le
» manque d'eau est un obstacle à la circulation comme
» au bien-être des caravanes, ont conçu le noble dessein
» de venir en aide aux Sahariens et de creuser des puits
» sur les lignes les plus fréquentées. Tamerna, Sidi
» Rached sont un exemple de ce que peuvent leurs in-
» génieurs : ils ont doté de puits intarissables ces oasis
» d'où la vie se retirait. Les mêmes avantages vous
» sont offerts, si vous y consentez; quant au négoce,
» il y puisera des bénéfices incontestables. Les Français
» veulent le bien des populations qui environnent l'Al-
» gérie. Tu es trop sage pour ne pas comprendre cela.
» Ma mission, qui est toute pacifique, a donc un but
» d'utilité réelle. »

Osman-bey écouta son hôte avec attention, et la conversation continua sur le ton de la familiarité; peu à peu les relations du capitaine De Bonnemain avec le Gouverneur et les notables devinrent plus cordiales, et tout malentendu fut dissipé.

Lorsque l'officier français annonça son départ, après un séjour d'une semaine à Ghadamès, le Gouverneur tint à s'occuper en personne des préparatifs du voyage et des approvisionnements; il reconduisit même son hôte et l'accompagna jusqu'à la zaouia de Sidi Maabed. Chemin faisant, il parla des Français; il faisait des vœux pour que leur protection s'étendit sur les caravanes fréquentant le sud des régences de Tunisie et de Tripolitaine; mais il ajoutait, avec l'expression du regret, que, plus les gens de Ghadamès désireraient entrer en relations avec la France, plus la cupidité des tribus environnantes chercherait à s'opposer à ce désir; car, en supposant même qu'ils fussent employés au transport des marchandises, les Souafa et les Chaamba consentiraient difficilement, disait-il, à se laisser frustrer des bénéfices que leur procure un mouvement commercial qui n'est pas sans importance.

Les adieux se firent à la zaouia de Sidi Maabed, et le capitaine De Bonnemain reprit la route d'El Oued. Il suivit le même itinéraire qu'à l'aller jusqu'au ghourd Fatima; de là, il obliqua vers l'ouest pour se diriger droit vers le bir Ghardaïa, point d'eau aussi important pour cette route occidentale d'El Oued à Ghadamès que le bir Mouï Aïssa pour celle du centre et le bir Es Çof (Berresof) pour la route orientale.

Du bir Ghardaïa, la route suivie continue droit sur El Oued, en obliquant vers le nord, et en passant par bir Serhetmi, bir Lahlem, haoud Ouled Belloul, sifel Aïat, et enfin Radjel el K'dia sur la route suivie à l'aller.

Le 7 janvier 1857, le capitaine De Bonnemain était de retour à El Oued, ayant mené à bonne fin la mission dont il avait été chargé.

Il revenait en effet de Ghadamès, rapportant l'assurance du gouverneur de la ville et des notables qu'ils étaient tout disposés à favoriser le courant commercial qui s'établirait entre Ghadamès et le sud de l'Algérie; il avait dissipé les idées fausses que Dickson avait répandues sur le compte des Français; enfin il rapportait un croquis de deux routes importantes d'El Oued à Ghadamès.

.*.

Si la mission du capitaine De Bonnemain nous apportait la certitude que nos caravanes algériennes seraient bien reçues à Ghadamès, elle laissait dans le doute l'accueil qui leur serait fait, plus au sud, sur la route du Soudan, par les tribus des Touareg Azdjer.

Il importait de se renseigner d'une façon certaine sur les intentions de ces tribus à notre égard. Le Gouverneur général de l'Algérie confia, en 1858, à Ismayl bou Derba, indigène algérien ayant dans l'armée française le grade d'interprète militaire, la mission de se rendre à Rhât, chez les Azdjer, et de sonder leurs chefs au sujet de l'extension de notre influence commerciale vers le sud de Ghadamès et sur la voie du Soudan.

Bou Derba était l'homme le plus apte à accomplir avec succès une semblable mission : attaché au bureau arabe de Laghouat, il avait été en relations constantes avec le Mzab et même avec la tribu targuie des Ifoghas et son cheikh, Si-Othman, qui parcouraient les régions s'étendant au sud du Mzab.

Ce fut donc tout naturellement à Cheikh Othman que songea Bou Derba pour le guider et l'introduire à Rhât ; il lui envoya un messager, lui donnant rendez-vous à Guerrara, une des villes du Mzab, pour le 6 août 1858, et lui-même quitta Laghouat le 1er août, accompagné seulement de quelques Mozabites, et emmenant vingt-cinq chameaux chargés de vivres, d'eau et aussi d'objets d'échange qui devaient servir à entrer de suite en relations d'affaires avec les commerçants de Rhât.

La caravane atteignit Guerrara le 6 août, mais Cheikh Othman n'était pas encore arrivé ; il se trouvait à la zaouia de Temacin, où Bou Derba l'envoya chercher ; il arriva à Guerrara le 12, et tous deux partirent le 14 août. Le 16, ils étaient à Ngoussa, et le 17 à Rouïssat, près de l'oasis d'Ouargla ; ils suivirent de là la route ordinaire qui va au Rhât par Timassinin et le lac Menghough, celle-là même que devait suivre, jusqu'en ce dernier point, la première mission Flatters, vingt-deux ans plus tard, en 1880.

De Rouïssat, qu'il quitta le 20 août, Bou Derba mit seize jours pour arriver à Timassinin, en passant par les points suivants : Bir Djeribia (22-24 août) ; Teniet el Oudj (26 août) ; Aïn Taïba (27-28 août) ; El Biodh (3 septembre) ; Timassinin (6 septembre). De ce point, il gagna le lac Menghough par le sommet de Kanfousa, les sources de Touskirin, les puits de Tebalbalet, d'Aïn el Hadjadj et de Tibabiti.

Arrivé au lac Menghough, Bou Derba alla rejoindre à Tadjenout la route qui fut suivie par Duveyrier, deux ans plus tard (1860-61), de Ghadamès à Rhât, et passant par Oursel dans l'Oued Tikhammalt, l'Oued Tarat, les puits de Tanit-Mellet et de Tintorha, Tarz

Oûlli et les sources d'Ihanaren (25 septembre). Le 26 septembre 1858, Bou Derba entrait à Rhât, grâce à la recommandation de Cheikh Othman.

Son arrivée ne fut pas sans soulever une certaine émotion. Dans cette population jalouse de ses privilèges commerciaux et de son indépendance, les soupçons naissaient facilement; d'autre part, des bruits, venus de Mourzouk et répandus par les Anglais de Tripoli, représentaient les Français comme voulant conquérir toute l'Afrique du Nord, et signalaient Bou Derba comme leur émissaire; aussi fût-il certainement question de faire un mauvais parti à l'envoyé du Gouverneur général de l'Algérie.

Cependant, le cheikh Ikhenoukhen, chef de la confédération des Azdjer, s'éleva contre ces craintes exagérées, et fit revenir les Touareg et les autres habitants de Rhât à de meilleurs sentiments; Bou Derba put conférer avec eux, recueillir de précieux renseignements sur les mœurs et les usages commerciaux, et sut si bien plaider la cause qu'il avait pour mission de défendre qu'il vendit tous les échantillons de marchandises algériennes qu'il avait apportés, et acquit l'assurance que, désormais, entre Laghouat et Rhât, pouvait s'ouvrir une route commerciale analogue à celle parcourue par le capitaine De Bonnemain (1856), de Biskra à Ghadamès.

Le 4 octobre, Bou Derba, voyant sa mission pleinement terminée, prit la route du retour, repassant par la même voie qu'il avait suivie à l'aller. Sa marche, toutefois, fut plus lente : il n'arriva que le 27 octobre à Tebalbalet, et ne rentra à Laghouat que le 1er décembre 1858.

Exploration du Sahara.   P. Vuillot

ITINÉRAIRE
de
ISMAYL BOU DERBA
à Rhât
1858

Echelle 1:6 000 000

Gravé par E. Hausermann.

Les résultats de ce voyage furent très importants : au point de vue géographique, une nouvelle route, de Ouargla à Rhât, avec tous les points d'eau intermédiaires, pouvait être portée d'une manière précise sur les cartes; au point de vue commercial, Bou Derba rapportait la preuve que le commerce avec le centre de l'Afrique est très important, mais que ce commerce est tout entier entre les mains des maisons anglaises de Tripoli : il suffirait d'ouvrir une route de caravanes allant de l'Algérie à Ghadamès ou à Rhât, pour détourner, au profit de la France, tout ce courant commercial.

Bou Derba rapportait, de plus, une constatation fort importante : il remarqua, un des premiers, qu'on avait beaucoup exagéré la stérilité du Sahara; il insistait sur ce point qu'on y trouvait partout de l'eau en creusant à quelques mètres de profondeur, et qu'on pouvait par conséquent le sillonner de puits et l'ouvrir aux caravanes. Il nous apprend enfin que le Sahara n'était pas entièrement une étendue de sables stériles : de nombreuses tribus y vivent, faisant paître leurs troupeaux, preuve indéniable sinon d'une grande fertilité, tout au moins d'une certaine végétation.

Ainsi donc, le succès de la mission de Bou Derba, tant au point de vue commercial qu'au point de vue géographique, ouvrait la voie au jeune voyageur Henri Duveyrier, qui ne devait pas tarder à pénétrer, lui aussi, chez les Touareg Azdjer, et à rapporter la première étude complète et sérieuse qui ait été faite sur ces tribus encore peu connues.

CHAPITRE IV

VOYAGES DE HENRI DUVEYRIER AU MZAB ET A EL GOLÉA, DANS LE SAHARA ALGÉRIEN ET TUNISIEN, — A L'OUED SOUF, A GHADAMÈS ET A TRIPOLI ; — CHEZ LES TOUAREG AZDJER, A RHAT ET AU FEZZAN.

Après le voyage de Bou Derba à Rhât, et malgré le succès de sa mission, un doute subsistait encore dans l'esprit du Gouverneur général de l'Algérie : les Azdjer avaient fait bon accueil à Bou Derba, arabe, musulman comme eux ; quelle réception réserveraient-ils à un Français ?

C'est alors que le Gouverneur général jeta les yeux sur Henri Duveyrier pour confier au jeune voyageur une mission chez les Touareg de l'est et rapporter la preuve de leurs bonnes dispositions à l'égard des Français.

Agé de dix-huit ans, doué d'une rare énergie et de remarquables qualités d'observation, Duveyrier venait justement de pousser une pointe audacieuse vers El Goléa, et c'est justement ce voyage qui avait attiré sur lui l'attention du Gouverneur général.

Excité par l'exemple de Barth et poussé par ses conseils, il avait entrepris, avec ses seules ressources, de se rendre au Touat, pour y préparer le terrain à l'influence française.

Débarqué à Philippeville le 8 mai 1859, il se rendit aussitôt à Biskra par Constantine, Batna, El Kantara et El Outaya, ne redoutant qu'une chose, — comme il l'écrit le 3 juin à son père, — que « soit par raison politique, soit par défiance de mes forces, soit par un faux intérêt pour mon sec individu, on ne me refuse la liberté d'aller plus loin. »

Il n'en fut rien, fort heureusement. Non-seulement le commandant supérieur de Biskra déclara qu'aller au Mzab lui paraissait facile, mais il ajouta : « Vous auriez quelque chose de bien beau à faire, ce serait d'aller au Touat! » Duveyrier avoua que c'était son objectif, et qu'il n'attendait qu'une occasion pour s'y rendre.

Parti de Biskra le 13 juin, il met cinq jours pour se rendre à Guerrara, une des villes du Mzab, par une route nouvelle, franchissant l'oued Djedi à la Kouba Sidi Abd el Kader, l'oued Melah, l'oued Zeurba, l'oued Besbès et l'oued Itel à Oglat-Zireg; puis, l'oued Retein à Hassi-Zied; arrivé à Oglat-Zourz, au lieu de continuer sa route sur Dzioua, vers le sud, il oblique à l'ouest, se dirigeant droit vers Guerrara en traversant l'oued el Atar, l'oued Zerga près de leur confluent, et en passant par Haoud ez Zebch, Dhâyet ben Mezzian et Neguer Yemmâm; le 18 juin, à neuf heures du soir, il est sous les murs de Guerrara.

Le 21 juin, il se rend à Ghardaïa et, de cette ville, pousse une pointe jusqu'à Metlili, pour entrer en rap-

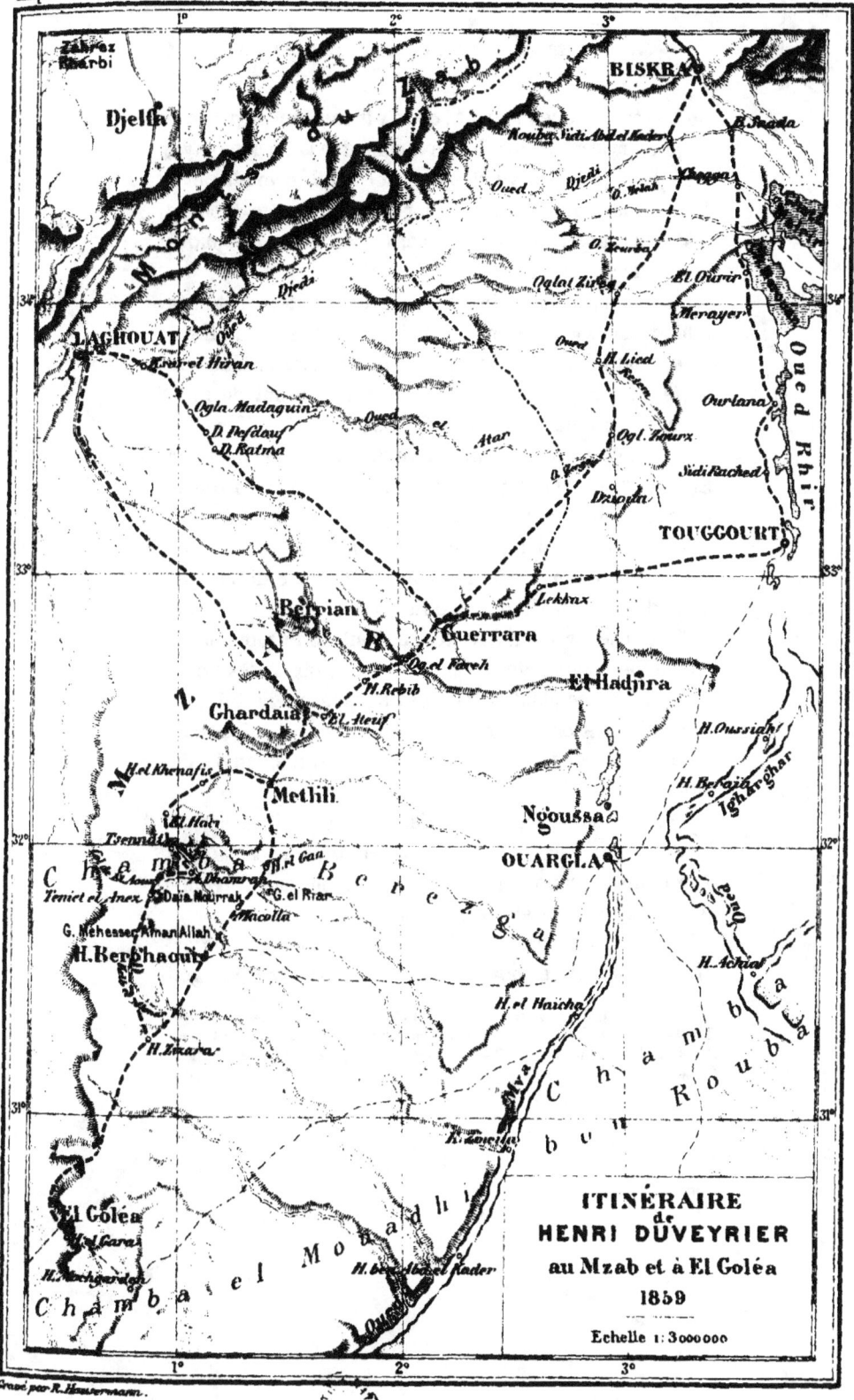

port avec quelques Touareg qui s'y trouvaient de passage et qui, sur le désir qu'il leur exprime de visiter leur pays, s'engagent à lui servir de guide lorsqu'il le voudra et à le ramener sain et sauf; il espérait également trouver à Metlili, dans la tribu des Chaamba Berezga, des guides pour aller au Touat.

Mais avant d'aller plus loin, Duveyrier tient à étudier à fond la confédération si particulière des Beni Mzab, « pays où je viens, dit-il, de me naturaliser en quelque sorte, et que je considérerai, dans le courant de mon voyage, comme le port de ma patrie. »

Enfin, vers le 11 août, il se dispose à partir pour El Goléa[1], afin d'essayer de pénétrer de là dans le Touat. Il ne se dissimule pas que l'entreprise est hasardeuse; néanmoins, muni d'une lettre quasi-impérative de recommandation de Si Hamza, caïd des Ouled Sidi Cheikh, et guidé par deux hommes d'El Goléa, il part de Metlili, le 28 août, et arrive à El Goléa, de nuit, le 1er septembre. Ses guides, saisis de terreur, l'abandonnent près de la porte, et les habitants d'El Goléa s'emparent de lui, l'obligeant à passer la nuit sur la place, et disant entre eux : « Voilà un chien de chrétien qui a donc bien envie de mourir ! »

Le lendemain, Duveyrier demanda en vain à parler à la djemaa; vers le soir, il fait tranquillement ses observations astronomiques, et, comme on veut l'en empêcher, il proteste énergiquement.

Enfin, la djemaa lui fait donner l'ordre de quitter El Goléa avant le jour, s'il ne veut pas être égorgé.

---

[1] Le Ksar d'El Goléa, la Taorirt des Berbères nomades (Touareg), appelé aussi par ses habitants El Menia (lieu fortifié, bien défendu), est situé par 30°21′12″ latitude nord et 0°47′30″ longitude est, presque sur le méridien d'Alger.

Duveyrier proteste de nouveau, déclare qu'il ne cède qu'à la force, et se voit forcé de partir au milieu de la nuit, presque furtivement.

Ayant suivi, de Metlili à El Goléa, la route de l'est, qui passe par Hassi el Gaâ, Ghourd el Riar, Macolla, Hassi Berghaoui et Hassi Zirara, Duveyrier prit, au retour, pour en faire le relevé, la route de l'ouest, par l'oued Kelb el Ahmar, Ghourd Mehesser Aman Allah, Daïa Mourrak, Teniet el Anez, le col d'El Aouz, Aït Dhamran, l'oued Zeilit, Tsennat, El Hassi et Hassi el Khemafis. Le 8 septembre, il était de retour à Metlili.

Voici comment Duveyrier apprécie lui-même les résultats de ce voyage : « ...... Au premier abord, mon voyage à El Goléa peut paraître une défaite, puisque j'ai été renvoyé de cette ville avec des menaces, obligé de m'en aller dans la nuit, et dans des conditions bien mesquines. Cependant, je considère ce voyage comme un succès. En définitive, je suis revenu rapportant un relevé minutieux des deux routes (orientale et occidentale) allant de Metlili à Goléa, quelques observations astronomiques et une petite provision de notes sur des sujets variés ; c'est déjà quelque chose. Ensuite, je me suis montré aux Chaamba el Mouadhi (chaamba d'El Goléa) qui avaient tant juré de m'égorger. Je suis resté deux nuits et un jour dans la ville, prisonnier il est vrai, mais peu gêné par ma position ; ils ont vu qu'ils ne pouvaient m'effrayer, et m'ont renvoyé, parce que, quelque éloignée qu'elle soit, notre puissance leur inspire une peur énorme ; leur cauchemar est la crainte de voir apparaître un beau jour une colonne française[1],

---

[1] Cette crainte se réalisa en 1873, lorsque la colonne du général de Galiffet vint occuper El Goléa et y laissa une garnison française.

et ils interprétaient ma venue comme une tentative faite pour apprécier leur force numérique et la valeur des fortifications de leur Ksar. Ils auraient préféré me voir de passage, en route pour le Touat, et mon impression est que cette route est désormais ouverte.... »

A son retour d'El Goléa, Duveyrier continua à explorer le Mzab et les régions environnantes ; il remonta d'abord de Metlili à Ghardaïa, et se dirigea de là vers Laghouat, en laissant Berrian sur la droite et en passant à Nili. Il aurait bien désiré se diriger ensuite vers le sud et l'ouest, et explorer le Touat et les tribus Touareg qui se trouvent plus au sud ; mais les événements qui s'accomplissaient en ce moment au Maroc, et qui mettaient en effervescence toutes les régions voisines, l'obligèrent à se rejeter vers l'est, momentanément, à ce qu'il pensait.

En attendant l'occasion de poursuivre son voyage au Touat, il quitta Laghouat en novembre 1859, pour se rendre à Guerrara par Ksar el Hiran, Oglat Madaguin, Daïa Defdouf, Daia Ratma et l'Oued es Seder. De Guerrara, il se rendit à Touggourt (par Lekkaz et le chott Mourgui), gagna ensuite Biskra par la route ordinaire de l'Oued Rhir (Ghamra, Sidi Rached, Ourlana, Merayer, El Ourir, Oum el Thiour, Chegga et Saada), et remonta de là se reposer quelques mois à Constantine.

De retour à Biskra, le 1er février 1860, il redescendit dans l'Oued Rhir jusqu'à Merayer, et obliqua de là vers l'Oued Souf, en passant par Bouira, Messelmi, bir Medjiir, bir Salem, Ghamra, Guemar, Kouinin et El Oued, ville principale du Souf.

Les circonstances n'étant pas devenues plus favorables pour un voyage dans le sud-ouest, l'intention de Duveyrier était de pousser une pointe jusqu'au Djérid, dans le sud de la régence de Tunis, entre les chotts Rharsa et Djérid; mais la route du Djérid étant peu sûre, il fit demander une recommandation à Tunis, où la France se trouvait alors représentée par M. Ferdinand de Lesseps et, en attendant la réponse, il partit pour Ouargla.

L'itinéraire que Duveyrier suivit d'El Oued à Ouargla est le suivant : bir Oued Tounsi, bir Oued Alenda, Hassi Omram, Gara Sidi el Bechir, Hassi Ouled Miloud, Garet Chouf et Ouargla.

Le jeune voyageur ne resta que peu de jours dans cette dernière ville; il se remit en route vers Touggourt, par Ngoussa, El Arefidji, Hassi Douioudi, Hassi Maamar, Bledet Ahmar et la zaouïa de Temacin.

Ayant reçu de Tunis une réponse favorable et une promesse de protection suffisante, Duveyrier se dirige vers le Djérid, et, pour cela, se rend d'abord à El Oued par Aïn Forgemol, Mouiat Chabbi, Hassi el Hadjar et Mouiat el Caïd. Il franchit ensuite les dunes du Souf, et arrive à Nefta, dans le Djérid, par Tarfaoui, bir es Sanem, Chouchet el Beidha, et Nakhlet el Menkoub.

De l'oasis de Nefta, située sur la rive nord-ouest du chott el Djérid, Duveyrier alla visiter Tozeur, capitale du Djérid, et alla prendre, à la petite oasis de Kriz, la piste qui, par le rocher d'El Mensof, traverse le chott el Djérid et conduit à Kebilli et au Nefzaoua. De Douz, Duveyrier se rendit à Gabès par bir Ghezem, Oglat Merteba et Meterech.

Après un court séjour à Gabès, il revint à Tozeur par le nord du chott El Fedjedj, visitant Metouia, Oudref, Mehamla, El Guettar et la ville de Gafsa, et rejoignit

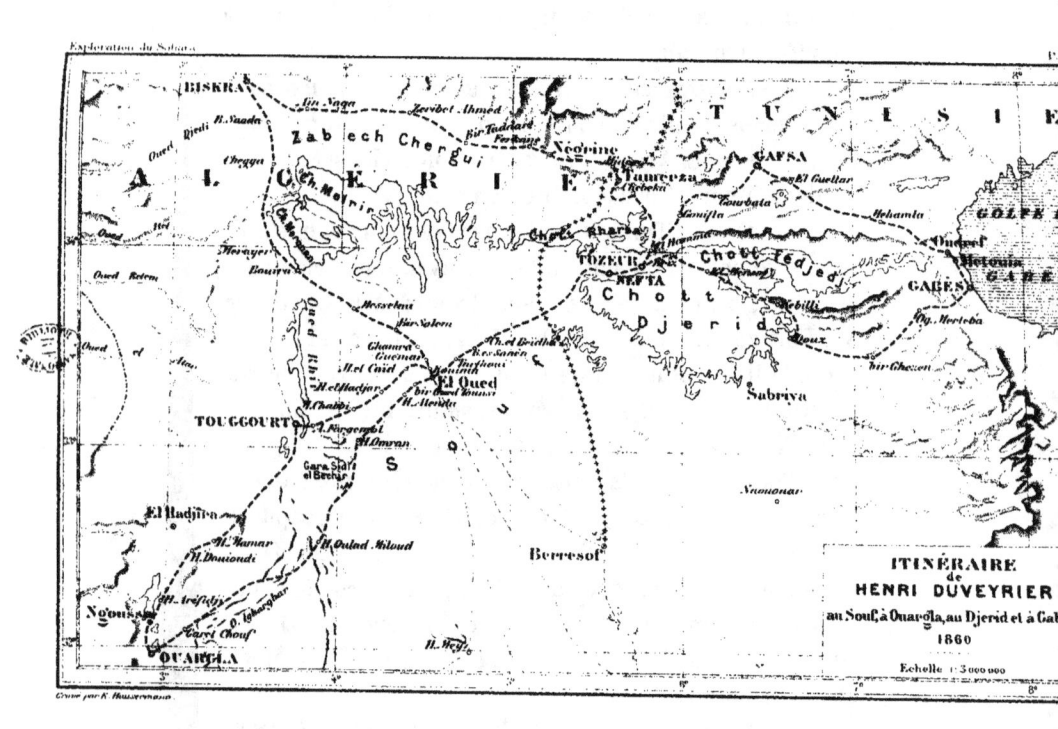

par Gourbata, bordj Gouifla et l'oasis d'El Hamma, la capitale du Djérid.

De retour à Tozeur, le 3 avril, Duveyrier songe enfin à rentrer à Biskra, et choisit une route qu'il n'avait pas encore parcourue et qui contourne par le nord tout le bassin des chotts Rharsa et Melrir. Cette route, partant de Tozeur, passe d'abord à l'oasis d'El Hamma, suit la rive orientale du chott El Rharsa, passe au petit village de Chebeka et emprunte jusqu'à Tamerza le lit de l'oued Alenda; elle court ensuite directement à l'ouest vers Biskra, par les oasis de Négrine et de Ferkane, le puits de Taddart, les villages de Zéribet Ahmed et de Zéribet el Oued, et les oasis de Aïn Naga et Sidi Okba[1].

Rentré à Biskra le 10 avril 1860, Duveyrier y trouva une heureuse nouvelle qui l'attendait : il était chargé d'une mission officielle chez les Touareg Azdjer.

Tous les voyages que Duveyrier venait d'accomplir n'étaient considérés par lui que comme les préliminaires du grand voyage qu'il projetait de faire dans le Sahara central : c'était en quelque sorte une préparation, un entraînement, et aussi une attente forcée de circonstances favorables.

Mais ces voyages avaient attiré sur ce jeune homme l'attention du gouvernement général de l'Algérie, et ce fut lui qui fut chargé de compléter la mission de Bou Derba et de renouer des relations amicales avec les Touareg Azdjer, en vue de la réouverture des routes de caravanes vers le Soudan.

Duveyrier reçut donc à Biskra, en juin 1860, les sub-

---

[1] Le détail de cet itinéraire se trouve relevé, au 1/400.000^{me}, sur la carte de l'ouvrage intitulé : *Des Ziban au Djérid*, Soc. de Géographie de Paris.

sides qui lui étaient nécessaires pour explorer le pays des Touareg de l'est.

Il gagna tout d'abord El Oued par la route ordinaire des caravanes, et, dans cette ville, fit des préparatifs pour se diriger d'abord vers Ghadamès, son premier objectif. Cheikh Othman et quelques autres Touareg l'accompagnaient, lui servant d'escorte.

La route que suivirent Duveyrier et ses compagnons, d'El Oued à Ghadamès, est celle qui, passant à Moui el Arneb, Maleh ben Aoun et Moui er Rebah, oblique, à partir de bir Maatig, vers bir es Çof (Berresof), et redescend de ce dernier puits sur Ghadamès par une série de ghourd dont les principaux sont les suivants : Ghourd el Liyya, el Ghoraffa, el Douriya, Zemlet el Harcha, Sahan Tanguer, ghourd Rouba, Fatima et Maamer, et la zaouia de Sidi Maabed. Du reste, à partir de Zemlet el Harcha, c'est le même itinéraire que celui suivi à l'aller par le capitaine de Bonnemain.

Arrivé le 11 août au soir à Ghadamès, après six jours et six nuits de marche, Duveyrier écrivait de cette ville, le 14 août :

« J'ai beaucoup appris de mon compagnon, le Cheikh Othman, et de ses Touareg, et je ne pouvais m'empêcher d'admirer ces chevaliers des temps modernes montés sur leurs dociles et légers dromadaires, marchant silencieux et immobiles sur leur selle, comme des fantômes.....

« J'admirais aussi les qualités de cœur et d'intelligence de Cheikh Othman. Il me racontait les projets de sa vieillesse, et me disait : « Si Dieu m'avait donné des enfants, » je les aurais élevés et instruits, et j'aurais ainsi laissé » de moi un souvenir à la postérité; mais Dieu ne m'en

» a pas donné, et je ne veux cependant pas mourir sans
» avoir fait quelque chose d'utile : je creuserai des puits
» dans les déserts les plus difficiles à traverser, et prin-
» cipalement sur la route du pèlerinage. » Le bon cheikh
verra peut-être un jour que ce qu'il fait aujourd'hui, en
servant d'intermédiaire entre les Français et les Touareg
et en travaillant à les rapprocher de nous, sert bien plus
à la postérité que les quelques puits qu'il projette, et que
personne mieux que nous ne saura les creuser. »

De nombreux Azdjer étaient venus au-devant du
Cheikh Othman, à la première nouvelle de son arrivée
à Ghadamès; ils accueillirent très bien Duveyrier,
beaucoup mieux, à ce qu'écrit celui-ci, que s'il fût
venu un an auparavant ou s'il fût venu seul.

Le but de Duveyrier était d'entrer en rapports avec
Ikhenoukhen, aménokhal de la confédération des Azdjer, d'avoir une entrevue officielle avec les chefs des
tribus de cette confédération, et de pousser ensuite
son exploration jusqu'à Rhât, au cœur du pays des
Touareg de l'est.

Pour cela, il fallait obtenir l'assentiment et la protection des autorités turques; or, le Gouverneur, voyant
l'intention de Duveyrier d'entrer directement en rapports
avec les chefs touareg, sans passer par son entremise,
ne fut rien moins qu'aimable; il fallut, pour arriver à l'a-
doucir un peu, que Duveyrier le menaçât d'écrire à M.
Botta, consul de France à Tripoli.

Puis, en attendant l'arrivée d'Ikhenoukhen, il s'occupa à rédiger ses notes de voyage, à mettre ses cartes
au courant, et à préparer un mémoire pour le gouvernement général de l'Algérie.

Ikhenoukhen étant arrivé à Ghadamès, Duveyrier

eut avec lui de nombreux pourparlers, à la suite desquels son voyage jusqu'à Rhât se trouva assuré, en ce qui concernait les Azdjer.

Mais les autorités turques continuaient à se montrer tracassières et hostiles. Duveyrier se vit obligé de se rendre à Tripoli, pour venir à bout de cette opposition sourde, mais tenace.

Duveyrier fit donc ce voyage de Ghadamès à Tripoli, et, après avoir réussi dans ses démarches, revint par une route différente de celle qu'il avait suivie à l'aller, afin d'étudier ces régions peu connues de la régence de Tripoli, notamment le Djebel Nefousa, le principal système orographe de la Tripolitaine.

Muni de fortes recommandations du pacha de Tripoli et du consul général de France, Duveyrier put enfin quitter Ghadamès et partir pour Rhât avec Ikhenoukhen, dans les premiers jours du mois de décembre 1860. Au lieu de prendre la route, plus directe, qu'avait suivie Richardson en 1845, par Taghma, Cheberma et Djeberten, et qui traverse dans toute sa largeur l'immense étendue des sables d'Edeyen, Duveyrier suivit, avec ses compagnons de route, une voie plus accidentée, il est vrai, mais tout entière, sauf aux dunes d'Adehi-n-Ouarân, dans la région beaucoup moins aride qui constitue le territoire de parcours de la tribu des Oraghen.

De Ghadamès, Duveyrier passa au puits d'El Gafgaf, aux sources de Timelloulin, et, par le ravin d'Ahedjiren, arriva au réservoir d'Ohânet, à la tête de l'oued du même nom. Franchissant alors les dunes d'Adehi-n-Ouarân, il passe au puits de Tadjentourt, traverse la plaine d'Isoulan-n-Emôhagh qui prolonge à l'est

la vallée d'Isaouân, et arrive au puits d'Oursel, dans la vallée de l'ouad Tikhammalt. Il fait ensuite un crochet vers l'est, va rejoindre l'ouad Tarât à Tamioutin, remonte la vallée de cet ouad jusqu'à In Tafaraoui, et, par le sud du plateau de Takaharet, arrive à Tintorha d'abord, puis à Tarz Oulli, sur la route ordinaire des caravanes, à peu de distance au nord-nord-ouest de Rhât.

Duveyrier demeura quelque temps près de Rhât, toujours accompagné de Cheikh Othman et d'Ikhenoukhen, et s'efforçant de se concilier l'amitié des chefs des différentes tribus Azdjer; puis, il songea au retour. Deux voies s'offraient à lui : celle de Ouargla et celle du Fezzan (Mourzouk et Tripoli). Duveyrier choisit cette dernière comme complétant mieux son exploration des tribus touareg de la confédération des Azdjer, s'étendant entre Rhât et Mourzouk.

Il quitta Rhât par Tarz Oulli et Serdelès, et suivit de là, par l'Ouadi Gharbi, une route parallèle à celle suivie par Barth (1850) dans l'Ouadi Aberdjouch. Arrivé à El Fejij, un peu à l'est d'Oubari, il quitta l'Ouadi Gharbi au point où il devient l'Ouadi ech Chergui, et franchit, pour arriver à Mourzouk, la Hamada de Mourzouk, s'étendant entre l'ouadi Gharbi et l'ouadi Aberdjouch, par la même voie que celle qu'avaient prise Barth et ses compagnons.

De Mourzouk, Duveyrier alla pousser une dernière pointe vers l'est, jusqu'à Zouila, en passant par Traghen et Oumm-el-Araneb ; il détermina les coordonnées de Zouila (lat. 26° 9' 34", long. 13° 18'), comme il l'avait déjà fait pour Rhât et les autres points principaux de son long itinéraire. De retour dans la capitale du Fezzan, il se dirigea enfin vers Tripoli, par la voie de Rhodoa, Sebha, Sokna, Bondjem, El Guettar et bir Lekem.

Duveyrier se rendit aussitôt à Alger, avec l'intention de se préparer pour un autre voyage plus lointain; mais le jeune voyageur fut réduit à l'impuissance par une fièvre typhoïde et une fièvre cérébrale qui ruinèrent sa santé et affaiblirent sa mémoire au point qu'il ne put rien ajouter aux notes, heureusement fort complètes, qu'il rapportait.

Grâce à elles, il put, dans son grand ouvrage, *les Touareg du Nord*, faire une histoire aussi complète que possible du pays des Azdjer, tant au point de vue de la géographie physique qu'à celui de la géologie, de la faune, de la flore, de la météorologie. La langue, les mœurs, les coutumes des Azdjer, leur vie intime, leurs usages politiques, leurs différentes tribus et les territoires de parcours de chacune y sont étudiés tour à tour, et chacun de ces points, si divers, a été développé de main de maître par ce jeune homme de vingt ans. Son ouvrage et la carte qu'il y a jointe sont et resteront longtemps encore le document le plus complet que nous possédions sur cette partie du Sahara et ses habitants.

∴

Avant de voir quelles ont été les conséquences politiques du voyage de Duveyrier et quelle influence directe il a eu sur la conclusion du traité de Ghadamès, il nous faut dire quelques mots de la malheureuse tentative de Colonieu et de Burin (1860) au Gourara, à l'Aouguerout et au Touat.

Vers la fin de l'année 1860, le commandant Colonieu

et le lieutenant Burin, appartenant à la garnison de Géryville, furent chargés de se joindre à la caravane annuelle des tribus algériennes des cercles militaires de Géryville et de Saïda, allant chercher au Gourara et au Touat les dattes qui leur manquent, et portant en échange à ces oasis le grain et les troupeaux qui leur font défaut.

Le but de MM. Colonieu et Burin était, non de prendre le commandement de la grande caravane, mais de marcher seulement de concert avec elle, pour plus de sécurité; puis, une fois arrivé au Gourara et au Touat, de chercher à nouer des relations commerciales et d'inviter les habitants de ces groupes d'oasis à reprendre leur habitude ancienne de trafiquer avec l'Algérie des produits soudaniens, en leur donnant l'exemple de la confiance.

Malheureusement, on ne saurait trop regretter le caractère hybride de ce voyage, qui ne fut ni une mission pacifique, ni une expédition militaire, tout en ayant les inconvénients des deux systèmes, sans en avoir les avantages. Ainsi, le commandant Colonieu s'adjoignit comme escorte personnelle un goum de *cent* cavaliers et de vingt autres chevaux de « grande tente », suivis de cinq cents chameaux; cavaliers et chameliers reçurent des armes, vingt cartouches chacun et, de plus, une réserve de deux mille cinq cents autres cartouches. C'était peu pour une expédition militaire qui n'était dans les intentions de personne, c'était trop pour une mission pacifique et commerciale destinée à inspirer confiance aux oasis sahariennes.

Pour quiconque sait avec quelle rapidité se colportent et s'exagèrent les nouvelles chez les tribus du Sahara, il devait être hors de doute que longtemps avant l'arrivée de la mission au Gourara, ces oasis devaient être persuadées qu'une grande expédition française était en marche pour s'emparer de leur pays; aussi fermèrent-ils les portes de leurs ksour[1] à la caravane, et le simple retour en arrière d'une mission toute pacifique passa à leurs yeux pour l'échec d'une expédition militaire qui, devant leur ferme contenance, n'avait pas osé se mesurer à eux; ce bruit se répandit rapidement jusqu'à Timbouctou, comme le prouva une lettre du cheikh El Bakkay au gouverneur général de l'Algérie, au sujet du mauvais effet produit par cette mission si fâcheusement organisée.

C'est à El Abiod Sidi Cheikh que se réunirent les différentes fractions de la grande caravane. Forte de dix mille chameaux, de plus de trois mille hommes et femmes, de seize mille moutons, et des cavaliers du goum de MM. Colonieu et Burin, elle se mit en route le 22 novembre pour aller, par Melk Sliman, à El Mengoub, point d'eau important dans la vallée de l'oued Khebiz. Franchissant alors la région des Mahreg, bas-fonds ayant l'aspect d'étangs desséchés, la route suivie passa près du gour d'El Toumeïat et traversa le mahreg de Kheloua Sidi Cheikh. De ce dernier point, elle quitta le plateau de Hamada qu'elle suivait depuis la rive droite de l'oued Khebiz pour entrer dans la région d'El Metallef (labyrinthe de dunes) d'abord, puis dans l'Areg[2] proprement dit, qui commence à l'extrémité

---

(1) Ksar, au pluriel Ksour, village fortifié, avec ou sans oasis (jardins de palmiers) autour.
(2) Erg ou Areg, pluriel Aroug. Littéralement veine, région des dunes de sable, pays des dunes.

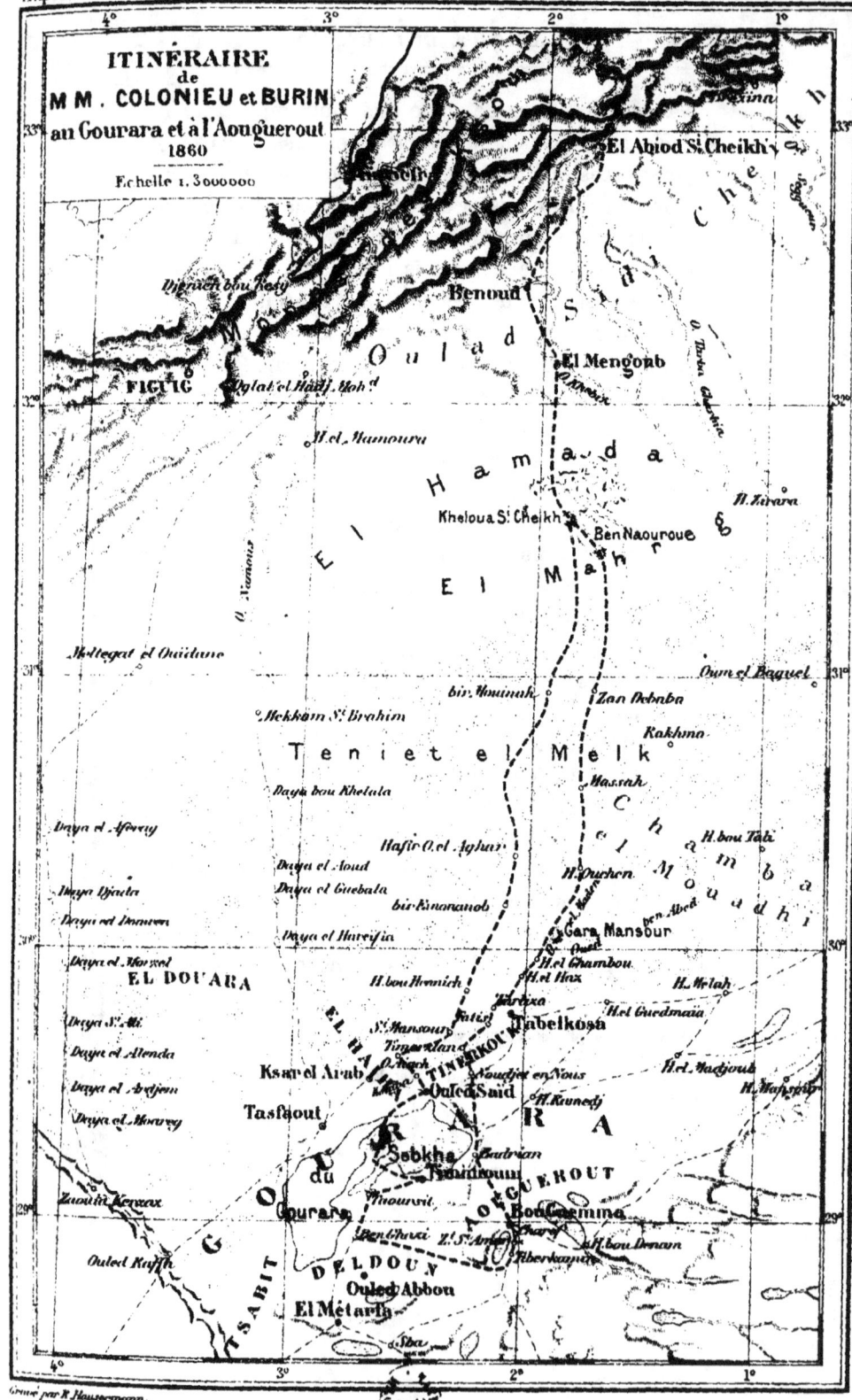

d'un petit plateau à la base duquel se trouve le puits d'El Mouinoah ; ce puits, ne contenant que peu d'eau, n'a d'importance que pour les petites caravanes du printemps et de l'été.

En quittant le bir Mouinoah, la caravane arriva à Teniet el Melk, qui forme en quelque sorte l'entrée de l'Areg proprement dit, et, après toute une journée de route, alla camper au petit puits d'Hafir el Aghar es Seghir ; le lendemain, 1er décembre, elle passe à Hassi Einonanou et campa à Hassi el Hennich, dernier puits avant d'arriver à Sidi Mansour, la première, sur cette route, des oasis de Gourara.

Le 3 décembre, MM. Colonieu et Burin arrivèrent sous les murs de la petite oasis de Sidi Mansour ; assez bien accueillis par les habitants de ce ksar, ils continuèrent leur route et allèrent à l'oasis des Oulad Aïach d'abord, puis à Ksaïba ; de là, ils adressèrent aux Djemaa des principales oasis du Gourara des lettres les avertissant de leurs intentions toutes pacifiques et de leur désir d'entrer avec leurs Ksour en relations d'amitié et d'affaires : « ..... Nous désirons nous ren-
» contrer avec vous pour vous consulter sur des ques-
» tions relatives au commerce. Votre pays ne produit
» ni métaux, ni épices, ni cotonnades, ni une foule
» de choses essentielles à la vie. On vous les apporte
» de loin à prix élevés : les marchands de notre pays
» peuvent vous les envoyer ou vous les apporter à
» bien meilleur marché. Vous y trouverez votre intérêt,
» nos marchands aussi, et l'amitié qui est entre nous
» n'en sera qu'augmentée..... »

Ces lettres envoyées, le commandant Colonieu se rapprocha de la partie la plus septentrionale de la grande sebkha[1] du Gourara, et se dirigea vers l'oasis des Oulad Saïd; mais il trouva les portes du ksar fermées et les habitants prêts à se défendre, refusant de laisser entrer des infidèles dans leur enceinte. Devant la persistance de leur refus, malgré toute l'insistance et toutes les assurances pacifiques possibles, MM. Colonieu et Burin quittèrent (7 décembre) les murs des Oulad Saïd pour se rendre à Timimoun, la principale oasis du Gourara, située sur la rive orientale de la sebkha. Là, la même réception attendait les deux officiers : les habitants du ksar, armés, garnissaient le haut des murs, et la djemaa refusa de recevoir même les envoyés du commandant Colonieu ; elle ne consentit à ouvrir ses portes aux Arabes de la caravane qu'à la condition que les deux officiers s'éloigneraient d'au moins deux journées de marche.

Afin de ne pas causer à tous les membres de la caravane une perte immense, en empêchant par leur présence les Ksouriens de commercer avec eux, MM. Colonieu et Burin s'éloignèrent de Timimoun et allèrent camper près de Taoursit qui ferma également ses portes. Assurés d'une réception analogue dans toutes les oasis du Timmi et du Touat devant lesquelles ils se présenteraient, les deux officiers préférèrent ne pas continuer leur route vers le sud; ils allèrent à Ben Ghazi, pays riche en herbages, afin de refaire leurs bêtes, puis poussèrent une pointe vers les oasis de l'Aouguerout, où ils espéraient recevoir des Khenafsa qui y habitent une réception meilleure que celle qu'ils avaient reçue des Meharza du Gourara septentrional.

(1) Sebkha, pluriel Sebakh, terrains salsugineux, bas-fonds humides et salés, marais salants.

Après avoir pu passer quelques jours à Bou Guemma, à Tiberkamin et à Charef, l'oasis principale de l'Aouguerout, MM. Colonieu et Burin se virent forcés de prendre la route de retour; de Charef, ils allèrent repasser, par Badrian, près des Oulad Saïd, afin de contourner la région du Reg ben el Asser, et prirent une route plus orientale que celle qu'ils avaient suivie à l'aller, mais parallèle à cette dernière; de Noudjet en Nous, ils passèrent à Timerzlan, Fatis et Tarziza, laissant à l'est l'oasis de Tabelkouza; puis ils gagnèrent Hassi el Ghambou, Gour Mansour, Oued el Mâder, Hassi Ouchen, Massah, Zan Debaba, et

rentrèrent ensuite dans la région des Mahreg par Ben Naourou et le Mahreg d'Oulad Ziad; un peu plus haut, à Kheloua Sidi Cheikh, ils rejoignirent leur route première, et la remontèrent jusqu'à El Abiod Sidi Cheikh d'abord, puis rentrèrent à Géryville.

La conséquence la plus importante de ce voyage fut celle-ci : les oasis du Gourara et du Touat, ayant craint un instant pour leur indépendance, et redoutant de voir les infidèles venir s'établir plus tard chez elles, envoyèrent une députation chargée de présents au sultan du Maroc, afin de se mettre sous sa protection; le voyageur Rohlfs qui, comme nous le verrons plus loin, visita le Touat en 1864, signale toute l'effervescence que souleva dans cette région la tentative de MM. Colonieu et Burin, et s'étend longuement, dans son journal de route, sur ses conséquences fâcheuses. Il importe cependant de remarquer que jamais le Maroc n'a affirmé ses droits sur le Gourara et le Touat, droits que la France ne peut reconnaître, comme contraires au traité de 1845, signé entre la France et le Maroc. C'est sur ce traité, toujours en vigueur, que la France pourrait, comme nous le verrons plus loin, s'appuyer pour justifier, à l'occasion, l'occupation du Tidikelt, du Touat et du Gourara.

CHAPITRE V

MISSION MIRCHER ET DE POLIGNAC.
TRAITÉ DE GHADAMÈS.

Les longs mois que Duveyrier avait passés chez les Azdjer, auprès d'Ikhenoukhen, avaient porté leur fruit. Ikhenoukhen écrivit au maréchal Pelissier, gouverneur général de l'Algérie : « Envoyez-moi des Français ; ils seront bien reçus. Grâce à Dieu, ma main s'étend jusqu'au Soudan. »

C'est alors que naquit l'idée d'un traité direct[1] d'amitié et de commerce avec Ikhenoukhen, semblable à celui que Richardson avait tenté de conclure pour son pays.

La présence de Cheikh Othman à Alger rendit l'exécution de ce projet facile. A la première ouverture qu'on lui en fit, il se déclara tout disposé à se charger des négociations ; il accepta de suite de venir à Paris, afin de visiter la France et de voir l'Empereur, avec lequel Ikhenoukhen aurait à traiter. M. de Polignac, alors

---

(1) Colonel de Polignac, *le Temps*, juin 1893.

capitaine d'état-major, l'accompagna dans ce voyage; mais, Ikhenoukhen étant considéré comme ayant rang de souverain, on désigna un officier supérieur, M. Mircher, chef d'escadron d'état-major, comme chef de la future mission.

Ce voyage en France eut un grand succès : les chambres de commerce de Marseille, de Lyon, de Paris, de Rouen votèrent plusieurs millions pour envoyer des caravanes chez les Touareg à la suite du traité à intervenir.

De retour à Alger, il fut convenu avec Cheikh Othman que Ghadamès serait désigné comme le lieu le plus convenable pour la signature du traité : c'était un territoire neutre, entre l'Algérie et les plaines de Rhât, emplacement habituel des tentes d'Ikhenoukhen; peut-être eût-il été préférable que le Cheikh acceptât, pour lieu de l'entrevue, El Oued ou tout autre point du territoire algérien, mais il craignit que les autres chefs touareg qu'il était nécessaire d'y appeler ne s'effarouchassent, par sauvagerie naturelle, à l'idée de sortir des limites des territoires qu'ils avaient l'habitude de parcourir.

Ghadamès fut donc choisi, bien que situé en pays turc, ou plutôt tripolitain, mais il devait suffire d'une simple communication diplomatique du gouvernement français pour assurer à la mission un libre passage de Tripoli à Ghadamès, et un bon accueil de la part des autorités dans ces deux villes. Il y avait, d'ailleurs, avantage à pouvoir apprécier de près l'importance et la nature des relations commerciales que la Tripolitaine entretient avec le Soudan par Mourzouk, et avec le Sahara central et septentrional par Ghadamès.

Après avoir décidé le lieu de l'entrevue, et y avoir

donné rendez-vous aux membres de la mission, Cheikh Othman rentra dans le Souf auprès d'Ikhenoukhen.

La mission française se composait de :

M. Mircher, chef d'escadron d'état-major, aide de camp du général de division de Martimprey, sous-gouverneur de l'Algérie;

M. de Polignac, capitaine d'état-major, attaché au bureau politique des affaires arabes;

M. de Vatonne, ingénieur des mines;

M. Hoffmann, médecin aide-major au 3me régiment de chasseurs d'Afrique;

M. Ismayl Bou Derba, interprète militaire.

Embarquée à Alger, la mission débarqua à Tripoli le 28 septembre 1862, et y passa quelques jours consacrés aux relations avec les autorités turques et aux préparatifs de la caravane.

Le 4 octobre, tout est prêt, et la mission prend la route de Ghadamès, qu'elle n'atteindra que le 21 octobre. L'itinéraire suivi, d'après le journal de route tenu par M. Mircher, est le suivant :

4 octobre. — Départ à 7 heures du matin; direction à l'ouest. A midi, la caravane atteint l'oasis de Zarzour, où s'établit le bivouac. Oasis de palmiers et de figuiers, village d'environ 3,000 habitants.

5 octobre. — Départ de Zarzour à 6 heures 20, pour aller, en prenant une direction un peu sud-est, coucher au puits de Kedoua; distance : huit heures pour une caravane, six heures et demie pour un cavalier. A un peu plus que mi-chemin se trouve le puits Bou Della. Pays sablonneux d'abord, puis pierreux près du bir Kédoua. A deux cents mètres à l'ouest de ce puits se trouve un mamelon visible de loin et surmonté d'une koubba.

6 octobre. — De Kedoua à Rabta; direction vers le sud-sud-ouest; douze heures de caravanes, ou neuf heures et demie pour

un cavalier; terrain généralement pierreux. On aperçoit les oasis de Rabta deux heures avant d'y arriver; source abondante et claire de quinze litres à la seconde.

7 octobre. — De Rabta au ksar Djebel (ksar Yefren). Direction du nord-est au sud-ouest jusqu'à Suadna, puis se relevant vers le nord-est jusqu'au ksar. Départ à 5 heures du matin, arrivée à 2 heures et demie. Une heure de halte à Suadna, village construit sur les revers rocheux de la vallée du même nom. Plateau pierreux de Suadna au ksar Yefren.

8 octobre. — Séjour au ksar Yefren pour changer les chameaux de la caravane. Fort turc avec quatre faibles compagnies d'infanterie comme garnison.

9 octobre. — Du ksar Yefren à Zintan. On marche vers l'ouest, un peu vers le sud-ouest. Après deux heures de route, traversée de l'oued Roumiya dont l'eau est réputée mauvaise; les chevaux boivent une heure plus loin, à El Aouïnat. La route suit de grands plateaux pierreux; une heure avant d'atteindre Zintan, belle plantation d'oliviers, et, à gauche, ruines d'une tour carrée. Au delà, le pays s'accidente et rend difficile l'accès du village pendant la nuit. Arrivée à 7 heures.

10 octobre. — Séjour à Zintan. Les chameaux de la caravane retournent au ksar Yefren, et l'on en recrute de nouveaux qui iront jusqu'à Ghadamès. Deux routes vont de Zintan à Ghadamès : l'une, orientale, par Derdj, est la moins infestée de maraudeurs de la tribu des Ou'rouma; l'autre, plus à l'ouest, passe par Sinaoun; c'est celle que le « mudir » de la circonscription de Zintan, Si Sliman el Azabi, conseille de suivre, en promettant à la mission une escorte de cinquante fantassins et vingt-cinq cavaliers. — Les maisons de Zintan sont souterraines, avec une cour centrale en forme de large puits, sur laquelle viennent s'ouvrir les différentes pièces. Aucun puits dans la ville ou aux environs. Chaque maison a une citerne que la pluie alimente suffisamment.

11 octobre. — Séjour à Zintan, par suite des difficultés que le mudir éprouve à réunir les moyens de transports et l'escorte promise.

12 octobre. — De Zintan au guetaâ de Sidi Abd-er-Rahman. Route vers le sud-ouest à travers des plateaux nus, doucement inclinés, offrant un assez grand nombre de bas-fonds susceptibles de culture après les années pluvieuses.

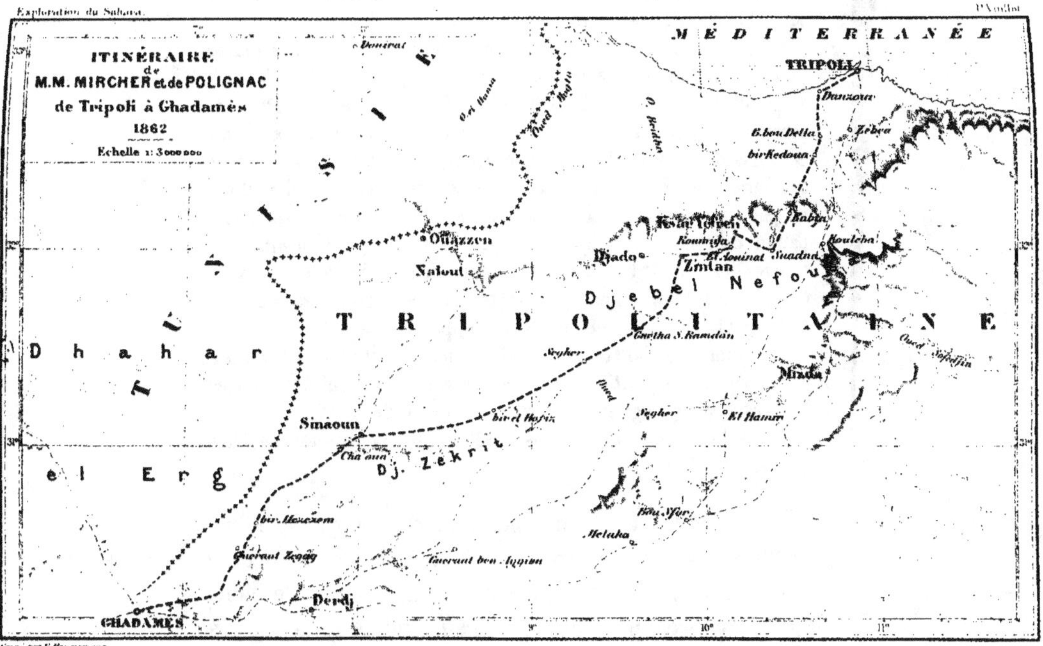

Gravé par E. Haussermann.

13 octobre. — Du guetaâ de Sidi Abd-er-Rahman à l'oued Segher; un peu de végétation, pas d'eau. Rencontre pendant la route d'une caravane venant de Ghadamès.

14 et 15 octobre. — De l'oued Segher à l'oued Hariz. La route longe un plateau pierreux appelé du nom générique de Hamada par les Arabes. Eau du bir Hariz exhalant une forte odeur d'acide sulfurique. Végétation herbacée abondante.

16 octobre. — De l'oued Hariz à Chaoua. Chaoua est le village le plus méridional des deux villages de l'oasis de Sinaoun. Chaque village a ses jardins de palmiers, entouré d'une enceinte garnie de tourelles, le tout en ruines. Source principale au milieu du village, et quelques puits dans les jardins; eau chargée de sulfate de soude, de chaux et de magnésie, de chlorure de sodium et de carbonate de chaux.

17-18 octobre. — De Chaoua à Sih-et-Touil. Grand plateau pierreux entre les lignes de dunes.

19 octobre. — De Sih-et-Touil à Gueraat Zegâg. Première journée pénible, à travers des terrains tantôt pierreux, tantôt couverts de dunes. Deuxième journée, route à travers des fonds sablonneux avant d'arriver au bir Mezezem, près duquel se dresse un petit fortin carré, construit par les Turcs lors de la réoccupation de Ghadamès; quelques palmiers, au pied desquels on trouve l'eau à 1^m50 de profondeur. Puis, la route traverse des plateaux sablonneux couverts d'efflorescences salines jusqu'au pied de deux kef (hauteurs) appelés Gue aat.

21 octobre. — De Gueraât à Ghadamès, à travers un plateau dépourvu de végétation. On contourne l'extrémité sud-ouest de l'oasis pour gagner la porte principale de la ville.

22 octobre - 28 novembre. — Séjour de la mission à Ghadamès.

Dès l'arrivée de la mission, le mudir (gouverneur) Achmet bey, seul représentant officiel de la Turquie à Ghadamès, vint présenter ses compliments de bienvenue et présenta les principaux négociants de la ville.

Aucun des personnages touareg, auquel le Gouverneur général avait fait parvenir l'invitation de se rendre pour cette époque à Ghadamès, ne se trouvait présent. Le commandant Mircher dépêcha de suite des courriers à :

El Hadj Ikhenoukhen, Mohamed Hatita, Djebour, Eug-Cheikh et Kela, chef des différentes fractions des Azdjer, et en ce moment aux environs de Rhât;

El Hadj Ahmed el Bekri et Haïtarel, chefs des Hoggar, et que les courriers devaient rencontrer au delà de Timassinin;

Cheikh Othman, marabout de Timassinin, de la tribu des Ifoghas,

Et, enfin, El Hadj Abd el Kader, chef des Ouled Ba-Hamou, cheikh d'In-Salah.

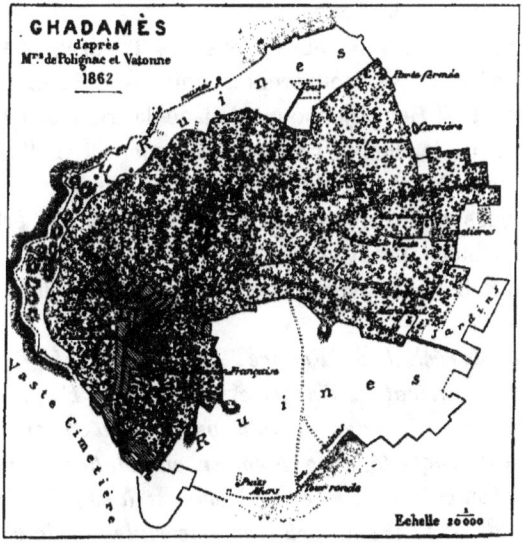

Le mudir de Ghadamès ayant promis à la mission, pour son retour, quarante chameaux de bât, mais à

la condition qu'ils ne dépasseraient pas bir Ghardaïa, sur la route d'El Oued, le commandant Mircher fixa provisoirement à un mois la durée de son séjour, et écrivit au caïd de Touggourt de venir à Ghadamès, avec la moitié de son goum, pour le 23 novembre, et de réunir pour la même époque, à bir Ghardaïa, quarante chameaux sous la garde de l'autre moitié du goum.

En attendant l'arrivée des chefs touareg, ou de leurs mandataires, la mission s'occupa de l'exploration de la ville et des environs, et de l'étude du commerce que, depuis plusieurs siècles, les Ghadamsi entretiennent avec le Soudan.

Enfin, le 24 novembre, tous les Touareg présents à Ghadamès se trouvèrent réunis avec la mission : c'étaient El Hadj Djebbour, chef de la tribu des Imanghasaten, le cheikh Othman et Amar el Hadj, frère d'Ikhenoukhen et délégué par ce dernier. Après quelques conférences, le traité et quelques articles additionnels furent signés le 26 novembre.

Voici le texte intégral de cet important document :

Le Maréchal de France, duc de Malakoff, gouverneur général de l'Algérie, au nom de l'Empereur,

Désirant répondre aux dispositions qu'ont montrées plusieurs chefs touareg à entrer en relations amicales et de bon voisinage avec l'Algérie, et à se faire les intermédiaires des entreprises commerciales que la France voudrait ouvrir, à travers leur pays, vers les régions soudaniennes ; et, par réciprocité, désirant faciliter aux Touareg l'accès des marchés de l'Algérie, a jugé qu'il importait d'arrêter les bases d'une convention com-

merciale entre le gouvernement de l'Algérie et l'assemblée des chefs des différentes fractions de la nation touareg;

En conséquence, Son Excellence a invité, par lettre personnelle, ces chefs à se réunir à Ghadamès, vers le 10 octobre de la présente année, pour déterminer, avec ses mandataires, les bases de cette convention, et elle a désigné pour les discuter en son nom :

Le chef d'escadron d'état-major Mircher, aide de camp du Général de division, etc.;

Le capitaine d'état-major de Polignac, attaché au bureau politique, etc.,

Qui devront être rendus à Ghadamès à l'époque indiquée, et auxquels Son Excellence confère les pouvoirs nécessaires pour conclure les dispositions qui sont l'objet des articles ci-après, et pour recevoir, en outre, les propositions que les chefs de la nation touareg jugeraient, dans l'intérêt commun des deux parties contractantes, devoir être l'objet d'articles additionnels.

Article 1.

Il y aura amitié et échange mutuel de bons offices entre les autorités françaises et indigènes de l'Algérie, ou leur représentant, et les chefs des différentes fractions de la nation touareg.

Article 2.

Les Touareg pourront venir commercer librement des différentes denrées et produits du Soudan et de leur pays, sur tous les marchés de l'Algérie, sans autre condition que d'acquitter, sur ces marchés, les droits de vente que payent les produits semblables du territoire français.

Article 3.

Les Touareg s'engagent à faciliter et à protéger, à travers leur pays et jusqu'au Soudan, le passage, tant à l'aller qu'au retour, des négociants français ou indigènes algériens et de leurs marchandises, sous la seule charge, par ces négociants, d'acquitter entre les mains des chefs politiques, les droits dits coutumiers, ceux de location de chameaux et autres, conformément au tarif ci-annexé, lequel recevra, de part et d'autre, toute la publicité nécessaire pour prévenir les contestations.

Article 4.

Le Gouvernement général de l'Algérie s'en remet à la loyauté, à la bonne foi et à l'expérience des chefs touareg, pour la détermination des routes commerciales les plus avantageuses à ouvrir au commerce français vers le Soudan; et, comme témoignage de son bon vouloir envers la nation touareg, il fera volontiers, lorsque ces routes seront bien fixées, les frais de leur amélioration matérielle au profit de tous, soit par des travaux d'art, soit par l'établissement de nouveaux puits, ou la remise en bonnes conditions de ceux qui existaient antérieurement.

Après l'acceptation de la présente convention par l'assemblée des chefs touareg et signature des contractants, pour garantie solennelle de son exécution dans le présent et dans l'avenir, une expédition, écrite en français et en arabe, restera entre les mains de chacune des parties.

Alger, 22 septembre 1862.

Le Gouverneur général,
Maréchal PÉLISSIER.

Le présent traité a été solennellement accepté, au nom de toutes les tribus Azdjer et du cheikh Ikhenoukhen, par les cheikhs Amar el Hadj et Othman ben el Hadj Bechir, délégués à cet effet, et qui, en notre présence, ont apposé leur signature au pied du texte arabe, en garantie de cette acceptation.

Ghadamès, 26 novembre 1862.

H. Mircher.   L. de Polignac.

ARTICLES ADDITIONNELS.

M. le chef d'escadron Mircher, aide de camp..., etc.;

M. le capitaine d'état-major de Polignac, attaché au bureau..., etc.,

Chargés des pouvoirs de Son Excellence M. le Gouverneur général de l'Algérie,

Après avoir présenté à l'acceptation des chefs des Touareg Azdjer la convention commerciale à intervenir entre le Gouvernement général de l'Algérie et ses chefs, pour l'ouverture de relations commerciales entre l'Algérie et le Soudan, et après signature de cette convention par les cheikhs Si Othman et Si Amar el Hadj, au nom de toutes les tribus Azdjer,

Ont rédigé d'un commun accord, avec ces mandataires, pour les soumettre à la sanction de Son Excellence M. le Gouverneur général, les articles additionnels ci-après, qu'acceptent, à l'avance, les tribus Azdjer :

Article 1.

Conformément aux anciennes traditions qui règlent les relations commerciales entre les Etats du nord de l'Afrique et les différentes fractions des Touareg, la famille du cheikh El Hadj Ikhenoukhen restera chargée du soin d'assurer aux caravanes de l'Algérie une entière sécurité à travers tout le pays des Azdjer.

Toutefois, les usages particuliers de garantie commerciale, existant actuellement entre d'autres familles des Azdjer et différentes fractions des Chambâa et du Souf, restent maintenus.

Article 2.

En raison de ces garanties de sécurité, il sera payé, par les caravanes françaises ou algériennes allant au Soudan, au cheikh Ikheñoukhen ou à ses mandataires, ou enfin aux héritiers de son pouvoir politique, un droit qui sera réglé ultérieurement.

Article 3.

Les contestations qui pourraient surgir entre les négociants et les convoyeurs touareg seront réglées à l'amiable et avec équité, par le cheikh ou par son représentant, d'après les traditions en vigueur dans le pays.

Article 4.

Le cheikh El Hadj Ikhenoukhen et les autres chefs politiques du pays des Azdjer s'engagent à mettre à profit, dès leur retour à Rhât, leurs bonnes relations avec les chefs de la tribu des Kel Oui, pour préparer aux négociants français et algériens le meilleur accueil de la part de cette tribu, afin que les caravanes traversent également, en toute sécurité, le pays d'Aïr.

Ghadamès, le mercredi 26 novembre 1862.

H. Mircher.   L. de Polignac.

Après la signature de cette importante convention avec les chefs Azdjer et leurs représentants, le but de la mission se trouvait atteint; il ne lui restait plus qu'à regagner d'abord El Oued, dans le Souf, puis Biskra.

En huit étapes, la mission parcourut la route qui relie Ghadamès au bir Ghardaïa, route déjà suivie en janvier 1857 par le capitaine de Bonnemain, et décrite en détail dans le résumé de son itinéraire (page 53). Du bir Ghardaïa, où la mission trouva les chameaux du Souf qui devaient remplacer ceux de Ghadamès, elle gagna El Oued, toujours par la même route, puis Biskra, en traversant la région des chotts à l'est du chott Melrir. Le 16 décembre 1862 MM. Mircher et de Polignac se trouvaient à Biskra.

En outre du traité dont nous avons donné le texte plus haut, et dont nous apprécierons plus loin toute l'importance, la mission rapportait de nombreux documents nouveaux, et d'un grand intérêt : trois itinéraires par renseignements : de Ghadamès à Kano, de Kano à Sokoto, et de Ghadamès à Timbouctou par In-Salah ; une notice sur l'état politique et social des pays nègres du Bornou et du Soudan, également par renseignements ; une étude sur les terrains et le régime des eaux du pays traversés par la mission, par M. Vatonne ; des observations médicales recueillies par M. Hoffmann ; une série de renseignements sur le commerce du Soudan ; enfin, une notice très complète sur Ghadamès, avec un plan exact de la ville et de l'oasis.

Comme nous le verrons dans la suite de cette étude, nous n'avons à nous en prendre qu'à nous-mêmes[1], et à l'indifférence qu'a eue longtemps la France pour

---

(1) Colonel de Polignac, *le Temps*, juin 1893.

les questions coloniales, si le traité de Ghadamès n'a pas eu les conséquences fécondes qu'il comportait. Mais l'Angleterre, de son côté, veillait. Tandis que nous aurions dû creuser des puits d'El Oued à Ghadamès, établir un consul français et des commerçants dans cette ville, enfin, nous ouvrir la voie du Rhât et du Soudan, notre rivale profitait de notre inaction inconcevable : à son instigation, le Mudir qui avait accueilli la mission à Ghadamès fut destitué, et la garnison turque, qui s'était fondue peu à peu, reconstituée. En France, où toutes les idées étaient au Mexique et à l'alliance anglaise, on *empêcha* les chambres de commerce de suivre leur intention première, et d'envoyer des caravanes dans le Sud !

Cheikh Othman adressa au Gouverneur général de l'Algérie une lettre où il disait que toutes populations avaient été prévenues chez les Azdjer, et où il se plaignait que personne ne venait d'Algérie. Il ne reçut pas de réponse.

Mais l'avenir, comme nous le verrons, devait prouver que, si nous étions oublieux du traité signé, les Azdjer, plus fidèles à leur parole que nous-mêmes, ne l'oubliaient pas : l'explorateur allemand, Gerhard Rohlfs, ne réussit jamais à obtenir leur concours ni à traverser leurs territoires ; au contraire, le colonel Flatters qui, en 1880, dans sa première mission, eut l'heureuse pensée de se diriger chez les Azdjer, n'eut qu'à s'en louer ; il était invité par eux à aller, sous Rhât, aux campements d'Ikhenoukhen ; ce dernier se disposait même à aller à sa rencontre, mais Flatters ne l'attendit pas. L'année suivante, se dirigeant vers les Hoggar, les ennemis des Azdjer, il y trouva la mort. Enfin, il y a quelques mois, l'explorateur Gaston Méry allait seül retrouver dans ses campements, près du lac Menghough, Mouley, neveu et successeur politique d'Ikhenoukhen, et ce dernier lui disait :

« Vos marchands seront traités, Français ou musulmans, tout comme ceux de Tripoli. Ils n'auront rien à craindre ni pour leur tête ni pour leurs marchandises. . . . .

» La parole d'un chef est un sceau qui ne s'efface jamais. . . . .

» Venez, allez avec la paix dans le cœur et vous retournerez chez vous avec la paix. . . . .

» Mais pas de soldats, ajouta-t-il après un moment de silence. Ils viendraient deux, puis quatre, puis cent, puis mille ! Nous ne voulons pas être esclaves ! Nous serons fidèles à la parole donnée jadis à Ghadamès. Il n'est pas nécessaire de faire un nouveau traité, celui qui existe suffit. Il n'y a rien à y ajouter. . . . . .

» Vous pouvez venir, nous vous louerons des chameaux et nous vous accompagnerons jusqu'aux limites de nos pays. . . . .

» Les Azdjer sont les amis des Français ; il y a longtemps que vos caravanes et vos marchandises iraient au Soudan par notre pays, si vous aviez écouté la vérité et fermé votre oreille aux démons. »

Voilà comment les Azdjer ont tenu leur parole, scrupuleusement et fidèlement, réclamant d'abord une convention, puis l'exécution des clauses de cette convention; nous restions, nous, dans l'indifférence la plus profonde, oubliant traité et convention, et sommes fort heureux aujourd'hui d'exhumer des cartons où elles ont dormi plus de trente ans, les signatures échangées à Ghadamès.

Les chefs Azdjer ne doivent-ils pas être plus qu'étonnés d'une telle politique, et d'un si long oubli de notre part des engagements pris envers eux en 1862?

Mais, heureusement, leurs sentiments à l'égard de la France n'ont pas changé; ils sont toujours là, attendant nos caravanes, autorisant nos commerçants à établir chez eux des bordj commerciaux; ... .. et nous continuerons à rester dans l'inaction, clamant bien haut la férocité des tribus touareg qui s'oppose à notre pénétration dans le Sahara central!

CHAPITRE VI

VOYAGES DE GERHARD ROHLFS.

La signature du traité de Ghadamès marque une grande étape dans l'histoire de la pénétration européenne dans le Sahara ; c'est le premier engagement écrit, officiel, pris par les tribus qui parcourent ces immenses territoires, d'ouvrir leur pays aux commerçants et aux voyageurs d'une nation d'Europe.

Il semblerait donc, à première vue, que ce traité eût dû être, pour la France, le début d'une période de grande activité commerciale dans le sud-est de l'Algérie ; il n'en fut rien ; les voyageurs français eux-mêmes se désintéressèrent, pendant près de vingt ans, de cette région, et si, à cette époque, on peut citer le succès d'une exploration importante dans le Sahara septentrional, c'est à un étranger qu'il est dû, à l'Allemand Gerhard Rohlfs.

Rohlfs est le premier voyageur qui ait atteint In-Salah et nous en ait rapporté une description, puisque les papiers du major Laing, qui y pénétra avant lui, en 1826, venant de Ghadamès, ne nous sont point parvenus.

Né à Vegesack, près de Brême, en 1832, Rohlfs servit d'abord dans l'armée allemande; il étudia ensuite la médecine, voyagea en Autriche, en Suisse et en Italie; il passa de là en Algérie où il s'engagea dans la légion étrangère. Ce ne fut pas sans de sérieuses raisons qu'il consentit ainsi à faire le sacrifice de sa liberté : il voulait visiter l'intérieur de l'Afrique et pensait déjà au grand voyage de Tombouctou; mais, pour cela, il lui fallait parler parfaitement arabe, s'initier à la religion et aux mœurs des indigènes, s'habituer à leur costume, afin de pouvoir se faire passer pour un véritable musulman.

Le premier voyage de Gerhard Rohlfs fut en quelque sorte un voyage d'essai; il tenait à faire l'apprentissage de son rôle de musulman, tout en étudiant de près les mœurs des Marocains.

Il se rendit donc au Maroc et y séjourna un an, exerçant la médecine sous le costume et les dehors d'un musulman. Il sut entrer dans les bonnes grâces du grand chérif d'Ouezzan, Sidi El Hadj Abd-es-Salam, et en obtint des lettres de recommandation qui lui permirent de visiter le Sahara marocain, en qualité de moquadem (serviteur religieux) de ce chérif.

Le 20 juillet 1862, il quitta Tanger et descendit de ville en ville le long de la côte occidentale du Maroc, visitant successivement Azila, El Araïch, Rabat, et faisant de là une pointe vers Maroc pour reprendre ensuite le littoral jusqu'au port d'Agadir et à la province de l'Oued Sous. Ce n'est, du reste, qu'à partir de ce point que le voyageur pénétrait dans les régions réellement inconnues : aucun Européen n'avait pu encore visiter les régions de l'Oued Draa et du Tafilet, si ce n'est

René Caillié, qui ne fit que les entrevoir dans sa rapide traversée de Timbouctou à Tanger.

Gerhard Rohlfs n'était muni d'aucun instrument de précision; il n'avait même pas de boussole; il ne put donc faire aucune observation; les distances et les directions de ses marches ne sont que très insuffisamment indiquées dans son journal de route (Mittheilungen de Petermann, 1865). Cependant la pénurie de documents sur cette partie du Sahara marocain était telle, à cette époque, que les notes qu'il rapporta présentèrent un sérieux intérêt au point de vue géographique.

C'est ainsi que Rohlfs a fourni un grand nombre de renseignements nouveaux sur le bassin de l'Oued Sous et sur le cours supérieur de l'Oued Draa et de ses affluents descendant en grand nombre des pentes du Grand Atlas.

Les observations de Gerhard Rohlfs permirent ainsi de rectifier, dans une certaine mesure, le cours de l'Oued Draa, qui descend du Grand Atlas vers le sud-est jusqu'à Bounou; là il s'infléchit brusquement vers l'ouest et se perd dans les vastes marais d'El Debaïat; il en sort à l'ouest et se dirige vers le sud-ouest jusqu'à l'Océan, recevant sur la droite de nombreux affluents fournis par l'Atlas.

Bounou fut le terme méridional du voyage de Rohlfs; au delà s'étendent les dunes d'Iguidi, et le voyageur, qui manquait d'ailleurs des moyens suffisants pour s'y engager, préféra visiter les oasis, inconnues encore, du Tafilet.

En quittant Bounou, il remonta à Beni Semguin, sur l'Oued Draa, et prit ensuite la direction du nord-est, dont il ne s'écarta plus jusqu'à Abouam, une des villes principales du Tafilet (Boheim de Caillié), et marché fort important.

Grâce aux lettres de recommandation du grand chérif Abd-es-Salam, Gerhard Rohlfs trouva un excellent accueil auprès du caïd Ali-Rissani, et put recueillir de précieux renseignements, les premiers que l'on ait possédés, sur le Tafilet.

Sous ce nom se trouvent groupées un grand nombre d'oasis importantes, arrosées par d'abondantes rivières descendant des contreforts sud du Grand Atlas : l'oued Ziz, l'oued Ghris, l'oued Todgha sont les principales, et vont se perdre, au sud, dans la Daïa el Daoura. Entouré de montagnes au nord et à l'ouest, le Tafilet donne, au sud, sur la grande plaine saharienne, et se trouve séparé, à l'est, de la région de Figuig, par une large hamada s'avançant en pointe vers le sud. Plus de trois cents ksours (« autant qu'il y a de jours dans l'année », disent les indigènes), donnent asile à une population de 100,000 habitants environ, s'adonnant au commerce et à la culture.

Malgré toutes les précautions dont s'entourait Gerhard Rohlfs pour dissimuler sa personnalité réelle, malgré les lettres de recommandation dont il était porteur, les indigènes, très défiants, l'espionnèrent de près, le soupçonnant toujours d'être un envoyé des chrétiens.

Les habitants d'Abouam, les plus fanatiques du Tafilet, eurent probablement certain jour des doutes très sérieux, car ils s'emparèrent de la personne du voyageur et l'auraient certainement mis à mort, s'ils n'avaient eu l'idée de vérifier si leur prisonnier était, oui ou non, circoncis : Gerhard Rohlfs n'avait eu garde d'oublier cette marque extérieure du baptême musulman ; ce fut ce qui lui sauva la vie.

Aussitôt remis de cette chaude alarme, il quitta Abouam et se dirigea vers le nord du Tafilet en remontant le cours de l'oued Ziz : il traversa successivement la petite oasis d'Ouled Zebra et celles du groupe important de Tissimi et de Douera ; il quitta, au ksar de Marka, le cours de l'oued Ziz pour se diriger au nord-est, vers la frontière algérienne. C'est pendant ce trajet que son guide, l'attaquant par surprise, le blessa grièvement : il eut le bras brisé et fut laissé pour mort ; il eût certainement péri sans le dévouement de deux pauvres marabouts qui le recueillirent dans leur demeure, où ils le soignèrent jusqu'à complète guérison.

Une fois en état de reprendre sa route, Rohlfs franchit l'oued Guir avant d'arriver à Kenadsa ; malheureusement il ne donne aucun détail sur cette rivière, d'un si grand intérêt pour l'histoire et la géographie de la période romaine, et la seule voie de communication possible entre le Maroc et le Touat ; il est vrai qu'il en étudia tout le cours inférieur d'une façon complète, à son voyage suivant, en 1864, tandis que la colonne de Wimpfen, en 1870, nous en faisait connaître le cours supérieur.

De Kenadsa, Gerhard Rohlfs se rendit aux oasis de Figuig, d'où il gagna Ich et Aïn-Sefra, pour retrouver la côte méditerranéenne à Oran par Chellala, Géryville, Saïda et Mascara.

Malgré l'insuffisance des observations de Gerhard Rohlfs, ce premier voyage combla néanmoins certaines lacunes de la géographie du Sahara marocain et rectifia sur bien des points les positions que l'on assignait sur les cartes aux oasis et aux rivières de cette région.

·:·

Aguerri par cette première exploration, rassuré sur la façon dont il pouvait jouer son rôle de musulman, Gerhard Rohlfs se disposa aussitôt à entreprendre la traversée du Grand Désert et à tenter de gagner Timbouctou.

Il partit d'Alger, en octobre 1863, se proposant comme but le Sénégal par le Touat, le Tidikelt et le cours supérieur du Niger. Il se dirigea donc tout d'abord sur Laghouat, et, de là, se rendit à El Abiod Sidi Cheikh, village principal de l'importante tribu des Ouled Sidi Cheikh, au sud de la province d'Oran; il y séjourna quelque temps, attendant pour faire route au sud, le départ d'une caravane qui lui permettrait de mieux dissimuler sa personnalité et de voyager avec plus de sécurité.

C'est là qu'il reçut la nouvelle que le Sénat de Brême et que la Société de géographie de Londres venaient de lui allouer chacun une somme de 1,200 francs, à titre de subside pour faciliter son voyage.

Mis ainsi en mesure de faire des préparatifs plus considérables et de se procurer les instruments nécessaires à des observations précises, Gerhard Rohlfs quitta El Abiod Sidi Cheikh et remonta vers le nord pour s'y outiller.

Il revint donc à Oran, en suivant, par Géryville

et Saïda, le même chemin qu'il avait pris l'année précédente en revenant du Sahara marocain.

Une fois ses préparatifs complétés et ses instruments achetés, il se disposait à reprendre définitivement la route du Sud, lorsqu'éclata le grand mouvement insurrectionnel du Sud-Oranais et dont les principaux instigateurs étaient précisément les Ouled Sidi Cheikh.

La route au sud lui était donc fermée, tout au moins par l'Algérie.

C'est ce qui détermina Rohlfs à reprendre, comme en 1861, la voie du Maroc qu'il connaissait bien et où les relations qu'il avait su se créer parmi les musulmans pendant son premier voyage devaient lui faciliter considérablement sa tâche.

Il s'embarqua donc à Oran pour Tanger, dans les premiers jours du mois de février 1864, muni cette fois de boussoles, de baromètres et d'autres instruments qui allaient rendre cette seconde expédition beaucoup plus fructueuse que la première, au point de vue des résultats scientifiques.

Le 14 mars, Gerhard Rohlfs quitta Tanger, accompagné d'un domestique et d'un guide, et atteignit le soir même Azîla, où il passa la nuit dans la même chambre qu'il avait occupée en 1862. Passant ensuite à El Araïch et à Ksar el Kebir, il se rendit à Ouezzan, où il tenait à aller demander à son ami le grand chérif Abd-es-Salam de nouvelles lettres de recommandation.

Le mauvais temps et l'état déplorable des chemins qui en était résulté ne permirent à Rohlfs d'arriver à Ouezzan que le 31 mars; le Grand Chérif le reçut avec de grandes démonstrations d'amitié et l'obligea à rester plusieurs jours auprès de lui et à l'accompagner dans quelques excursions aux environs.

Ce ne fut que le 7 mai que Rohlfs put quitter Ouezzan, en compagnie d'une caravane de pèlerins de la tribu des Beni Mguild qui retournaient dans leur pays, et muni de lettres de recommandation pour les personnages les plus importants du Tafilet, du Touat, du Tidikelt et de Timbouctou; recommandation plus puissante encore : Rohlfs obtint d'Abd-es-Salam, en échange de son revolver, un cordon de soie rouge que le Grand Chérif avait longtemps porté et qui était connu de tous les indigènes : ce fut pour le voyageur un talisman inappréciable; d'ailleurs le Grand Chérif avait partout des moquaddem, intendants religieux chargés de la perception des offrandes pour la confrérie, et ceux-ci faisaient à Rohlfs le meilleur accueil.

D'Ouezzan, Rohlfs franchit le Djebel Tessa et le Djebel Tamarakuit par le défilé de Khins el Hamer et traversa l'oued Moulouya à peu de distance de sa source, au ksar Aït Hamra; contournant ensuite à l'est le Djebel el Aïachi, il arriva sur l'oued Ziz à Tiallalin, et en descendit le cours par Kasbah Kedima jusqu'à Douera, village où il avait quitté le cours de cette rivière, deux années auparavant, pour se diriger vers Figuig et l'Algérie.

A partir de ce point jusqu'à Abouam, il allait voyager en pays de connaissance : aussi Gerhard Rohlfs reçut-il partout la plus cordiale hospitalité; il resta quelque temps à Abouam, afin de pouvoir faire quelques excursions aux environs et bien étudier le Tafilet dont son premier voyage lui avait révélé toute l'importance.

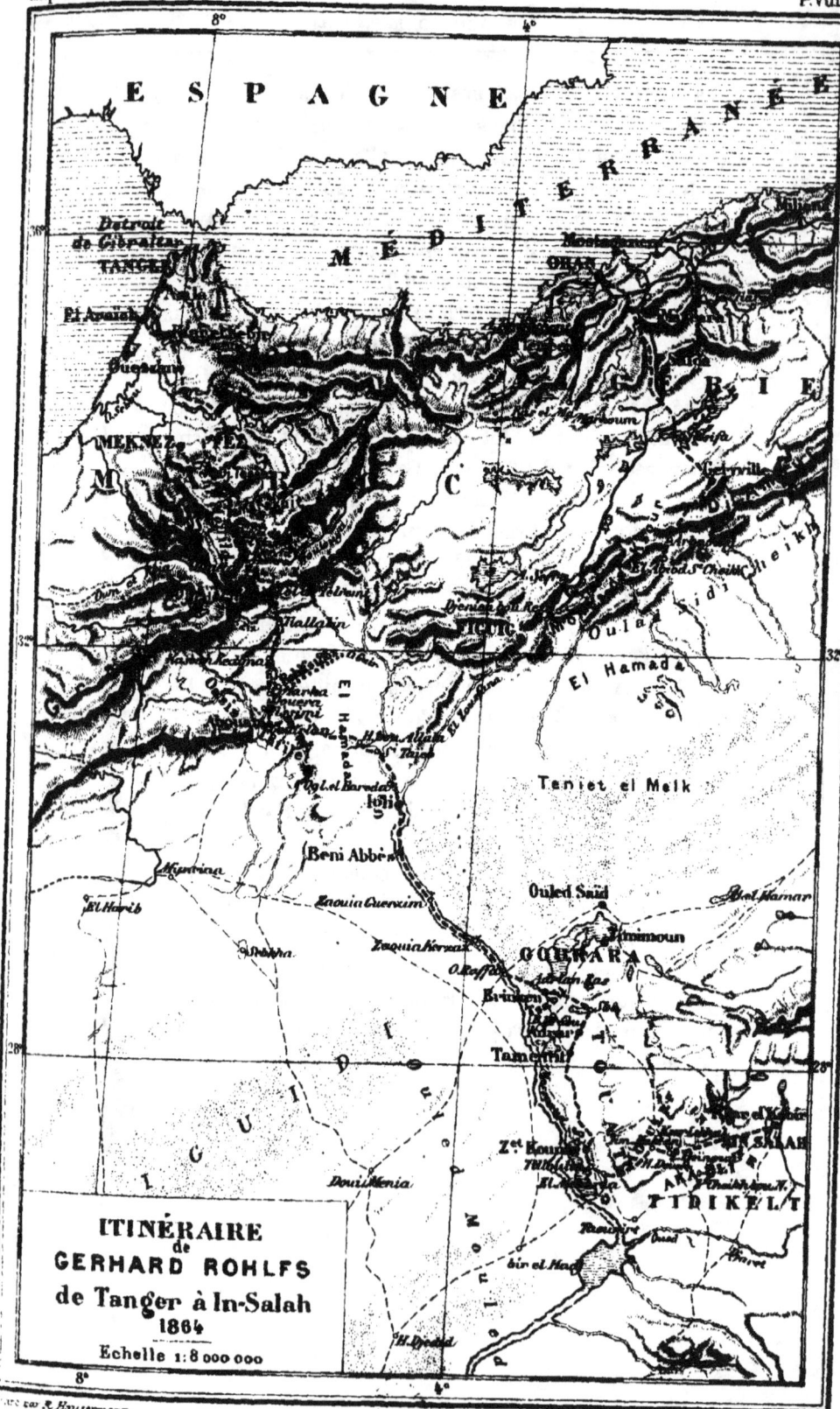

Ses observations terminées, Gerhard Rohlfs songea à se lancer plus avant dans le Sud et à gagner le Touat; malheureusement, des querelles locales, très fréquentes entre les tribus sahariennes, rendaient excessivement rares les caravanes allant du Tafilet au Touat.

Aussi Rohlfs se trouva-t-il obligé d'accepter les services d'un indigène de la Zaouïa de Kerzaz (sur l'oued Saoura), qui était venu faire quelques achats au Tafilet et qui proposa au voyageur de le ramener avec lui à Kerzaz, d'où il lui serait facile d'aller au Touat.

La convention une fois faite et signée, Rohlfs compléta ses approvisionnements et, le 7 juillet 1864, il quittait Abouam en compagnie de son domestique, de son guide et d'un fils de son hôte, qui devait le conduire jusqu'à la limite orientale de l'oasis.

Au delà de cette limite commence immédiatement la hamada qui s'étend entre le bassin inférieur de l'oued Ziz et celui de l'oued Guir. Ce ne fut que le 13 juillet, après six jours de marche sans eau à travers l'uniformité déserte et pierreuse de la hamada, que Rohlfs atteignit la vallée de l'oued Guir, au Hassi bou Allala.

C'est le lit de l'oued Guir, qui prend le nom d'oued Saoura ou Messaoura après sa jonction avec l'oued Zousfana à Igli, que l'on suit ou que l'on côtoie pour aller au Touat; il a vingt kilomètres de largeur en moyenne, et est bordé des deux côtés, soit par des dunes de sable, soit par des plateaux stériles : entre ces deux bords arides le sol est fertile et cultivé, et nourrit de grands troupeaux de chameaux. Comme toutes les rivières sahariennes qui descendent de l'Atlas — exception faite pour l'oued Draa — l'oued Guir n'a d'eau à la surface qu'après les pluies d'hiver; le reste de l'année, le sable est humide et l'eau ne se trouve qu'à peu de profondeur.

Arrivé aux bords de l'oued Guir, Rohlfs fut abandonné par son guide et dut s'entendre pour le transport de ses bagages avec un intendant du marabout de Kerzaz qui était venu chercher vers le nord des marchandises destinées à son maître.

C'est dans ces conditions que le voyageur se remit en route vers le sud, en descendant le cours de l'oued Guir; il passa à Sidi Taïeb, Oglat el Bareda et Igli, ksar important d'environ 1500 habitants, mais en décadence déjà, par suite de l'envahissement des sables de l'Erg, s'étendant à l'est, sur la rive gauche de l'oued Saoura.

D'Igli, Rohlfs se dirigea directement vers Beni Abbès en coupant à Masseder le double coude que fait l'oued à l'est d'abord, puis à l'ouest. Quittant ensuite la forêt de palmiers de cette oasis, le 23 juillet, il continua à suivre le cours de l'oued dans la direction du sud-est : son lit est tellement envahi par les palmiers que les habitants l'appellent « la forêt », et les villages succèdent aux villages sans interruption.

Après avoir visité la Zaouïa de Guerzim, Rohlfs arriva à celle de Kerzaz, dont le marabout jouit d'une grande influence.

Rohlfs avait pour ce marabout des lettres de recommandation qui le firent très bien recevoir; il passa quinze jours dans cette ville, mais sans pouvoir visiter les environs, à cause des incursions de quelques tribus pillardes qui se trouvaient dans le voisinage. Tous les palmiers de l'oued appartiennent au chef de la Zaouïa, et les habitants, n'ayant aucunes ressources, vivent misérablement et se trouvent naturellement portés au pillage.

Les maraboutines de Kerzaz organisent chaque année trois ou quatre caravanes allant à Tlemcen, en Algérie. Ce fut avec les chameaux d'une de ces caravanes qui venait de rentrer, et que le marabout envoyait dans le Touat pour y chercher du blé et des dattes, que Gerhard Rohlfs quitta Kerzaz le 3 août.

Après le ksar d'Ouled Raffa, Rohlfs abandonna le lit de l'oued Saoura pour obliquer légèrement à l'est, et, le 13 août, la caravane arrivait au ksar d'Arian, le premier de l'oasis de Tsabit, le plus septentrional du groupe désigné sous le nom collectif de *Touat*.

Aussitôt que les habitants eurent appris que Rohlfs arrivait d'Ouezzan, il fut entouré de prévenances et de soins.

Du ksar d'Arian, Rohlfs se rendit à Brinken, capitale de l'oasis de Tsabit; c'est une ville véritable possédant une population de 3000 âmes, trois mosquées et deux casbah; d'innombrables sources arrosent les jardins et les plantations de palmiers.

Le 20 août, Rohlfs loua deux chameaux et partit pour les oasis de Timmi; il atteignit le soir Sba, petit ksar dont les habitants font le commerce du salpêtre, qu'ils savent extraire du sol. Le lendemain, le voyageur reçut une cordiale hospitalité chez le cheikh d'Adghar, ksar principal de Timmi et qui a au moins la même importance que Brinken; c'est, avec Timimoun et Tamentit, l'un des plus grands marchés de la région.

Rohlfs quitta Adghar le 22 août pour se rendre à Tamentit. Là, il entendit parler de la tentative malheureuse de MM. Colonieu et Burin; il paraîtrait, d'après le dire des Touatiens, que si ces deux officiers avaient eu des lettres de recommandation du sultan du Maroc, ou même seulement du grand chérif d'Ouezzan, ils eussent été reçus avec amitié; c'est du moins ce que rapporte le voyageur allemand.

Quoi qu'il en soit, les habitants, qui avaient jusqu'alors refusé d'accepter la suzeraineté du Maroc, prirent peur de la tentative toute pacifique des Français et crurent qu'il était urgent pour leur sûreté de se rattacher à une puissance quelconque; ils rassemblèrent à la hâte une contribution de 5,000 francs, y joignirent vingt jolies esclaves et envoyèrent le tout au Sultan, avec prière de les protéger contre les entreprises des chrétiens; le Sultan, d'après ce que l'on dit à Rohlfs, accepta, et leur affirma avoir défendu aux chrétiens d'entrer à l'avenir dans leur pays.

Rohlfs entendit aussi parler du séjour que Barth avait fait à Timbouctou, ainsi que de Laing; mais il ne put poser aucune question au sujet de ces voyageurs, de crainte d'éveiller des doutes sur sa nationalité.

Continuant sa route vers le sud, Rohlfs passa à la Zaouïa Kounta, à Tilloulin et au ksar Marza, point le plus méridional qu'il ait atteint dans ce voyage, et y séjourna quelques jours avant de quitter le Touat pour le Tidikelt, afin de mettre au net tous les renseignements, tant géographiques que commerciaux, qu'il avait recueillis sur le pays.

Gerhard Rohlfs quitta le Touat, le 11 septembre, avec une caravane qui se rendait au Tidikelt; il passa par l'Aoulef, Inghar et fit son entrée, le 17, dans le ksar

El Kebir, le principal de l'oasis d'In-Salah, avec l'espérance d'en repartir pour prendre la direction de Timbouctou. Une des lettres de recommandation du grand chérif d'Ouezzan, adressée à Hadj Abd el Kader, cheikh d'In-Salah, enjoignait à ce dernier d'envoyer le voyageur, dans les meilleures conditions de sécurité, près du cheikh Ahmed el Bakkay de Timbouctou.

Mais Rohlfs se vit en proie à de graves difficultés : il ne lui restait que juste assez d'argent pour atteindre Timbouctou, à la condition de partir sans délai, et en consentant à perdre 50 pour 100 sur chacune des pièces d'or qui lui restaient ; or, il ne pouvait être question de départ pour lui avant le mois de janvier, c'est-à-dire quatre mois plus tard, date à laquelle devait partir d'In-Salah pour Timbouctou une caravane formée par les gens d'Abd el Kader ; ce dernier, voulant se conformer aux instructions du Grand Chérif et assurer avant tout une sécurité complète au voyageur, ne voulait pas laisser partir Rohlfs avec une caravane autre que la sienne.

En dehors de ces embarras pécuniaires, Gerhard Rohlfs trouva un ennemi dans l'homme qu'il croyait devoir lui être le plus favorable, Si Othman, que nous avons vu être un des chefs azdjer signataires du traité de Ghadamès ; cet homme devina en Rohlfs un voyageur européen et, sans l'intervention du cheikh Abd el Kader, l'aurait désigné comme chrétien à la population fanatique d'In-Salah.

Rohlfs prétend que Si Othman n'était nullement autorisé par les Azdjer à signer des traités ouvrant leur pays aux chrétiens, et il ajoute qu'il ne conseillerait pas à un Français d'entreprendre, sur la foi du traité de Ghadamès, un voyage dans ces régions. Est-ce le voyageur sincère qui parle ainsi, ou l'Allemand jaloux de voir la France s'agrandir et s'étendre vers le Soudan? Toujours est-il que, trente ans après la signature du traité, alors qu'il eût dû être oublié, un Français s'est présenté chez les Azdjer, seul, sans escorte, a été parfaitement accueilli par leurs chefs, et est revenu rapportant leurs déclarations les plus amicales, l'assurance de leurs sentiments les plus cordiaux et les plus pacifiques.

Devant l'impossibilité de se rendre immédiatement à Timbouctou avec des garanties suffisantes de sécurité, devant l'impossibilité non moins grande d'attendre quatre mois à In-Salah avant d'entreprendre ce voyage, Rohlfs se résigna à reprendre le chemin de la côte, par Ghadamès et Tripoli.

Si Othman devant justement conduire une caravane en Tripolitaine, Rohlfs parvint à obtenir de lui l'autorisation de se joindre à sa personne, et, le 29 octobre, il put enfin quitter l'oasis d'In-Salah.

Le 1ᵉʳ novembre, la caravane franchissait la limite orientale du Tidikelt, un peu au-dessous du hassi Ouled Messaoud, et traversait une hamada ondulée pour aller couper l'oued Irès Mallen (ou oued Farez oum el Lill) à la hauteur du hassi Farez; suivant ensuite le pied du rebord méridional de la partie orientale du plateau de Tademaït, elle passa au hassi Messeguem, s'arrêta à Temassinin le 15 novembre et, le 29, fit son entrée à Ghadamès.

Bien accueilli dans cette ville, toujours comme musulman, Rohlfs y séjourna jusqu'au 12 décembre, époque à laquelle il se joignit à une caravane qui se rendit à Tripoli par la voie de Derdj, Zintan et ksar Yefren; peu

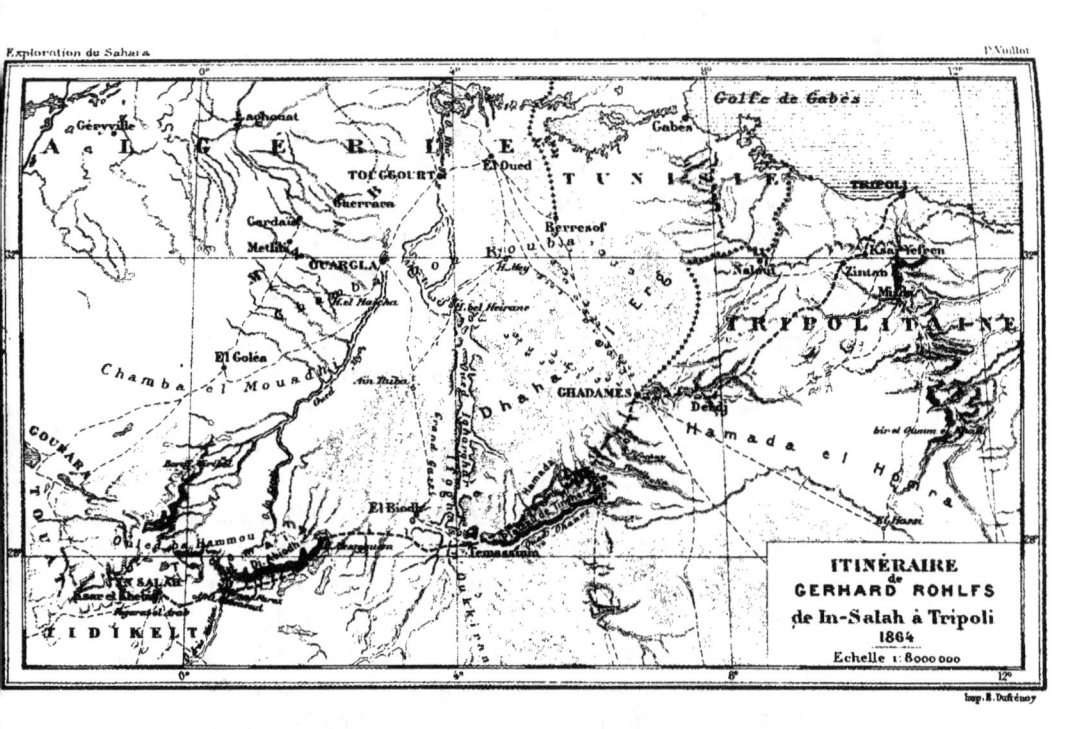

après, il rentrait en Europe, après huit mois de route dans le Sahara et dix mois de courses dans les provinces les moins connues du Maroc, tout cela avec des ressources relativement minimes : pendant tout ce voyage, les dépenses de Rohlfs n'ont pas dépassé 1,800 francs.

Lorsque les quelques Touareg qui avaient accompagné le voyageur de Temassinin à Tripoli apprirent qu'ils avaient escorté un infidèle, grande fut leur déconvenue et leur colère d'avoir été joués ; ils rentrèrent à Ghadamès d'abord, puis dans leur pays en jurant d'être plus méfiants à l'avenir.

Sans parler du grand pas en avant que Rohlfs fit faire à la connaissance, très sommaire alors, que l'on avait de l'intérieur du Maroc, son voyage eut des résultats féconds au point de vue de la géographie ; il rapportait du Tafilet une description plus approfondie et plus scientifique que celle qui avait résulté de son premier voyage ; l'importance stratégique d'Igli était démontrée par le fait même de la valeur de l'oued Saoura comme route commerciale *unique* entre le Maroc et le Touat, le Tidikelt et tout le Sahara central ; de plus, le voyageur rapportait une ample moisson de documents précis et absolument nouveaux sur les oasis du Touat, leur groupement, leur situation politique ; le Tidikelt était étudié aux mêmes points de vue, et Rohlfs faisait ressortir, sans le vouloir peut-être, l'intérêt considérable pour la France, d'occuper les riches oasis de la vallée de l'oued Saoura et de l'oued Messaoud.

Sa traversée du Sahara algérien, d'In-Salah à Ghadamès n'est pas aussi sans offrir des résultats intéressants : en coupant les itinéraires de Bou-Derba et de Duveyrier en un certain nombre de points, ces itinéraires se trouvent, non-seulement établis d'une façon plus précise, mais encore complétés de la manière la plus heureuse. Ainsi l'importance du point d'eau de Timassinin s'est trouvée démontrée pour les caravanes allant de l'ouest à l'est comme elle l'était déjà pour celles allant du nord au sud : l'obligation pour toute caravane allant du Touat à Ghadamès et Tripoli de passer à Timassinin, la situation de ce point à l'extrémité sud du vaste couloir, libre de sables, de l'Igharghar, le reliant directement à Ouargla, font de cette position de Timassinin un point d'une haute valeur stratégique : c'est l'emplacement tout indiqué soit pour un bordj militaire, si la France se décide à étendre sa puissance au cœur même du Sahara, soit pour un bordj commercial, si nous voulons ouvrir à nos marchandises de vastes débouchés chez les Azdjer, vers Rhât et le Soudan.

La démonstration de l'importance de Timassinin peut être considérée comme un des plus importants résultats de ce voyage de Gerhard Rohlfs.

CHAPITRE VII

VOYAGE ET MORT DE Mlle TINNE. — EXPÉDITION DU GÉNÉRAL LACROIX ET DU LIEUTENANT-COLONEL GAUME. — COLONNE DU GÉNÉRAL DE GALLIFET.

Pendant que s'exécutaient dans le Sahara, avec des succès divers, les différents voyages de Rohlfs et de ceux qui l'avaient précédé, l'occupation de l'Algérie par la France suivait son cours et du Sahel gagnait le Tell, les hauts plateaux, et enfin le Sahara septentrional.

Une partie des tribus de cette partie du Sahara subissait avec peine l'autorité française; les révoltes étaient fréquentes et les dissidents allaient chercher dans le Désert un abri d'où seules des colonnes fortement organisées pouvaient les déloger.

Telle fut la raison d'être des colonnes du général Lacroix en 1872, de celle du général de Gallifet l'année suivante.

Mais avant de voir quelle fut l'importance de ces colonnes au point de vue géographique de l'importance du Sahara, nous ne pouvons faire autrement, pour respecter l'ordre chronologique, que de mentionner ici la tentative de Mlle Tinne et la fin tragique de l'infortunée voyageuse.

Henri Duveyrier, dans son « Afrique nécrologique », a consacré à ce voyage si malheureusement interrompu quelques lignes que nous ne pouvons que reproduire.

« Mlle Tinne, Hollandaise, avait déjà fait avec sa mère de longs voyages en Afrique, sur le Haut Nil et jusque chez les Dôr. Après la mort de Mme Tinne, elle songea à en commencer un nouveau sur le lac Tchad, en passant par le pays targui.

» Partie de Tripoli le 28 janvier 1869, avec une suite nombreuse et un bagage extraordinairement luxueux pour les pays à traverser, elle alla d'abord à Mourzouk, où elle se prépara au voyage du Bornou. Des bruits fabuleux touchant la richesse de Mlle Tinne coururent aussitôt dans le Sahara, non-seulement aux environs de Mourzouk, mais même jusque chez les Tibbou du Tou, ainsi que le docteur Nachtigal put le constater lui-même plus tard.

» En attendant l'occasion d'une caravane à destination du Bornou, Mlle Tinne voulut employer son temps à faire une visite aux Touareg dans Rhât. A ce moment, l'aménokhal des Azdjer, Ikhenoukhen, cheikh de la tribu des Orâghen, était en guerre contre ses rivaux, les Imanân, qui s'étaient réfugiés dans le Fezzan, où ils ont des alliés arabes; lui-même était entré dans l'Ouadi el Gharbi, afin de réclamer au gouverneur du Fezzan l'expulsion de ses ennemis hors du territoire ottoman. Mlle Tinne alla trouver là Ikhenoukhen. Ce chef, ayant terminé l'affaire qui l'avait amené dans le Fezzan, voulut conduire sans retard Mlle Tinne à Rhât, où sa propre présence était nécessaire; mais la jeune voyageuse trouva indispensable pour elle de retourner d'abord à Mourzouk afin d'y achever ses préparatifs.

» Cette circonstance, qui priva Mlle Tinne de la conduite personnelle d'Ikhenoukhen, fut pour beaucoup dans la fin horrible de cette malheureuse jeune femme. Ikhenoukhen confia le soin de veiller sur elle au marabout de Serdelès, l'Arabe fezzanien El Hadj Ahmed bou Selah, et à un de ses propres parents, El Hadj ech Cheikh; ceux-ci suivirent  Mlle Tinne jusqu'à Mourzouk après avoir promis de lui servir d'escorte; mais, quelques jours plus tard se présentait une autre escorte de Touareg, commandée par un individu du nom de El Hadj bou Beker el Hogari, qui se disait également envoyé par Ikhenoukhen; il fut assez habile pour dissuader la jeune voyageuse de suivre le marabout de Serdelès, et parvint à la décider à se confier à lui-même. »

M{{lle}} Tinne ne pouvait plus, dès lors, échapper au piège qui lui était tendu : « son destin, arrêté d'avance, l'entraînait irrésistiblement dans l'abîme », écrit le cheikh Ben Alloua de Mourzouk, qui a fourni à Tripoli tous les détails de l'assassinat. El Hadj bou Beker était un ennemi d'Ikhenoukhen ; il cherchait à se venger de lui et pensa ne pouvoir y arriver d'une manière plus pratique qu'en assassinant celle dont Ikhenoukhen était l'hôte et l'ami; en même temps, il faisait une magnifique affaire par le pillage d'une riche caravane et la vente des nombreux nègres au service de M{{lle}} Tinne.

L'escorte que Bou Beker offrait à la voyageuse était composée principalement d'Arabes réfugiés dans la résidence de Tripoli, et n'ayant pour moyens d'existence que le brigandage ; c'est un certain Othman, de la fraction des Bou-Sif, et cinq hommes des Ouled-Kossen qui paraissent avoir comploté le meurtre, et Bou Beker entra volontiers dans le complot.

Dans la deuxième moitié de juillet, M{{lle}} Tinne se mit en route pour Rhât par l'ouadi Aberdjouch, sous l'escorte des traîtres qui avaient usurpé la qualité d'envoyés d'Ikhenoukhen; au bout de quelques jours elle atteignit bir Guig, au sud-ouest de Mourzouk, et là eut lieu la terrible catastrophe. Sans souci, sans méfiance, confiante dans l'heureuse issue de son voyage, pleine de grandes idées pour l'avenir, elle avait mis pied sur les territoires de ces Touareg dont elle comptait rejoindre bientôt le chef, son hôte et son ami.

Le lendemain de son arrivée au bir Guig, pendant

que les chameaux étaient chargés pour continuer la marche, les traîtres accomplirent leur œuvre : une querelle fut simulée entre les chameliers, et Mlle Tinne accourut pour remettre les choses dans l'ordre ; ce fut le moment favorable pour l'assassinat. Le cheikh Ben Alloua dit dans sa lettre : « Mlle Alexandrine reçut
» deux blessures : la première, un coup de sabre au
» bras droit qui en sépara complètement la main, sans
» doute pour empêcher la voyageuse de se servir de
» son revolver ; la seconde, un coup de fusil dans la
» poitrine, tiré par un des Arabes des Ouled Bou Sif.
» Un des domestiques hollandais fut également fusillé
» et l'autre tué par un coup de lance du targui Hadj
» bou Beker. »

Alors commença le pillage de la caravane, après quoi on emmena prisonniers les serviteurs nègres qui avaient voué à leur bonne maîtresse un attachement sans limite. Un petit nombre d'entre eux put s'enfuir et porter la nouvelle de l'odieux attentat à Mourzouk, où les autorités turques prirent des mesures pour commencer une enquête et ensevelir les victimes.

Ainsi finit, à peine âgée de trente ans, Alexandrine Tinne à qui sa position sociale, sa fortune et ses avantages personnels assuraient dans la haute société de sa patrie un rôle éminent ; mais elle préféra parcourir sans repos les régions désertes ou barbares de l'Afrique et poser le pied sur des territoires inconnus. La science lui doit beaucoup et pouvait compter sur un plus riche tribut si elle n'était pas tombée sur la terre africaine [1].

---

(1) D'après M. le colonel de Polignac. Paris, 18 août 1893.

Il demeure prouvé, en tout cas, ainsi que l'a confirmé l'enquête officielle faite plus tard, que le traître est un Ahaggar, ennemi d'Ikhenoukhen, et que ce dernier, pas plus que les autres Azdjer, n'a trempé dans ce meurtre. Le voyageur Von Bary, en 1877, apprit qu'à la suite même de ce meurtre les Azdjer firent la guerre aux Ahaggar et, avec l'appui d'un contingent tripolitain, les battirent dans le Tifedest, aux environs d'Amguid.

Grâce à Ikhenoukhen et aux Azdjer, la mort de Mlle Tinne se trouvait donc vengée.

∴

Tandis que ces faits tragiques se passaient dans le sud de la Tripolitaine, l'autorité française s'étendait peu à peu dans le Sahara algérien.

Cependant, quelques fractions turbulentes des tribus du sud de la province de Constantine s'étaient révoltées; dès le mois de janvier 1872, le général Lacroix et le lieutenant-colonel Gaume, à la tête d'une colonne organisée spécialement, se mirent à la poursuite des rebelles, les repoussèrent de Touggourt jusqu'au sud de Ouargla et les battirent une première fois au Hassi Tamesguida, puis à Aïn Taïba, sur la limite du Grand Erg.

L'approche des chaleurs empêcha seule la colonne de pousser jusqu'à El Goléa, où s'étaient réfugiés les derniers débris de l'insurrection.

Cependant, les dissidents ne cessant d'inquiéter les fractions soumises de leurs propres tribus, celles-ci demandaient avec instance à être protégées contre les razzias auxquelles elles se trouvaient exposées.

Le général de Gallifet, commandant la subdivision militaire de Batna, fut alors chargé de préparer une expédition sur El Goléa. La principale difficulté de cette opération consistait dans l'organisation des moyens de transport des provisions de vivres et d'eau nécessaires à une colonne relativement nombreuse. Les tribus du Sud, les Chaamba particulièrement, fournirent tous les chameaux dont on avait besoin, et la colonne expéditionnaire se réunit à Biskra vers le milieu de décembre 1872. Elle se composait d'une compagnie du 3me bataillon d'infanterie légère d'Afrique, de trois compagnies du 3me régiment de tirailleurs algériens, d'un escadron du 3me régiment de spahis et d'une pièce de montagne. En tout : 700 hommes environ.

Parti de Biskra le 20 décembre, le général de Gallifet arriva à Touggourt le 30 du même mois, et à Ouargla le 8 janvier; au delà de ce point, toute l'infanterie allait être transportée à dos de chameau.

La colonne se mit en marche vers le 11 janvier, avec quarante jours de vivres, mille tonnelets d'eau d'une contenance moyenne de cinquante litres; enfin quatorze cents guerbas (peaux de bouc) d'une contenance de quinze à vingt litres : chaque chameau, monté par un fantassin, portait deux de ces guerbas.

Les renseignements que l'on possédait alors sur la route directe d'Ouargla à El Goléa ne paraissant pas suffisamment précis, le général de Gallifet se décida à faire un détour par le nord et à retrouver au point d'eau important d'hassi Berghaoui l'itinéraire que Duveyrier avait si consciencieusement suivi et relevé jusqu'à El Goléa.

La distance d'Ouargla au hassi Berghaoui est de 217

kilomètres; la colonne mit sept jours à la franchir, se reposa le 18 janvier au hassi Berghaoui, et parcourut en six jours les 145 kilomètres qui la séparaient encore de son but : le 24 janvier, elle était sous les murs du ksar d'El Goléa.

Les Arabes sédentaires de l'oasis, pressurés habituellement par leurs maîtres, les Arabes nomades, accueillirent avec satisfaction la colonne française; quant aux dissidents, repoussés par le Touat qui craignait de voir arriver nos troupes dans ses oasis, s'il se compromettait en donnant asile à nos ennemis, ils se résignèrent à demander l'aman; toutes les contributions arriérées et l'amende qui leur fut imposée furent payées sur-le-champ. Une petite garnison fut laissée dans la casbah, bâtie au sommet d'un cône de 70 mètres d'élévation, sur les pentes duquel s'étagent les maisons du ksar, creusées pour la plupart dans l'argile du monticule. Tout à l'entour s'étend l'oasis qui, à cette époque, ne comptait pas moins de 16,500 palmiers : c'est sur ce chiffre que l'impôt fut basé, et accepté sans contestations.

La longue marche de la colonne à travers le Désert, dans cette région si sèche que les indigènes eux-mêmes l'appellent, dans leur style imagé « le pays de la soif », s'était effectuée dans les meilleures conditions; les troupes avaient vaillamment supporté les fatigues de la route; un seul homme avait été malade.

Pour revenir à Ouargla, le général de Gallifet suivit la route directe par Hassi el Hadjar, plus courte que la précédente d'environ 60 kilomètres. Il quitta El Goléa le 1er février et arriva à Ouargla le 7, ayant franchi en sept jours les 307 kilomètres qui séparent ces deux

Exploration du Sahara. P. Vuillot.

ITINÉRAIRE
des
Colonnes LACROIX
et de GALLIFET
1872-1873
Echelle 1: 4 000 000

Gravé par R. Hausermann.

oasis, et rapportant la conviction qu'en cas d'extrême urgence, des troupes pouvaient faire ce trajet en cinq jours seulement.

En dehors du résultat militaire de cette heureuse expédition, qui fut de montrer aux tribus disposées à la rébellion qu'il nous était possible de les atteindre jusqu'au cœur du Sahara, il faut noter la connaissance de l'itinéraire nouveau, direct, de Ouargla à El Goléa, et la vérification de celui du hassi Berghaoui à El Goléa, déjà relevé par Duveyrier.

Les résultats politiques étaient considérables : le Touat et le Tidikelt tremblaient de nous voir continuer notre marche en avant : le djemaa d'In-Salah nous envoyait des protestations d'amitié, tant il est vrai que la force seule peut avoir de l'influence en ces régions.

Nous ne pouvons malheureusement que regretter que nous n'ayions pas profité des bonnes dispositions du Tidikelt pour aller y placer une petite garnison, reliée à El Goléa par une ligne de bordjs occupant les points d'eau. Ce qui était facile alors ne l'est plus aujourd'hui : le parti hostile à la France s'est accru dans ces oasis, le Maroc a tenté de faire passer ces pays pour siens, et le Touat est devenu un foyer de fanatisme et un danger perpétuel pour la tranquillité de notre Sahara algérien.

CHAPITRE VIII

VOYAGE ET MORT DE DOURNAUX-DUPÉRÉ ET JOUBERT.

Tandis que la colonne de Gallifet rentrait à Biskra, après s'être avancée heureusement jusqu'à la limite extrême de notre influence vers le sud-ouest de l'Algérie, un voyageur, Dournaux-Dupéré, partait vers l'extrémité opposée du Sahara algérien, vers Ghadamès et Rhât, pour entrer en relations avec les habitants de ces deux villes, et, si possible, gagner le bassin du Niger, puis le Sénégal.

Dournaux-Dupéré avait été commis de la marine à Saint-Louis du Sénégal, puis instituteur à Frenda, en Algérie; il nourrissait depuis longtemps le projet de tenter de pénétrer à l'intérieur du Sahara, et de traverser le Désert.

Débarqué à Philippeville en 1873, il apprit de Ismayl bou Derba, qu'il rencontra à Constantine, les dernières nouvelles connues du Sahara central. De Biskra (22 novembre-1ᵉʳ décembre) il se rend à Touggourt par la route ordinaire de l'oued Rhir et va visiter Ouargla; il rentra ensuite à Touggourt pour organiser son départ définitif pour le Sud.

Dournaux-Dupéré avait eu tout d'abord l'intention de s'avancer directement vers le Sud, de franchir le massif du Hoggar et d'arriver au Niger. Il comprit l'imprudence qu'il y avait pour lui à s'aventurer ainsi, sans protection ni recommandation d'aucune sorte, chez des tribus qui passaient pour extrêmement jalouses de leur indépendance; il modifia son plan primitif et résolut d'aller s'assurer l'appui d'Ikhenoukhen, et de se rendre dans ce but à Rhât pour s'entendre avec le grand chef des Azdjer.

Un négociant français, établi à Touggourt, nommé Joubert, s'était décidé à accompagner Dournaux-Dupéré pendant la première partie de son voyage, afin d'entrer en relations commerciales avec les marchands de Ghadamès et de Rhât. Joubert alla dans l'oued Souf y choisir un guide et des chameliers; il en revint le 8 janvier 1874, accompagné de Ahmed ben Zerma, qui avait suivi Duveyrier dans son grand voyage chez les Touareg du Nord. Dournaux-Dupéré et Joubert ayant aussitôt fait leurs conventions avec lui pour aller jusqu'à Rhât, Joubert repartit à El Oued pour y organiser les moyens de transport.

Pendant ce temps, Dournaux-Dupéré apprenait que les Touareg qui se trouvaient alors à Ghadamès même, ou campés autour de cette ville, appartenaient à la tribu des Imanghasaten, tribu ennemie de celle des Oraghen, dont Ikhenoukhen est le cheikh. Cette présence à Ghadamès des ennemis de l'homme sous la protection duquel ils comptaient se mettre n'était pas sans inspirer quelque inquiétude aux deux voyageurs; ils n'en partirent pas moins le 1ᵉʳ février 1874, quittant Touggourt pour se rendre à Ghadamès.

En sortant de Touggourt, Dournaux-Dupéré rendit visite à Sidi Maammar, le chef politique de la zaouïa de Temacin ; ce dernier lui remit deux lettres : l'une pour Koussa, chef des Ifoghas ; l'autre pour Khetama, chef précisément des Imanghasaten, en lutte avec Ikhenoukhen. Si Maammar remit en même temps à l'un des Arabes qui accompagnaient le voyageur, Nacer ben Kîna, une troisième lettre adressée « à des personnes de Rhât », dit-il.

Dès sa sortie de Temacin, Dournaux-Dupéré commençait un voyage de découverte, car le cours de l'Igharghar qu'il allait remonter n'était tracé sur les cartes que d'après les indications recueillies par Duveyrier auprès des indigènes ; trois voyageurs seulement : Bou Derba, Duveyrier et Rohlfs, avaient traversé son lit en trois endroits différents, et leurs relèvements n'avaient donné que trois points d'appui aux informations fournies par les Touareg et les Arabes.

L'itinéraire de Dournaux-Dupéré remonte le cours de l'Igharghar jusqu'au puits d'El Achiya, en passant successivement par El Mezgueb, Aïn bou Semaha, Matmata, Hassi Ouled Miloud, Oglat Embareka, Hassi Metekki, ghour Megh'arin et enfin bir El Hadj, puits où fut pris le faux chérif Mohammed ben Abd'Allah par Si Hamza en 1862.

Au puits d'El Achiya, Dournaux-Dupéré et Joubert quittèrent le lit de l'oued Igharghar pour prendre la direction de Ghadamès par le bir Tôzeri. Ce n'est que jusqu'à ce dernier point que va le relèvement de l'itinéraire dressé par Dournaux-Dupéré et envoyé de Ghadamès en France. Le tracé de la suite de leur itinéraire a été perdu pour la science par suite de la mort des deux voyageurs. Nous ne connaissons les détails de leur séjour à Ghadamès et les incidents qui en ont marqué leur départ que par les quelques lettres qu'ils ont envoyées de cette ville.

Cette correspondance nous montre la situation du pays targui très troublée, vers le nord tout au moins; situation qui fermait aux voyageurs la route de Ghadamès à Rhât par Temassinin; d'autre part, Dournaux-Dupéré avait rencontré à Ghadamès deux Ifoghas qui s'étaient chargés d'aller trouver Ikhenoukhen à Rhât et de revenir chercher les voyageurs pour les conduire près de lui.

Ils allèrent donc à Rhât, et, pendant ce temps, Dournaux-Dupéré, toujours à Ghadamès, entra en relations avec Khetama, fils d'El Hadj Djebbour, et pour lequel il avait une lettre de recommandation de Si Maammar. Khetama lui offrit de le conduire à Idelès, dans le Hoggar, mais Dournaux-Dupéré ne crut pas devoir accepter cette offre du fils du chef des Imanghasaten, en lutte à cette époque avec Ikhenoukhen dont le voyageur était en train de solliciter l'appui.

Au reste, Dournaux-Dupéré avait fort bien fait de refuser l'offre de Khetama, malgré la confiance qu'aurait pu lui inspirer un homme auquel il était recommandé par le chef de la zaouïa de Temacin; Khetama allait bientôt lever le masque et changer brusquement d'attitude. Lorsque les Ifoghas envoyés par Dournaux-Dupéré près d'Ikhenoukhen furent de retour de Rhât, rapportant au voyageur l'assurance qu'il serait bien reçu par l'aménokhal des Azdjer, et voulurent partir

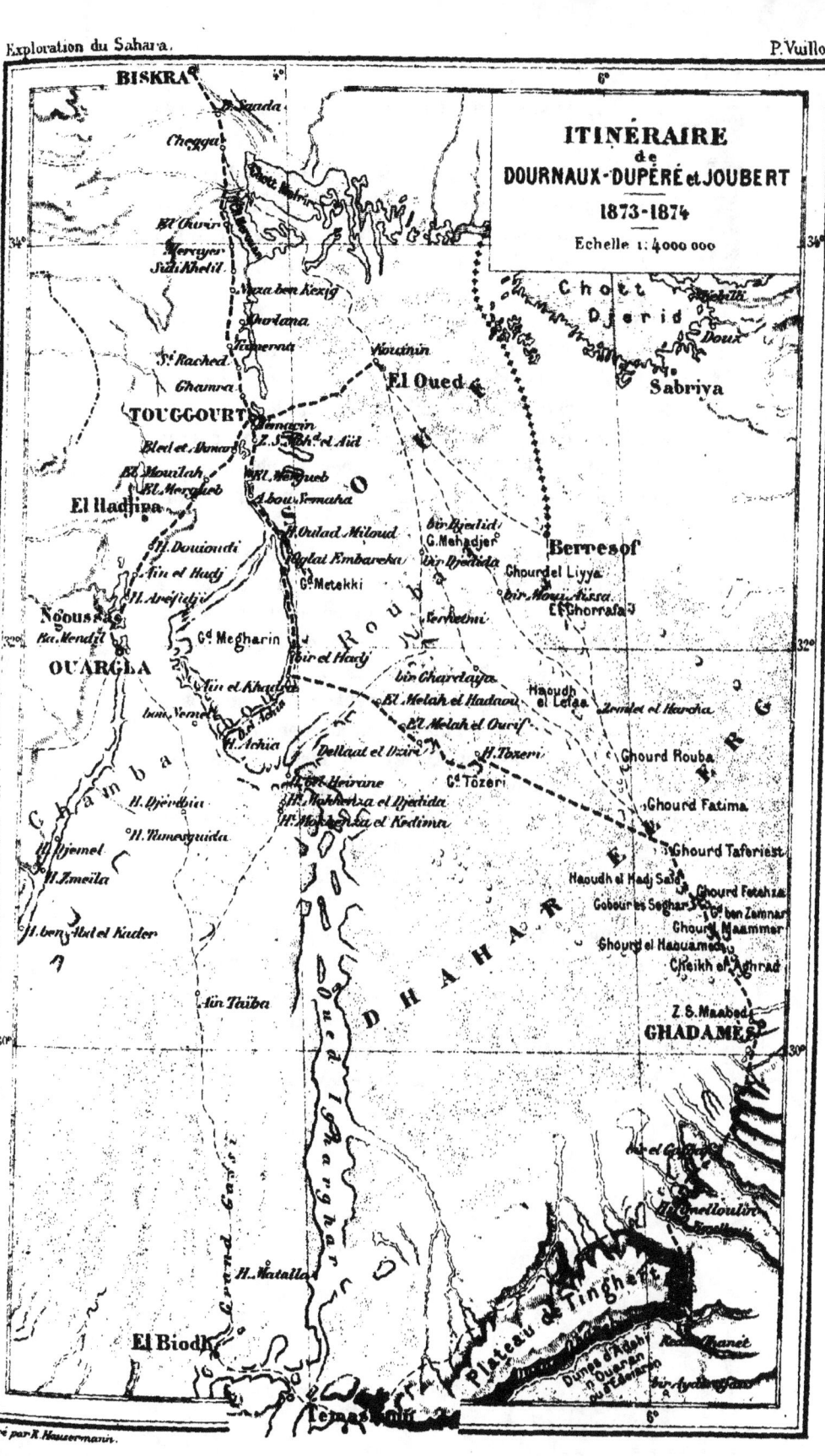

avec les deux Français, Khetama tenta de s'opposer à leur départ, et il fallut toute l'énergie de Dournaux-Dupéré pour mettre fin à la prétention qu'avait le fils d'El Hadj Dejebbour de lui fermer la route du pays azdjer.

Ces difficultés avec les Imanghasaten reculèrent le départ de Dournaux-Dupéré jusqu'au 12 avril. Les deux voyageurs s'avancèrent sur la route ordinaire de Rhât, celle qu'Ikhenoukhen avait fait suivre à Duveyrier en 1860. Ils passèrent à El Gafgaf, aux sources de l'ouadi Timelloulin et débouchèrent par le ravin d'Ahedjiren dans la vallée de l'oued Ohanet, qu'ils traversèrent.

Un peu avant d'arriver aux dunes d'Adehi-n-Ouarân, ils furent attaqués, et succombèrent sous les coups des assaillants ainsi que ceux qui les accompagnaient. Seul, Nacer bou Kîna, porteur de la lettre particulière de Si Maammar, échappa au massacre.

Cette circonstance particulière peut donner à supposer que le crime eut lieu à l'instigation du marabout de Temacin. Tel est l'avis de Duveyrier; mais d'après des renseignements plus récents, recueillis sur place par le Père Richard, missionnaire d'Alger, ce massacre aurait eu en réalité d'autres causes.

Pendant que Dournaux-Dupéré et Joubert terminaient à Ghadamès leurs derniers préparatifs de départ, les négociants de Ghadamès, jaloux de voir des Français s'engager sur les routes suivies par leurs caravanes, et craignant de perdre peu à peu le monopole du commerce avec l'intérieur, auraient prévenu secrètement un Chaâmbi révolté, Bou Saïd, campé alors à El Biodh avec son père; ceux-ci auraient aussitôt réuni une trentaine de cavaliers pour se diriger à marche forcée sur Ohanet; ils arrivèrent dans l'oued avant midi; les traces de la caravane de Dournaux-Dupéré y sont encore toutes fraîches; ils se mettent rapidement à leur poursuite.

Vers deux heures, ils rejoignent les deux Français; ceux-ci descendent aussitôt de chameau, ne tenant que leurs revolvers à la main. Dournaux-Dupéré et Joubert sont immédiatement assaillis. Bou Saïd appuie son pistolet sur la tempe de l'un d'eux et fait feu : le malheureux roule inanimé sur le sable. Le frère de Bou Saïd tire également sur l'autre : il a voulu le frapper au cœur, mais la balle ne traverse que le haut de la poitrine et le blessé tombe sur place.

Les Chaamba et le serviteur arabe donné aux voyageurs par Si Maammar se réunissent alors, et le partage du butin commence immédiatement. Ce ne fut que bien avant dans la nuit que le blessé expira, après s'être débattu et avoir perdu tout son sang; on n'avait pas voulu l'achever. Les deux victimes furent dépouillées de leurs vêtements et restèrent là, sans sépulture, naturellement.

Dès le matin, les membres du rhazzou prirent le chemin de Ghadamès, où ils apportèrent eux-mêmes la nouvelle de cet exploit; ils séjournèrent douze jours dans cette ville, sans être inquiétés par le mudir, puis regagnèrent leurs campements.

Bou Saïd, qui raconta tous ces détails à celui même qui les a transmis au Père Richard, ajoutait que le butin n'avait pas répondu à ses espérances. De fait, Dournaux-Dupéré et Joubert avaient laissé à Ghadamès, entre les mains du turc Mustapha Nafite la plus grande partie de leur argent pour se le faire envoyer lorsqu'ils seraient à Rhât. Cependant, les Ifoghas qui s'étaient chargés de conduire les voyageurs à Rhât et qui les avaient laissé massacrer sans les secourir, allèrent justement au Fezzan. Ikhenoukhen les fit comparaître devant lui, leur reprocha amèrement d'avoir laissé tuer des gens qui étaient ses amis; puis il les laissa partir en toute liberté, mais il envoya des hommes les attendre et les tuer dans le Désert, en terrain neutre, afin de s'éviter de nouvelles difficultés avec la tribu des Ifoghas.

Si donc Dournaux-Dupéré et Joubert n'ont pu parvenir auprès d'Ikhenoukhen, où ils auraient trouvé aide, protection et sécurité, ce n'est point aux Touareg qu'il convient de s'en prendre; il faut accuser aussi bien les commerçants de Ghadamès, toujours hostiles aux Européens qu'ils voient s'avancer dans l'intérieur, que les pillards du Désert, Chaamba ou autres, repoussés de leurs propres tribus, fuyant notre autorité et réduits à rhazzier les caravanes qui ne sont pas assez fortes pour leur inspirer la crainte d'un échec et d'une sévère correction.

※
※ ※

C'est mû par la même idée que Dournaux-Dupéré — réunir l'Algérie au Sénégal par Timbouctou — que Soleillet quitta Alger en 1874 pour se lancer dans la direction d'In-Salah.

Soleillet avait déjà voyagé en Afrique, et avait parcouru l'Algérie et la Tunisie de 1865 à 1867, mais à un point de vue tout commercial.

Son rêve, plus vaste, était, dit-il, « de conquérir pacifiquement et d'ouvrir les vastes contrées fermées de l'Afrique occidentale, pour donner à la France l'honneur et l'avantage de la prédominance civilisatrice et commerciale sur cet immense territoire ».

C'est avec ce but devant les yeux qu'il commença ses voyages d'explorations de la voie commerciale qu'il projetait d'ouvrir, et, à ses yeux, la première étape était l'oasis d'In-Salah. Il résolut de s'y rendre.

Le 16 septembre 1872, il s'embarqua à Marseille et se rendit tout d'abord à Laghouat, où il séjourna jusqu'à la fin de l'année; il visita ensuite les ksour du Djebel Amour et passa le mois de février et une grande partie de mars 1873 à parcourir en détail le Mzab.

Après cette exploration préliminaire du Sahara algérien, Soleillet, comptant sur les amitiés qu'il venait de contracter pour lui faciliter la mise à exécution de ses projets, rentra à Alger, en avril 1873, où il obtint de la Chambre de commerce la mission de « reconnaître la route d'Alger à l'oasis d'In-Salah par Laghouat, le Mzab et El Goléa; de présenter aux populations du Sahara central des échantillons de nos produits manufacturés, et de tâcher de ramener avec lui, à son retour, des négociants du Sahara central, porteurs de quelques marchandises du Désert et du Soudan », et ouvrit une souscription à cet effet. Le Conseil général d'Alger ajouta au produit de cette souscription une subvention de 4,000 francs, et le Ministère de l'Instruction publique confia à Soleillet une mission météorologique au Sahara.

Parti d'Alger le 29 décembre 1872, le voyageur fut rejoint à Boghar par le chérif Mouley Ali, auquel le Gouvernement général confiait la mission de traiter avec les Ouled Sidi Cheikh.

Ayant suivi la route ordinaire par Djelfa et Laghouat, la petite caravane fit son entrée à Ghardaïa le 29 janvier, et, grâce à une lettre de recommandation de M. Crémieux, président de la Société Universelle Israélite, l'explorateur fut très bien reçu par la communauté juive de la ville, au grand scandale des musulmans qui éprouvent un profond mépris et une répulsion instinctive pour tout ce qui est juif.

Soleillet quitta Ghardaïa pour aller trouver à Metlili le cheikh Ahmed ben Ahmed, afin de lui demander de l'accompagner à El Goléa et à In-Salah, et de lui fournir les moyens de transport nécessaires. Le voyageur poussa même jusqu'à Ouargla, dans le but de demander à l'agha de cette oasis, Si Mohamed ben Driss, des lettres pour les personnages qu'il pouvait connaître au Touat.

De retour à Metlili, le 14 février, Soleillet y trouva Si Mouley Mohamed, chérif du Tafilet, qui lui demanda de l'accepter comme compagnon de route, ce que le voyageur accorda avec le plus grand empressement.

Le lendemain, Soleillet prit congé du chérif Mouley Ali qui allait accomplir sa mission diplomatique chez les Ouled Sidi Cheikh, et quitta Metlili pour s'avancer vers le Sud.

Plusieurs caravanes qu'il rencontra sur sa route lui conseillèrent de ne pas tenter de pénétrer à ce moment au Tidikelt, dont la situation était assez troublée : plusieurs tribus berbères s'étaient soulevées et luttaient contre les autres ksour de l'oasis.

A El Goléa, les mêmes nouvelles alarmantes continuèrent à affluer, ce qui décida Soleillet à brusquer son départ pour In-Salah, afin d'éviter de laisser à ses gens le temps de se démoraliser ; il se mit donc en route le 27 février, avec ses quatre compagnons : le cheikh Ahmed ben Ahmed, Kaddour son serviteur, le frère du caïd de Metlili, et Bafou, mzabite de Ghardaïa.

Soleillet, conduit par ses guides, franchit rapidement le plateau de Hamada qui s'étend au sud d'El Goléa et va former le plateau de Tademaït ; il ne prit pas le temps de faire d'observations scientifiques et de relever son itinéraire d'une manière précise.

Le 6 mars, Soleillet fait son entrée dans le ksar de Miliana, la plus septentrionale des oasis du Tidikelt ; incertain de l'accueil qui lui sera fait à In-Salah, il envoie au cheikh Abd el Kader, chef de l'oasis d'In-Salah, Kaddour, domestique du cheikh Ahmed, porteur des lettres de la Chambre de commerce d'Alger, de l'agha de Ouargla et du caïd de Metlili.

Abd el Kader, dans sa réponse, enjoignait à Soleillet, sous peine de mort, de quitter le Tidikelt au plus vite ; il déclarait être sous la protection du sultan du Maroc, et ne voulait pas laisser entrer de Français sur son territoire. Cette réponse était le résultat d'une délibération des djemaâ des divers ksour de l'oasis.

Soleillet ne se tint pas pour battu, et, dans une nouvelle lettre, déclarait qu'il n'avait nullement l'intention de discuter la suprématie du Maroc, et qu'il ne venait que pour s'occuper de commerce; il demandait seulement une réponse à la lettre de la Chambre de commerce d'Alger.

Le cheikh de Miliana porta lui-même cette seconde lettre, que la djemaâ d'In-Salah refusa d'ouvrir. Abd el Kader faisait dire en même temps à Soleillet de partir immédiatement, sinon qu'il ne pouvait répondre de ce qui arriverait, étant donné la surexcitation de la population à la nouvelle de la présence d'un Français aux portes de l'oasis.

Soleillet aurait voulu essayer de parlementer encore; mais ses compagnons, effrayés de toutes ces menaces, montèrent sur leurs mehara et repartirent en arrière, sans vouloir entendre ses explications; il ne put que les suivre dans leur retraite, et partit le dernier, le cœur serré de n'avoir pu qu'entrevoir le but de son voyage.

Les résultats du voyage de Soleillet sont donc assez peu importants; le seul point à noter, c'est qu'un Français, arrivé en vue d'In-Salah, fut, non pas attaqué par des fanatiques, mais prévenu au contraire par les notables du pays du danger qu'il courait en persistant dans son projet.

.*.

Si Soleillet avait échoué dans sa tentative d'entrée en relations commerciales avec l'oasis d'In-Salah, Largeau devait être plus heureux dans une tentative du même genre, mais ayant Ghadamès pour objectif.

Largeau s'était dit que, si le traité de 1862, rapporté par MM. Mircher et de Polignac, assurait à nos caravanes et à nos commerçants français ou indigènes, libre accès dans les territoires de parcours des tribus touareg de la confédération des Azdjer, nous n'avions nullement la certitude d'un aussi bon accueil de la part des habitants de Ghadamès. Or, cette ville pouvait être la première étape de nos caravanes sur la route du Soudan, et, suivant l'esprit de ses habitants, devenait ou un point d'appui fort utile, ou un obstacle très sérieux.

Victor Largeau résolut donc d'aller à Ghadamès et d'étudier les dispositions des commerçants de la ville à notre égard.

Après avoir réuni par diverses souscriptions, tant en France qu'en Algérie, une somme de 7,000 francs, Largeau se rendit à Biskra par Philippeville, Constantine et Batna, s'y approvisionna de tout ce qui pouvait lui être nécessaire et engagea comme serviteur un jeune Souafi du nom d'Ali.

Le 6 janvier 1875, il se mit en route pour Touggourt, accompagné seulement d'une mule et de deux chameaux.

De Biskra à Touggourt, où il arriva le 11 janvier, Largeau suivit la route ordinaire, par bordj Saada, Chegga, Merayer, Sidi Khelil, Ourlana, Sidi Rached et le chott Megarin. Bien reçu par l'agha Mohammed ben Driss, il put se procurer comme guide un chambaâ d'Ouargla, nommé Rabah ben Amra, capable de le conduire partout où il le désirerait.

La direction du Ahaggar par l'Igharghar lui était fermée par suite des guerres acharnées que se faisaient alors entre elles les différentes tribus de la confédération touareg; la route de l'oued Mya, vers In-Salah, venait d'être reconnue impraticable par Soleillet; restait donc la direction de Ghadamès.

Comme il répugnait au voyageur d'y aller par les chemins connus, il résolut de remonter la vallée de l'Igharghar aussi loin que possible à partir du bir El Achiya, où l'avait laissée Dournaux-Dupéré, puis de tirer sur Ghadamès par le puits d'hassi Botthin, route complètement inexplorée.

Le 25 janvier, Largeau quittait Touggourt; il passa à la zaouïa de Temacin, à Bled el Tamar, à El Mergueb et rejoignit auprès de Sif Arif le lit de l'oued Igharghar qu'il remonta jusqu'à l'oued Achiya. Au lieu de se diriger alors vers Aïn el Kadra, comme l'avaient fait Dournaux-Dupéré et Joubert, il coupa la région sablonneuse qui sépare l'oued Achiya de la boucle que fait l'Igharghar, franchit cette boucle et, à Oglat-Dherebia, s'engagea dans les grandes dunes de l'Erg, qu'il ne devait plus quitter jusqu'à Ghadamès.

Le 2 février, il était au hassi Botthin, dernier point d'eau jusqu'à la zaouïa de Sidi Maabed, près de Ghadamès; il n'arriva au terme de son voyage que le 14, après douze jours de route fort pénible à travers une série de hautes dunes de formation assez récente — une soixantaine d'années environ — d'après son guide, mais présentant de sérieuses difficultés à la marche d'une caravane un peu nombreuse.

Largeau fut accueilli fort courtoisement par le gouverneur de Ghadamès, Si Mohammed bou Aïcha, par toute la djemaâ et par les membres du medjelès, formé par les principaux commerçants de la ville; il offrit des présents aux personnages les plus notables, et exposa au Conseil des négociants le but de son voyage.

Après une assez longue discussion, le Conseil conclut qu'il serait avantageux de commercer avec les Français, et pria Largeau de formuler par écrit, afin qu'il lui fût répondu de même, les demandes et propositions qu'il avait à faire.

Largeau les résuma ainsi :

1° Voulez-vous faire du commerce avec les Français ?

2° Si je conduis ici des négociants, seront-ils bien reçus ?

3° Leurs marchandises paieront-elles des droits d'entrée ?

4° En payant, seront-ils logés dans la ville ?

5° Si des Ghadamésiens sont satisfaits de cet essai, si l'on établit des puits sur la route, viendront-ils à nos marchés de Touggourt et d'El Oued ?

6° Si des savants, médecins ou autres, reviennent ici avec moi, les Ghadamésiens les verront-ils avec plaisir ?

A ces demandes de Largeau, le Conseil répondit par la déclaration écrite suivante :

« Il a été lu six articles écrits en plume arabe et en plume française, remis par Sidi Nacer ben Lardjou, qui est venu du pays d'Alger de la part des négociants de la nation française, la protégée de Dieu, pour ouvrir un débouché commercial avec le Soudan, et qui a choisi celle des trois routes qui lui fut indiquée par Si Mohamed ben el Hadj ben Driss, et par les chefs Tidjani Si Mohamed el Aïd et son frère Si Maâmmar.

» Réponse a été donnée par cette ville sur tout ce qu'il a proposé, et tout ce qui a été proposé par l'envoyé a été approuvé. Ces propositions ont été faites par devant le medjelès et plusieurs négociants du pays. Il y a eu échange d'explications, et tout ce qui a été dit a été compris par nous.

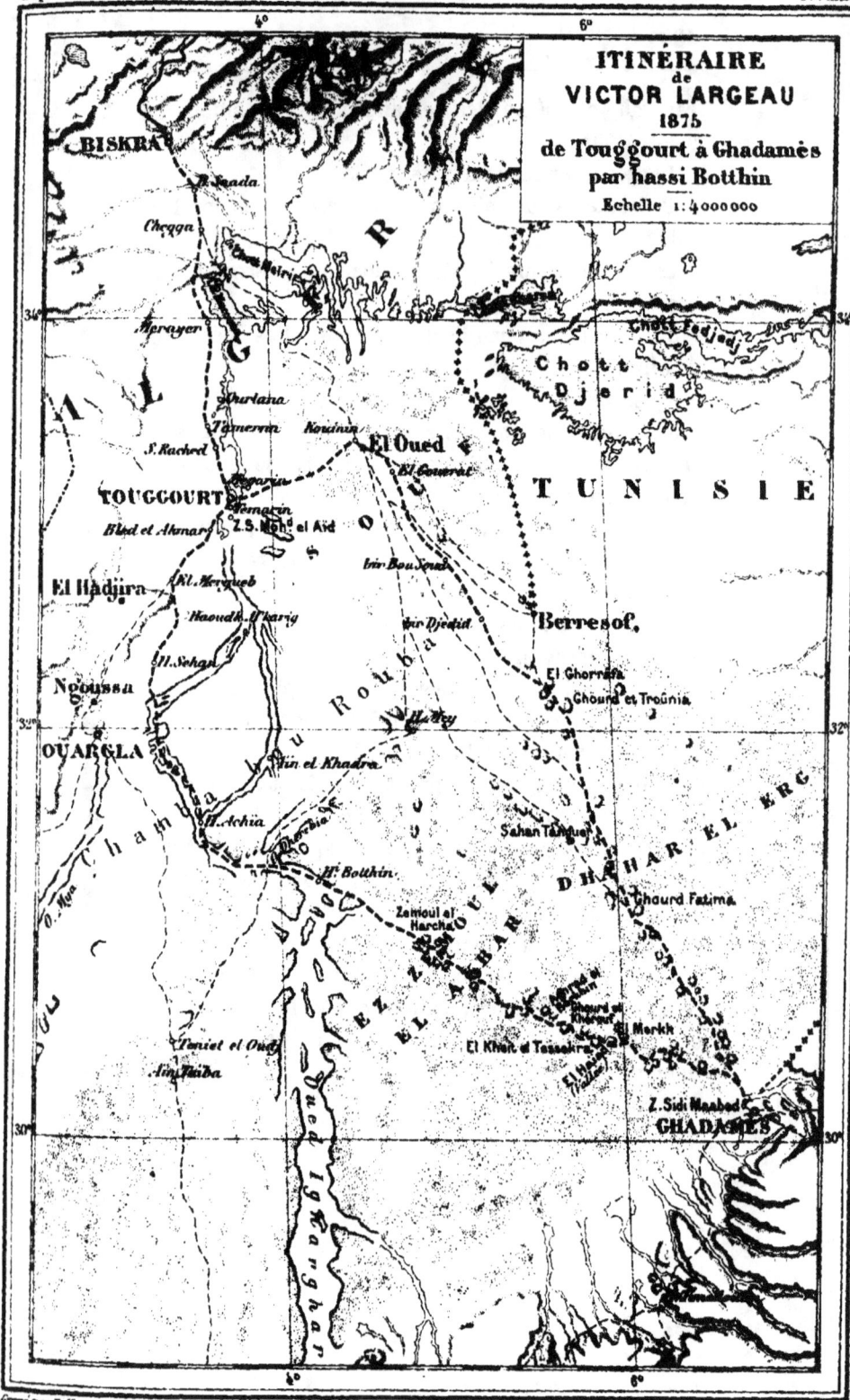

» Quant à l'envoyé, pendant tout le temps qu'il a séjourné parmi nous, nous n'avons vu en lui que du bien, et il n'a rien fait qui soit de nature à choquer nos mœurs ou notre religion.

» Pour ces motifs, nous lui avons fait délivrer cet écrit de la part du medjelès de Ghadamès, qui relève de la province du Djebel Nefouza, dépendant de Tarablous (Tripoli), le 22 moharrem, an 1292. »

Sceau du caïmacam.
Mohammed bou Aïcha.

Le but du voyageur était atteint : les négociants de Ghadamès s'engageaient à recevoir favorablement les commerçants français, et paraissaient tout disposés à vouloir entrer en relations d'affaires avec eux. Largeau n'avait donc plus qu'à rentrer en Algérie; c'est ce qu'il fit, après avoir loué un nouveau chamelier qui devait lui servir de guide jusqu'à El Oued.

Le 6 mars, après vingt jours de séjour, Largeau sortait de Ghadamès pour se diriger vers le Souf; il suivit d'abord la route qu'avaient parcourue précédemment le capitaine de Bonnemain (1856) et Duveyrier (1860).

Il passa donc aux ghour Seghar, Fatima, Tanguer et Trounia. Arrivé au ghour El Ghorrafa, il laissa à droite la route du puits Berresof (bir ès Çof) pour aller visiter le bir Djedid, qui n'avait pas encore été reconnu; il remonta ensuite vers le Nord-Ouest, par les birs Bou-Soua et El Gouirat, pour rejoindre la route de Berresof à El Oued, tout près de cette ville. Le 20 mars, il faisait son entrée dans la capitale du Souf.

Largeau ne rentra pas directement à Biskra. Après trois jours de repos à El Oued, il se rendit à Touggourt par Kouinin, hassi Ferdjana, Mouiat Chabbi et Aïn Forgemol, et remonta de là à Biskra, où il arriva le 4 avril, par la route de l'oued Rhir, qu'il avait déjà suivie à l'aller.

De ce voyage à Ghadamès, Largeau rapporta plusieurs documents intéressants : son itinéraire du bir El Achiya à Ghadamès par le hassi Botthin est nouveau; de plus, la variante par bir Djedid de la route de Ghadamès à El Oued est nouvelle aussi ; enfin, le résultat qui paraissait à Largeau le plus important était certainement la convention qu'il rapportait, et par laquelle les commerçants de Ghadamès, réunis officiellement, s'engageaient à faire bon accueil à nos commerçants et entrer en relations d'affaires avec nos marchés du Sud algérien.

.·.

Largeau avait annoncé aux négociants de Ghadamès qu'il reviendrait l'année suivante, accompagné de commerçants français ; il fit appel à plusieurs maisons françaises, pour les engager à envoyer avec lui des délégués munis de pacotilles, afin d'établir les premières relations commerciales avec les habitants de centre du trafic saharien ; aucune ne répondit à son appel, et Largeau se trouva ainsi dans l'impossibilité de remplir sa promesse faite aux Ghadamsi.

Il partit néanmoins, accompagné de trois jeunes gens, MM. Louis Say, Gaston Lemay et Faucheux. A son passage à Alger, en novembre 1875, on lui proposa, au Gouvernement général, d'entrer en relations avec trois touareg Taïtoq qui, chassant avec des Chaamba dissidents au sud du Mzab, avaient été capturés par des nomades de nos tribus, et amenés à Alger. Bien traités, on les promenait dans les principales villes d'Algérie, afin de leur donner une haute idée de notre puissance et de notre civilisation, dans l'espoir que, de retour chez eux, ils engageraient leurs compatriotes à vivre en bonne intelligence avec les Français.

Largeau, convaincu que ces chasseurs touareg étaient plutôt des pillards et des coupeurs de route que des personnages importants de leur pays, préféra ne pas les voir et leur laisser ignorer l'intention vague qu'il avait toujours de se diriger vers l'intérieur du Sahara; il partit donc pour Constantine, où l'attendaient ses futurs compagnons de route, gagna Biskra avec eux, et, après y avoir organisé sa caravane, se mit définitivement en route pour Ghadamès le 23 novembre.

Suivant encore une fois la route de l'oued Rhir, il alla séjourner, du 29 novembre au 4 décembre, à Touggourt, près de l'agha Ben Driss; ce dernier avait négligé de faire parvenir au medjelès et au gouverneur de Ghadamès des lettres que Largeau lui avait envoyées de France, afin d'annoncer son arrivée et de demander aux Ghadamsi de préparer une caravane de marchandises qu'il aurait ramenée en Algérie. La négligence de l'agha de Touggourt devait donc rendre plus difficile la mission que s'était proposée le voyageur.

Largeau quitta Touggourt pour se rendre à El Oued, où il arriva le 7 décembre; il y séjourna six jours, temps nécessaire pour décider son itinéraire. Son intention première avait été de se rendre à Aïn el Kadra, point où Dournaux-Dupéré avait cessé de relever le bras oriental de l'Igharghar et de continuer jusqu'à Ghadamès son itinéraire à travers les grandes dunes de l'Erg; mais le bruit avait couru que des bandes de Touareg avaient été vues dans le bassin inférieur de l'Igharghar, et les chameliers refusèrent à Largeau de le conduire par la route qu'il désirait.

Il prit alors la décision de prendre le chemin qu'il avait déjà suivi à son retour de Ghadamès et qui passe par bir Djedid ; mais, avisé au moment de partir, que des Chaamba insoumis, dont Bou Saïd et son frère, les meurtriers de Dournaux-Dupéré et Joubert, se trouvaient dans ces parages, il résolut de prendre plus à l'est et choisit la route qui passe à Berresof.

Parti d'El Oued le 13 décembre, il arriva le 20 à Berresof, par Zemlet et Tiour, Zemlet el Haouaziz, bir es Sahin, bir Mouy Ahmed, bir Djebali et bir Touân. Après trois jours de repos à Berresof, il reprit sa route par le ghour El Ligya et rejoignit auprès du ghour El Ghorrafa l'itinéraire qu'il avait suivi, en revenant de Ghadamès, au mois de mars de la même année ; il le doubla, mais en sens inverse, jusqu'à Ghadamès même, où il arriva le 5 janvier 1876.

A peine installés à Ghadamès, les voyageurs reçurent successivement la visite des membres du medjelès et des autres principaux négociants, dont plusieurs manifestèrent spontanément l'intention de les suivre en Algérie avec quelques charges des différentes marchandises qu'ils reçoivent de Rhât et du Soudan ; ils ne pouvaient envoyer plus de produits, leurs caravanes étant déjà parties à cette époque pour Tripoli. N'ayant pas été prévenus, par la faute de l'agha de Touggourt, du retour de Largeau, ils ne comptaient plus sur sa venue, et il ne leur restait plus que peu de marchandises.

De son côté, le Gouverneur convoqua le medjelès

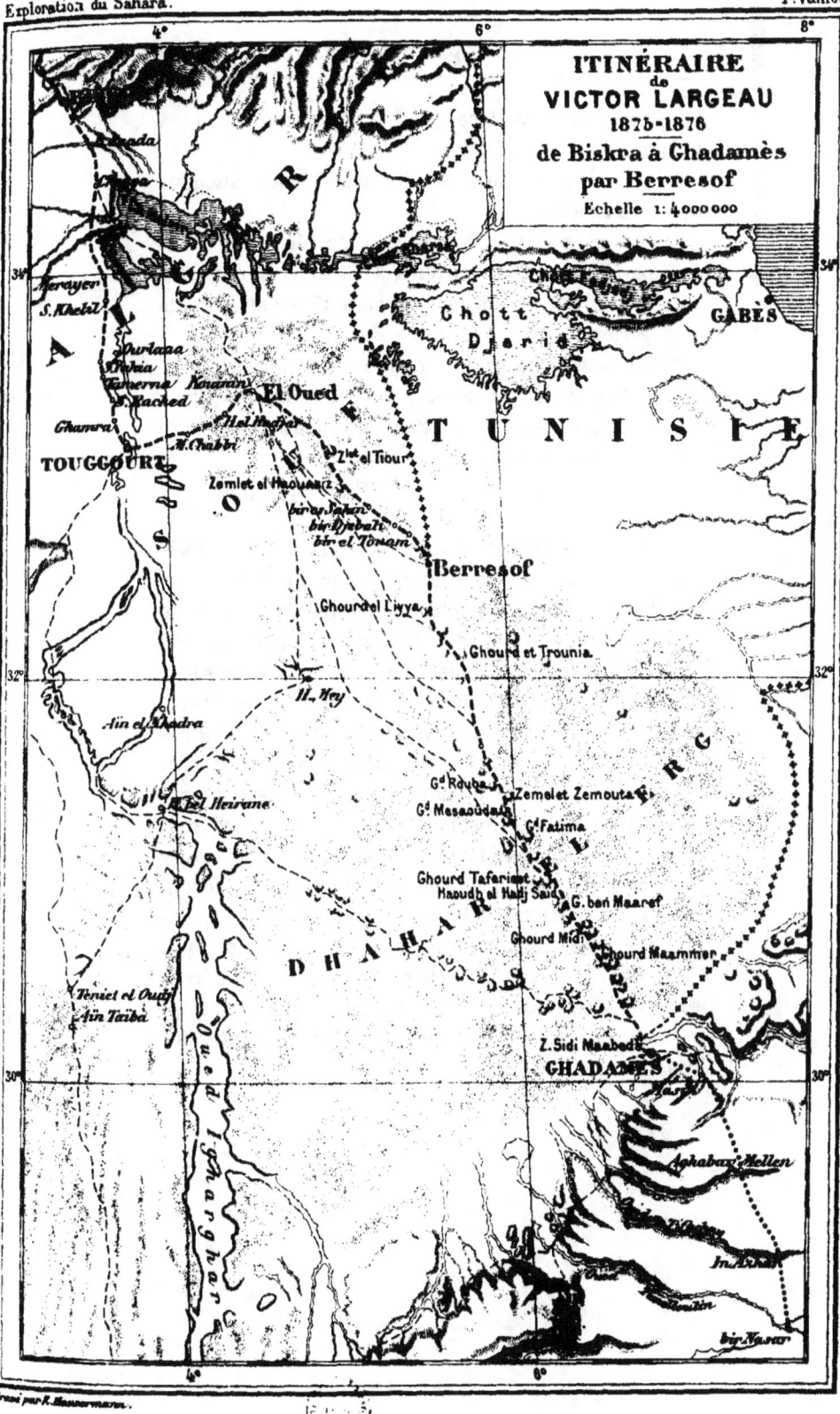

et exposa au Conseil ce que les voyageurs avaient à lui communiquer. C'était :

1° Que les négociants de Ghadamès étaient attendus par les Français ;

2° Que s'ils ne trouvaient pas à se défaire de leurs marchandises à El Oued ou à Touggourt à des conditions suffisantes, ils leur en garantissaient la vente en Algérie aux prix ordinaires de Tripoli ;

3° Qu'ils seraient traités comme des Français ;

4° Qu'ils seraient conduits, s'ils le désiraient, dans nos centres de fabrication, afin qu'ils pussent s'entendre directement avec les fabricants ;

5° Enfin, que protection leur était assurée pour leur retour.

Un certain nombre de négociants promirent formellement à Largeau de l'accompagner avec quelques marchandises. Tout semblait présager le succès de cette tentative commerciale. Largeau voyait le moment où le chiffre de sa caravane arriverait à cent chameaux, chargés de plumes d'autruche, de peaux de panthère, de défenses d'éléphant, de musc, de cire, et d'autres produits du Soudan ; il avait même fixé son départ au 7 février, lorsque le 25 janvier les négociants qui s'étaient engagés si formellement à le suivre vinrent lui dire que toutes leurs sympathies étaient pour les Français, mais qu'à leur grand regret, ils étaient obligés de se dédire. Ils reculaient, avouèrent-ils, devant les menaces indirectes du pacha de Tripoli qui, ne pouvant s'opposer ouvertement à leur essai de transactions avec nous, ne les en punirait pas moins en les accablant d'amendes pour les motifs les plus futiles.

Il convient d'ajouter que le pacha qui commandait la Tripolitaine à l'époque du premier voyage de Largeau, un an avant, était un homme s'intéressant sérieusement au développement commercial du pays qu'il administrait; il avait eu connaissance du voyage de Largeau à Ghadamès, s'était renseigné sur ses projets, et avait reconnu que des relations avec l'Algérie ne pouvaient être que favorables au commerce de Ghadamès.

Le consul anglais de Tripoli, voyant que le marché de Tripoli, qui est en grande partie entre les mains des maisons anglaises, allait diminuer d'importance, ne perdit point de temps : il réussit à obtenir de la Porte le déplacement du pacha, qui fut envoyé dans l'Yémen, et le successeur qui lui fut choisi était tout prêt à servir les visées du consul anglais. La France avait pourtant, elle aussi, un agent diplomatique à Tripoli ; il faut croire que ce fonctionnaire ne fit que se désintéresser de cette question, si importante cependant pour le commerce français et pour l'avenir commercial de l'Algérie. Quoi qu'il en soit, la tentative de Largeau devait échouer par la faute des intrigues anglaises, ourdies à Tripoli.

Le medjelès se réunit le 27 janvier 1876. Largeau exposa à l'assemblée tous les avantages que retirerait la ville d'un commerce suivi avec l'Algérie : les négociants de Ghadamès doubleraient le chiffre de leurs opérations et obtiendraient en même temps, par la concurrence, les marchandises d'Europe à des conditions infiniment meilleures que celles que leur imposaient les maisons de Tripoli. Ce fut en vain qu'il parla. Les craintifs négociants de Ghadamès redoutaient de mécontenter le pacha de Tripoli, et maintinrent leur refus d'envoyer des marchandises sur nos marchés algériens.

Il ne restait plus à Largeau et à ses compagnons qu'à songer au retour. Ils avaient fixé leur départ au 8 février, lorsqu'arriva la nouvelle que Bou Saïd et son frère El Madani venaient de rhazzier une caravane à peu de distance au sud-est de Ghadamès, sur la route qui va, par Masin et bir Nacer, dans la direction de Mourzouk.

Le Gouverneur voulut se mettre à la poursuite des pillards, mais sur les dix hommes formant la garnison turque, quatre seulement possédaient un cheval capable de fournir une étape; ceux des habitants de Ghadamès qui étaient possesseurs de chameaux coureurs les avaient envoyés en toute hâte hors de la ville, de peur qu'on ne les forçât à se joindre à l'expédition. Aux quatre soldats qu'il avait pu mettre en ligne, le Gouverneur demanda à Largeau de joindre les douze Souafa qui l'avaient accompagné d'El Oued. Ceux-ci ne demandèrent pas mieux, et ils partirent tous, montés sur leurs mehara, à la recherche du rhezzou. Un Chambi qui se trouvait alors à Ghadamès, Moulay el Arbi, ennemi personnel de Bou Saïd et de son frère, se joignit à la petite troupe.

L'expédition trouva bien vite les traces du rhezzou, et se lança sur sa piste, laissant en arrière les soldats turcs dont les chevaux étaient épuisés. Les pillards furent rejoints dans la hamada El Homra, un peu au sud du bir Nacer, et dispersés à coups de fusil; ils eurent cinq tués, dont le frère même de Bou Saïd, et huit blessés. Du côté des Souafa il y eut deux morts, un Soufi d'El Oued et Moulay el Arbi.

Les négociants de Ghadamès, délivrés, grâce aux Souafa, de la terreur que leur inspirait Bou Saïd, qui rhazziait sans cesse leurs caravanes, refusèrent à ceux qui leur avaient rendu ce service un seul mot de remerciement ; ils ne voulurent même pas entendre parler de payer la *piya* (prix du sang), pour la mort du Soufi qui avait été tué pour eux et qui était père de trois enfants.

Poussé à bout par tant d'ingratitude, Largeau et ses compagnons rompirent toutes relations avec les habitants de Ghadamès, et, le 20 février, reprirent la route d'El Oued, par le même itinéraire que celui qui avait été suivi à l'aller.

Arrivé à El Oued le 7 mars, Largeau en repartit avec ses compagnons, passa à Touggourt (12-15 mars) et rentra enfin à Biskra le 22 mars, après quatre mois d'absence.

∴

Largeau n'avait pas voulu accorder sa confiance aux quelques Touareg détenus à Alger, et que le Gouvernement général lui avait proposés comme guides pour le conduire vers le Sud. Mgr Lavigerie, archevêque d'Alger, fut moins bien inspiré, et cette confiance mal placée coûta la vie à trois missionnaires, les Pères Paulmier, Ménoret et Bouchand.

Le cardinal Lavigerie avait rêvé de porter la foi catholique au centre de l'Afrique et espéra pouvoir y arriver par la voie du Sahara : il créa les Pères Blancs, et résolut d'échelonner, sur les routes de caravanes, des stations de missionnaires. La première qui fut établie en dehors des centres européens fut celle de Metlili, dans le Mzab, en 1874.

De cette ville, les Pères Paulmier et Kermabon poussèrent une pointe jusqu'à El Goléa, dans le but d'étudier sur place les routes allant vers l'intérieur et de préparer un voyage plus lointain. Arrivés à El Goléa le 24 mars 1875, ils en repartirent peu de jours après pour rentrer à Metlili. Leur itinéraire, doublant des routes déjà connues, ne présente aucun intérêt géographique.

Peu après ce voyage des Pères Blancs à El Goléa, les Touareg détenus alors à Alger offrirent à l'archevêque de conduire les missionnaires qu'il voudrait bien leur confier aussi loin qu'ils le désireraient. Le cardinal Lavigerie, sans s'inquiéter du peu de garanties que présentaient des gens que l'on pouvait soupçonner à juste titre de n'être que des pillards et des coupeurs de routes, ajouta foi à leurs protestations de dévouement; il désigna, pour tenter ce voyage, les Pères Paulmier, Ménoret et Bouchand.

Ils quittèrent Metlili vers la fin de décembre 1875 et s'avancèrent jusqu'au delà d'El Goléa, sur la route d'Hassi Inifel; c'est un peu avant d'arriver à ce dernier point qu'ils furent massacrés par les Touareg qui les accompagnaient, désireux de s'emparer de l'argent dont ils croyaient les Pères porteurs.

Leurs corps furent retrouvés par des chasseurs d'autruches appartenant à des tribus des environs d'In-Salah, sur la hamada qui sépare El Goléa du Hassi Inifel; les cadavres étaient à demi couchés les uns sur les autres, la tête complètement séparée du tronc. Le serviteur arabe qui les suivait, massacré comme eux, avait le corps criblé de blessures, mais la tête n'avait pas été tranchée. Ce traitement différent infligé aux missionnaires et à leur serviteur semble indiquer que le vol n'était pas le seul mobile de ce crime; car, dans les habitudes musulmanes, la tête n'est jamais tranchée à un mahométan : ce supplice est réservé aux « roumis » mis à mort en haine de leur race ou de leur foi.

.*.

Plus perspicace que les Pères Paulmier, Ménoret et Bouchand, Largeau avait échappé au sort qui lui aurait été infailliblement réservé s'il avait ajouté foi aux protestations amicales des Touareg qui lui avaient été proposés comme guides à Alger; il n'en résolut pas moins de tenter, lui aussi, de pénétrer au Tidikelt d'abord, puis, si possible, de continuer sa route vers la vallée du Niger.

Largeau projetait de suivre, comme itinéraire, pour se rendre à In-Salah, la vallée de l'oued Miya, qui n'avait pas encore été relevée; il partit pour Alger, afin d'y recueillir pour ce voyage des fonds à ajouter à ceux que différentes sociétés de géographie lui avaient alloués déjà. Assuré d'une somme s'élevant à 25,000 francs environ [1], il se rendit tout d'abord à Biskra, pour s'y organiser [2].

[1] Conseils généraux de la Seine et des Deux-Sèvres ; 500 francs. — Souscriptions de la Société de géographie de Paris : 8,500 francs. — Souscriptions à Marseille : 700 francs; — à Alger : 920 francs. — Gouvernement général : 1re subvention : 1,000 francs; — 2me subvention : 500 francs. — Ministère de l'Instruction publique : 10,000 francs. — Revilliod, de Genève : 2,500 francs. — Desaivre, à Niort : 100 francs.

[2] Tandis que Largeau quittait Alger pour se rendre à Biskra, son ancien compagnon de route, M. Say, quittait également Alger, le 12 décembre 1876, pour se rendre à Ouargla par la route de Laghouat; son intention était de se rendre chez les Ahaggar, et il emmenait avec lui trois compagnons de route qui projetaient d'entrer en relations commerciales avec les tribus touareg du massif central. A Ouargla les voyageurs se procurèrent comme guide un Oulad Sidi Moussa nommé Cerhir ben Cheik, qui s'adjoignit quelques autres individus de la même tribu. Ils conduisirent M. Say et ses compagnons jusqu'à Temassinin, par Aïn Taïba et El Biodh;

Avant de quitter Paris, il avait pu obtenir, par l'entremise de M. Tissot, ministre plénipotentiaire de France au Maroc, une lettre du sultan du Maroc, et une autre du grand chérif d'Ouezzan, toutes deux recommandant le voyageur aux tribus qui, dans le Sud, reconnaissent leur autorité religieuse.

Largeau partait donc avec toutes les chances de succès : une somme plus que suffisante — Caillié, avec une somme douze fois moindre, avait traversé toute l'Afrique du nord-ouest —, et des lettres qui, entre les mains de Soleillet, eussent permis à ce dernier voyageur d'entrer à In-Salah. Nous verrons pour quelles causes il échoua dans sa tentative et ne put s'avancer qu'à peu de distance au sud d'Ouargla, à peine à la latitude d'El Goléa.

Arrivé à Biskra le 22 janvier, il n'en repartait que le 24 mars, ayant passé plus de *deux mois* à s'organiser; il se rendit alors à Touggourt par petites étapes, et y perdit un mois encore, du 3 avril au 12 mai.

Au lieu de se rendre à l'évidence et de reconnaître qu'il allait se trouver obligé d'attendre, soit à Touggourt, soit à Ouargla, la fin des chaleurs, et qu'il serait très onéreux de payer, pendant cinq mois, les guides, serviteurs et nombreux chameliers qu'il venait d'engager pour l'accompagner et convoyer tous les ballots de marchandises et provisions de toutes sortes qu'il avait achetées, Largeau conserva près de lui sa caravane entière, et alla passer tout l'été à Ouargla.

---

mais, devant les menaces qui leur furent faites par d'autres Touareg, ils ne voulurent point dépasser ce point et ramenèrent précipitamment les voyageurs vers le Nord. Le 10 juin, M. Say était de retour à Ouargla et y trouvait Largeau qui attendait le moment favorable pour remonter la vallée de l'oued Miya.

En plus de cette dépense considérable et inutile, Largeau fit tellement d'avances de gages et donna tant de gratifications à des Arabes qui ne voulurent plus le suivre au moment du départ et qu'il dut remplacer par d'autres, que, lorsqu'il voulut enfin quitter Ouargla et se mettre en route, le 11 septembre, il s'aperçut que l'argent qui lui restait lui permettait à peine de gagner le Tidikelt !

De Ouargla, Largeau passa à la petite oasis de Rouissat, dépassa les ghour Krima et Keriem et s'engagea sur la rive droite de l'oued Miya, dont il continua à suivre la vallée jusqu'au puits de Hassi bou Khenissa, creusé à côté d'une petite koubba élevée, en 1869, en l'honneur de Sidi Abd el Kader. Suivant encore la vallée de l'oued Miya, il s'arrêta successivement au puits du hassi Mohammed ben Aoud, au hassi El Aïcha et au hassi Djemel. Enfin, arrivé au bir Zmeila, il rencontra un marabout venant du Tidikelt et se rendant à Ouargla; il était porteur d'une lettre de la djemaâ d'In-Salah, adressée aux notables des Chaamba d'Ouargla, et leur demandant de ne pas conduire d'infidèle au Tidikelt; on les prévenait qu'il ne serait pas reçu, « serait-il accompagné du sultan du Maroc lui-même ».

Ces menaces, que certes le cheikh Abd el Kader n'aurait pas osé mettre à exécution contre un homme porteur d'une lettre du sultan, épouvantèrent Largeau; il apprit aussi que le fameux Chambi Bou Saïd, dont il avait fait disperser la troupe et tuer le frère, l'année précédente, près de Ghadamès, par ses Souafa, se trouvait alors dans les parages du hassi Inifel, cherchant quelque mauvais coup à faire.

Largeau fit aussitôt demi-tour, et revint à Ouargla

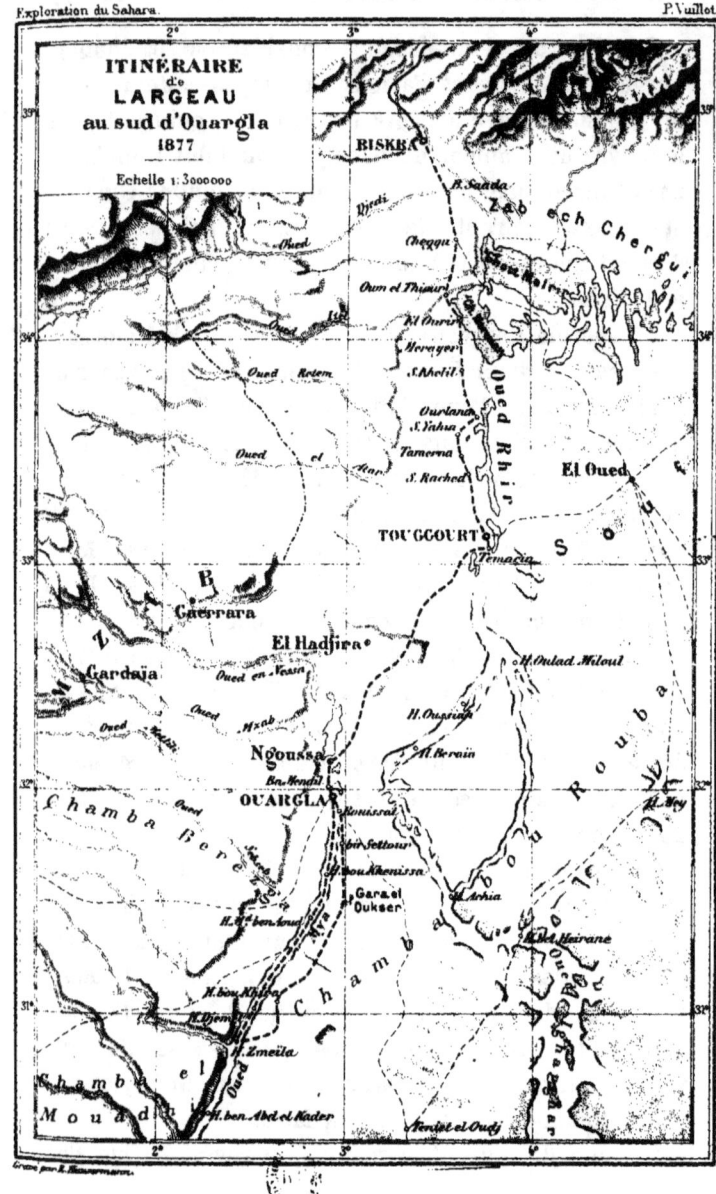

par une route un peu plus orientale, longeant le côté Est de la large dépression qui forme la vallée de l'oued Miya. Le 17 septembre, il était au hassi Bou Kira, le 19 à la gara El Oukser, le 20 au puits comblé de Settour, et le 21 à Rouissat, d'où il fit son entrée à Ouargla.

Aussitôt arrivé, il s'empressa d'adresser des lettres à toutes les Sociétés de géographie de France, pour leur exposer sa situation : toutes les sommes qui avaient été mises à sa disposition se trouvaient épuisées, et il demandait de nouveaux subsides.

Il résolut d'attendre les réponses pendant un mois. N'en ayant reçu aucune, il quitta Ouargla le 25 octobre, gagna Touggourt par la voie la plus rapide et rentra en France par Biskra et Alger.

L'insuccès de cette tentative de Largeau semble tenir à plusieurs causes. Parti trop tard, ayant perdu du temps à organiser sa caravane, les chaleurs arrivèrent juste pour l'empêcher de se mettre en route : ses ressources pécuniaires, déjà fortement diminuées par tous les achats faits à Biskra et même en France, se fondirent comme par enchantement pendant son long séjour à Ouargla, et, tandis qu'il attendait là l'époque favorable pour se mettre en route, le bruit se répandait dans le Sahara qu'il allait tenter de pénétrer vers le Sud. Les djemaâ du Tidikelt eurent le temps de faire parvenir des menaces aux Chaamba qui l'accompagnaient. Bou Saïd et d'autres pillards du Désert eurent tout le loisir d'arriver de l'autre bout du Sahara pour se porter sur la route que devait suivre le voyageur. Une grande rapidité d'action eût empêché toutes ces difficultés. Si Largeau, accompagné seulement de quelques hommes, s'était lancé rapidement dans la direction d'In-Salah, il y serait arrivé avant même qu'en eût appris son départ de Biskra. Porteur d'une lettre du Sultan, sa vie eût été respectée certainement, et son voyage eût été un succès.

Mais il fallait pour cela de la décision, et ne pas s'immobiliser de longs mois avant de se mettre en route; il n'aurait pas fallu, surtout, payer tous ses guides, tous ses serviteurs, avant le moment du départ : c'était bien mal connaître le caractère arabe que de ne pas prévoir qu'une fois payés, ses gens ne lui rendraient aucuns services. N'eût-il pas été plus simple et plus économique de convenir d'un prix à forfait pour tant de journées de route, de déposer la somme convenue chez le caïd ou chez le chef du bureau arabe, et de ne remettre qu'au retour, aux chameliers et muletiers, le prix de leurs services : ses gens eussent ainsi été intéressés à la réussite du voyage et à la vie même du voyageur, puisqu'en cas de trahison ils n'auraient pu revenir chercher leur dû. C'est le seul moyen de voyager avec sécurité dans le Sahara : peu de bagages, très peu d'argent, tous les hommes de la caravane payables au retour : on est sûr, alors, d'une fidélité absolue de la part de tous ceux qui vous accompagnent.

∴

Au moment même où Largeau tentait, nous venons de voir avec quel insuccès, de gagner par le Nord le massif du Ahaggar, Erwin von Bary faisait le même essai par le côté de l'Est. Plus heureux que Largeau, il put laisser à la science de nombreux itinéraires nouveaux, en pays inconnu; mais il paya de sa vie sa tentative aventureuse.

Erwin von Bary avait déjà fait, en 1875, une première excursion, au sud de Tripoli, dans les monts Tarhôna et Gharian. Ayant rapporté de ce court voyage de nombreux documents, très consciencieux au sujet de la géographie et de la géologie de cette région, il attira sur lui l'attention du monde savant en Allemagne.

En 1876, la Société de géographie de Berlin et la Société africaine d'Allemagne chargèrent Bary de la mission de pénétrer dans le massif montagneux, jusqu'alors inexploré, du Hoggar.

Bary ne disposait que de très faibles ressources. Néanmoins, parti de Tripoli le 29 août 1876, il arriva rapidement au sud de la Hamada el Homra, en suivant la route de Barth, Richardson et Overweg (1850); il ne s'en sépara qu'au Teniet el Ardh', à la limite Sud de la Hamada, pour suivre un itinéraire un peu plus oriental, afin d'éviter la traversée de l'extrémité Est des dunes d'Edeyen.

Arrivé à Oubari, dans l'Ouad el Gharbi, le 10 octobre, il se dirigea vers Rhât par la route suivie, mais en sens inverse, en 1861, par Duveyrier. Cet itinéraire passe à Serdelès, contourne au nord les monts Akakou et les dunes de Tesarhart, et redescend sur Rhât par Tarz Oulli.

La ville de Rhât venait d'être réoccupée, à l'instigation du consul anglais de Tripoli, par une petite garnison turque; mais le gouverneur que le pacha leur avait adjoint ne voyait pas son autorité dépasser les murs même de la ville, et les tribus touareg restaient, comme auparavant, seules maîtresses des environs.

Erwin von Bary fut assez bien accueilli par le gouverneur turc; il aurait voulu pouvoir partir de suite vers le Hoggar, mais, à cette époque, les Azdjer étaient en guerre avec les Ahaggar, ce qui rendait impraticable tout voyage chez ces derniers.

Toutefois, comme on entrevoyait une trêve prochaine, Von Bary résolut, en attendant, d'utiliser ses loisirs en explorant la vallée de l'oued Tikhammalt, un des oued principaux qui, du Tassili, descendent vers le Nord ; il réussit à intéresser à ce voyage le chef des Imanghazaten, qui s'engagea à le conduire au Tikhammalt.

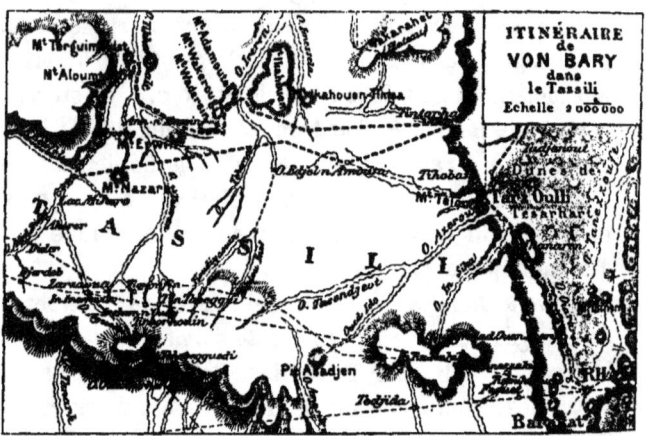

Von Bary partit de Rhât le 22 octobre et, par la vallée d'Ouarâret, arriva, deux jours après, à la source de Tihobar, entourée de tamarins et de palmiers-dattiers. Remontant ensuite le bord occidental de la vallée de Titerhsin, Von Bary contourna le roc de Tintorha pour arriver sur le plateau même du Tassili.

A ce moment, le chef des Imanghazaten qui accompagnait Von Bary, reçut d'Ikhenoukhen une lettre le dissuadant de conduire un étranger dans la vallée

Exploration du Sahara. P.Vuillot

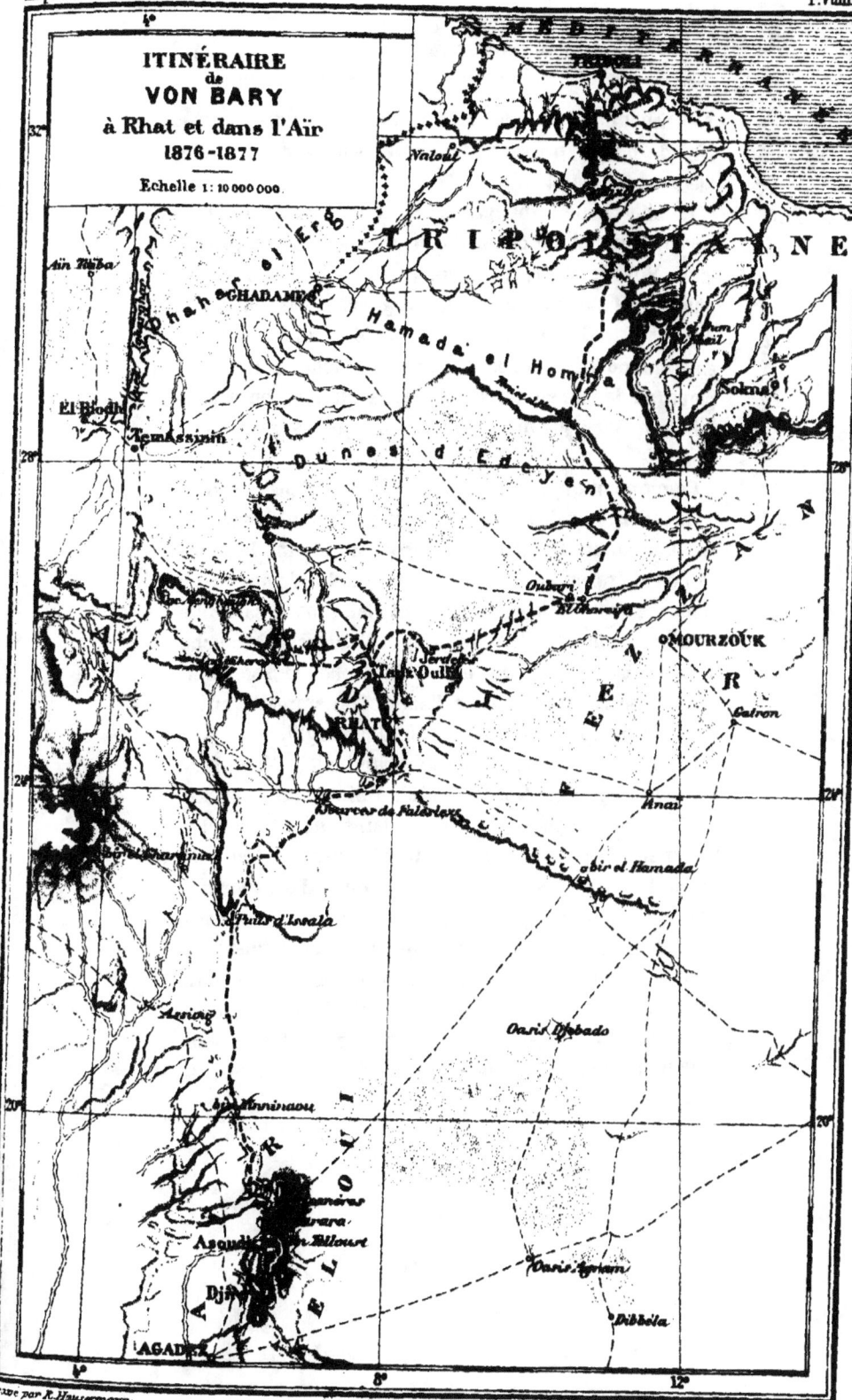

de Tikhammalt, au lac Mihéro et si près du Hoggar, afin de ne pas provoquer chez les Ahaggar un redoublement d'hostilités.

Le cheikh des Imanghazaten fit part de cette lettre au voyageur et lui conseilla de renoncer à son projet; mais Von Bary feignit la colère et déclara que si ses guides refusaient de l'accompagner, — par peur des Ahaggar, — il irait seul au lac de Mihéro. Le cheikh, en s'entendant accuser de peur, se fâcha à son tour, piqua sa lance en terre et s'écria qu'il accompagnerait Von Bary jusqu'au Mihéro, ou qu'il y perdrait la vie.

Ce moment difficile passé, le voyageur reprit sa route en longeant la vallée d'Imassala et en suivant le versant sud des monts Ikahouen; il arrive alors dans la vallée de l'oued Ireren, pleine d'une luxuriante végétation de tamarins et de lauriers-roses, et, laissant à sa droite les monts Adamontel, Wakeroug et Wadersin, à gauche le mont Erwin, il suit la vallée de l'oued Tafelamin jusqu'à sa rencontre avec l'oued Tikhammalt, entre les deux monts Terguimoulet et Aloumtaglil.

Arrivé enfin dans l'oued Tikhammalt, Von Bary y trouve une végétation splendide qui dénote la proximité de la nappe souterraine : tamarins et roseaux y forment de vastes massifs impénétrables; toute la vallée de l'oued est couverte de flaques d'eau permanentes, demeurant après les grandes crûes, et Von Bary y constata même la présence de crocodiles mesurant près de deux mètres : ce sont probablement les derniers représentants des reptiles qui peuplaient tous les oued descendant du plateau central, alors que le déboisement et de nouvelles conditions climatériques, probablement, ne les avaient pas condamnés à n'avoir de l'eau entre leurs berges qu'au moment des grandes crûes.

Von Bary remonta l'oued Tikhammalt jusqu'à la principale de ces flaques d'eau, le lac Mihéro (11 novembre), et, de là, prit la route du retour; il alla rejoindre à Tintorha l'itinéraire qu'il avait suivi en venant, et traversa ainsi tout le plateau du Tassili, qu'il trouva profondément raviné par de nombreuses vallées ayant presque toutes une direction générale sud-nord.

Le 25 novembre 1876, il rentrait à Rhât. La lutte entre les Azdjer et les Ahaggar venait de prendre fin, mais la route du Hoggar n'était encore rien moins que sûre.

En attendant des circonstances plus favorables, Von Bary se décida à entreprendre un voyage dans le massif de l'Aïr, chez les Kel-Oui.

La route qu'il suivit est, à peu de chose près, celle de Barth, jusqu'à la hauteur du puits d'Issala; à partir de ce point, Von Bary descendit droit vers l'Aïr, au lieu de se diriger vers Assiou comme son prédécesseur, et il retrouva la route de Barth au puits de Yinnissaou. Arrivé à Tin Telloust, Von Bary alla visiter la ville de Djiro, ainsi que tout le plateau sur lequel elle est située.

Ce voyage dans l'Aïr, qui dura presque un an, fut pour Von Bary une longue suite d'épreuves des plus décourageantes. A la fin, pillé par le chef targui sous la protection duquel il s'était placé, il rentra à Rhât, le 1ᵉʳ octobre 1877, exténué de fatigue et presque sans ressources.

Le soir même, il rendit visite au gouverneur turc de Rhât, et celui-ci le retint à dîner. Au sortir de table,

Von Bary rentra chez lui et se coucha pour ne plus se réveiller.

Bien que le gouverneur ait fait parvenir en Europe les notes et le journal de route que laissait l'explorateur, il n'en subsiste pas moins un doute sur le rôle qu'il eut dans la triste fin du voyageur, car il avait la réputation d'être fort expert en matière de poison.

Quoi qu'il en soit, la science ne peut que déplorer la mort prématurée de ce voyageur hardi et énergique qui, avec le temps, eût certainement mis à exécution le projet qu'il avait conçu de l'exploration du Hoggar.

Si son long voyage dans l'Aïr n'a que peu d'importance, à cause des nombreux renseignements que Barth avait rapportés déjà sur cette région, il n'en est pas de même pour la pointe hardie qu'il poussa, à travers le Tassili, jusqu'au lac Mihéro.

L'emplacement des différents oued dont les vallées ravinent ce plateau se trouve fixé désormais sur les cartes; il est prouvé de plus, grâce à Von Bary, que toutes ces vallées sont couvertes d'une luxuriante végétation, grâce à l'humidité souterraine, et que, par conséquent, toute cette région est cultivable et coloniable. Elle est, de plus, d'un climat excessivement sain et extrêmement favorable, vu son altitude, aux Européens. Il faut remarquer l'importance que prennent ces renseignements, si l'on songe que la France est appelée à occuper, d'ici peu, et d'une façon effective, la vallée de l'Igharghar d'abord, puis Rhât très probablement. Les parties hautes du Tassili formeront un sanatorium excellent pour nos garnisons anémiées par les chaleurs, et ses vallées fourniront à nos colons de vastes terrains cultivables.

CHAPITRE IX

VOYAGE D'OSKAR LENZ. — VOYAGE DES PÈRES RICHARD
ET KERMABON.

Avant d'aborder la relation des deux seules grandes missions qui aient été envoyées dans le Sahara central par la France, les missions du colonel Flatters, il nous reste à étudier deux tentatives de voyageurs livrés à leurs seuls moyens, toutes deux couronnées de succès : celle du docteur Lenz qui, parti de Tanger, atteignit Timbouctou et regagna la côte par le Sénégal, et celle des Pères Richard et Kermabon qui, de Ghadamès, se rendirent chez les Azdjer, prirent contact avec eux et revinrent sains et saufs à leur point de départ.

Oskar Lenz avait reçu de la Société africaine d'Allemagne, pendant l'automne de l'année 1879, la mission d'étudier les différents massifs de l'Atlas marocain et de donner à son itinéraire, si les circonstances paraissaient favorables, plus d'extension vers le Sud.

Le voyage de Lenz se divise donc tout naturellement en deux parties : la première consiste dans sa traversée du Maroc, de Tanger au petit État de l'ouad Noun (pays de Sidi Hécham); la seconde comprend la traversée du désert, de l'ouad Noun à Timbouctou, puis de cette ville aux postes français du Sénégal.

Avant de se lancer au cœur du Maroc, Lenz tint à faire son apprentissage du pays en allant visiter la ville de Tétouan et le pays des Andjera qui se trouve à la base de la presqu'île de Ceuta. Cette excursion dura dix-huit jours, et lui permit d'apprécier les services d'un Espagnol de Tétouan, Cristobal Benitez, qu'il engagea ensuite pour le suivre dans son grand voyage.

Il s'attacha aussi, à titre d'interprète et de compagnon de voyage, un Algérien de la province d'Oran, Hadj Ali bou Thaleb, un peu parent de l'émir Abd el Kader, et chérif, à ce qu'il prétendait.

Lenz lui exposa son projet de visiter d'abord les deux capitales du pays, Fez et Merakech ou Maroc, puis de franchir l'Atlas et, de là, atteindre un point où se rassemblent les caravanes allant vers Timbouctou. Hadj Ali déclara ce projet praticable. Lenz promit, par devant le ministre d'Allemagne à Tanger, de lui remettre, s'il lui faisait atteindre Timbouctou, la somme de 4,000 francs en outre de tout ce dont il aurait besoin pendant le cours de la route; s'ils ne parvenaient pas à Timbouctou et s'ils étaient obligés de revenir sur leurs pas, il ne recevrait rien. Hadj Ali accepta ces conditions et se montra même très heureux d'entreprendre ce voyage.

Ayant terminé tous ses préparatifs, Lenz se décida à quitter Tanger, et fixa son départ au 22 décembre 1879.

Muni d'une lettre de recommandation qu'il avait obtenue du sultan du Maroc, par l'entremise du ministre d'Allemagne, il était assuré de trouver bon accueil auprès de tous les représentants de l'autorité impériale.

Le premier but qu'il s'était proposé était la ville de Fez; il suivit avec sa petite caravane la voie ordinaire : Dalia, Tletsa et Ksar el Kebir. Il franchit l'oued Sebou à El Hadjira Cherifa et arriva le dernier jour de l'année 1879, après dix jours de route, à la ville qui sert de résidence habituelle au sultan du Maroc.

La première moitié du mois de janvier lui suffit pour visiter la ville et en rapporter une des meilleures et des plus fidèles descriptions qui en aient été faites; le 17, il repart pour Meknès, y séjourne quatre jours et, le 22 janvier, prend la direction de Maroc. Aucun itinéraire direct et sûr n'existant entre ces deux villes, Lenz fut obligé de rejoindre le littoral et de passer par les villes de Salé, de Rabat et de Fedhala; c'est là qu'il quitta la côte de l'Atlantique, qu'il ne devait plus revoir qu'à Saint-Louis du Sénégal.

Lenz séjourna à Maroc, du 14 février au 6 mars; il y fit ses derniers achats, tandis que Benitez allait chercher à Mogador, chez le consul allemand, quelques milliers de francs destinés au voyageur.

Tout étant prêt définitivement pour la traversée du Grand Atlas, Lenz se mit en route pour Taroudant qui se trouve sur l'oued Sous, entre le grand et le petit Atlas; il y arriva par une série de défilés dont le principal est la passe de Bibaouan.

Bien que revêtu d'un costume maure, et se faisant passer pour un médecin turc de Stamboul (Constantinople), nommé Hakim Omar ben Ali, il fut soupçonné par quelques habitants de Taroudant d'être un infidèle : le peuple se préparait déjà à faire un mauvais parti à sa petite troupe, lorsque les autorités de la ville parvinrent à calmer ces fanatiques. Au vu de la lettre du Sultan, le gouverneur « amil » fit camper le voyageur dans la cour de la casbah, ce qui le mit à l'abri de tout retour offensif de la part du peuple.

Lenz demeura dans la capitale de l'oued Sous, du 15 au 18 mars, pour gagner ensuite Iligh (Ilerh) et le petit État de l'ouad Noun. Malgré la mauvaise réputation du cheikh Sidi Houssein qui passait pour être rien moins que favorable aux étrangers, Lenz put jouir à Iligh d'une sécurité relative et ne fut pas retenu prisonnier, comme il avait eu lieu de le craindre un moment. Aussi considéra-t-il comme un véritable succès d'obtenir du cheikh la liberté de faire l'achat de chameaux et la promesse de recevoir un guide pour le reconduire jusqu'à deux journées de route.

Cette bienveillance inattendue n'avait point d'autre cause que la lettre de recommandation que le sultan du Maroc avait accordée au voyageur. Or, bien que l'autorité du Sultan sur les chefs des petits États du Sud marocain soit purement nominale, Sidi Houssein avait tout intérêt à en respecter les termes [1]; mais il se réservait de tendre au voyageur, à sa sortie de son territoire, un piège qu'il jugeait inévitable, tout en mettant sa responsabilité à couvert. Sidi Houssein ne pouvait croire qu'un mobile autre que le négoce ou un pèlerinage fût capable de pousser un être humain hors de son pays. Lenz ne s'étant présenté ni comme négociant ni comme pèlerin, mais comme un médecin désireux de visiter des contrées nouvelles, le cheikh, soupçonneux et mé-

---

[1] D'après P. Bory, *les Explorateurs de l'Afrique*. Tours, 1894.

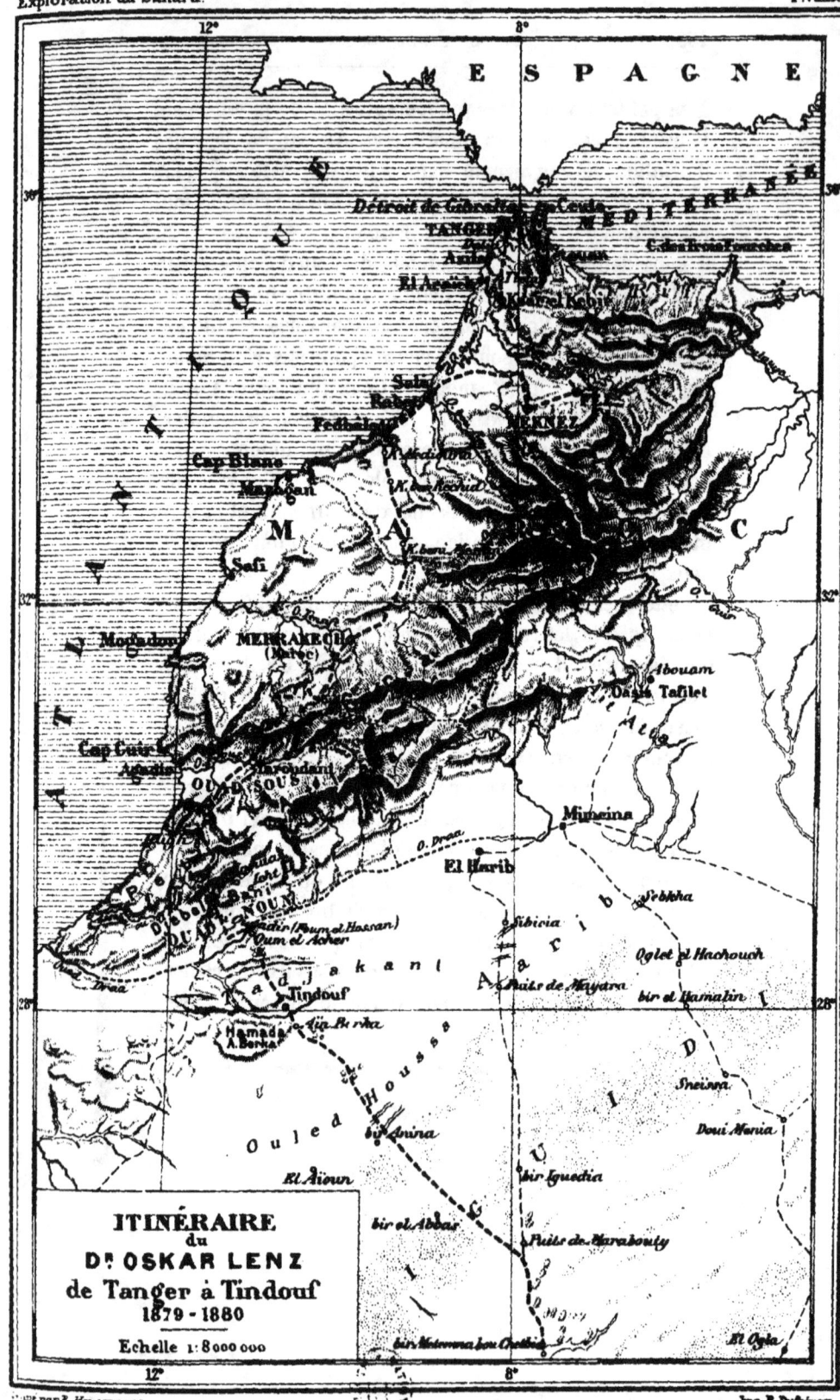

fiant, voulait, par mesure de sûreté, l'empêcher à tout prix de pénétrer dans le Sahara, sans paraître toutefois en opposition avec les ordres du sultan de Fez.

Le 4 avril 1880, Lenz put enfin quitter Iligh, qui disparut bientôt derrière les premières chaînes du Petit-Atlas. A peine partis, les allures du guide devinrent si suspectes que les voyageurs se trouvèrent heureux d'être abandonnés par lui ayant le terme convenu. Un peu plus loin, ils rencontrèrent des hommes qu'ils crurent chargés par Sidi Houssein de leur dresser une embuscade; il se trouvait que c'étaient au contraire des bergers du cheikh Ali, de la ville d'Imi Ougadir (ou Foum el Hossan), homme juste et réputé pour sa bienveillance envers les étrangers.

Le chef de ces bergers déconseilla à Lenz de continuer sa route vers Igouaz et Icht, afin d'éviter certains endroits connus de lui où le cheikh Houssein n'avait pas dû manquer d'aposter ses gens; il l'engagea au contraire à se rendre chez son maître qui, mieux que personne, pouvait lui fournir l'occasion d'aller jusqu'à Timbouctou.

Lenz suivit ces conseils, et reconnut par la suite que cette rencontre des serviteurs du cheikh Ali fut une des causes principales du succès de son voyage, car c'est uniquement la circonstance d'avoir connu le cheikh Ali qui lui permit d'atteindre Timbouctou.

Lenz changea donc sa direction et prit, en compagnie des serviteurs du cheikh, la route de Foum el Hossan; il y arriva le 8 avril, et, en l'absence du cheikh qui était alors sur les bords de l'oued Draâ occupé à surveiller ses récoltes, il fut bien reçu par ses fils et les notables de la ville.

Quelques jours plus tard, le cheikh parut, et il fut possible à Lenz de discuter les chances de réussite que présentait le voyage à Timbouctou; le cheikh déclara le projet de Lenz très exécutable et dirigea en personne les préparatifs nécessaires à la traversée du Désert: il apprit lui-même au voyageur que Sidi Houssein n'avait point abandonné ses mauvais desseins et que, n'ayant pu faire tomber l'infidèle dans son embuscade, il avait dépêché à Foum el Hossan des envoyés pour l'inviter à conduire Lenz à quelque distance dans le Désert et à l'y abandonner, afin de partager ensuite son butin.

Lenz alla passer quelques jours sur les bords de l'oued Draâ, où le cheikh avait encore à surveiller ses récoltes; il partit ensuite pour Tendouf où le cheikh tint à l'accompagner pour s'occuper lui-même de ses derniers préparatifs.

L'époque de la grande caravane annuelle « Kafla el Kebir » allant à Timbouctou était passée, Lenz ne put donc se joindre à elle comme il l'aurait désiré. Le cheikh Ali ne trouvant d'autre part aucun profit à en organiser une pour le voyageur, se borna à lui faciliter les moyens de se mettre en route, et Lenz fut livré à ses seules ressources.

Toujours suivi de ses deux compagnons de route, Benitez et El Hadj Ali, accompagné d'un vieux guide et de quelques serviteurs engagés à Tendouf, il prit congé du cheikh Ali le 10 mai 1880, et s'engagea avec sa petite troupe sur la hamada d'Aïn Berka qui précède la région des dunes d'Iguidi.

Lenz avait été avisé que le cheikh Houssein avait prévenu les Tekna, tribu nomade et quelque peu pillarde des environs, du prochain passage de sa caravane. Aussi, par mesure de prudence, son vieux guide le fit voyager de nuit et en dehors de la piste suivie d'ordinaire. Grâce à cette précaution, Lenz atteignit les dunes d'Iguidi sans avoir fait de fâcheuses rencontres.

Il était réservé à Lenz d'être le premier Européen, témoin, dans cette région, du curieux phénomène des sables sonores dont on connaît quelques exemples en Syrie et dans la presqu'île du Sinaï.

La plus plausible des explications[1] qui aient été avancées pour expliquer ce phénomène, celle à laquelle se range Lenz, est celle-ci : les dunes qui couvrent cette partie du Désert ont deux pentes très différentes : l'une, du côté du vent, faiblement inclinée, et l'autre, plus raide, parfois même très escarpée, du côté opposé[2]. « Quand ces collines sont traversées par une caravane, il s'y produit un déplacement des petits grains de sable fluides et sonores. Ce mouvement, limité d'abord à une très faible étendue, occupe bientôt un espace de plus en plus grand et s'étend comme une avalanche sur toute la pente de la colline. Le déplacement de ces grains a pour résultat de les faire heurter les uns contre les autres, ce qui produit toujours un son, quoique extrêmement faible. De la masse immense des grains de sable mis en mouvement et de la réunion des sons isolés, si petits qu'ils soient, provient alors un bruit qui, dans l'Iguidi comme dans la presqu'île du Sinaï, peut acquérir une intensité tout à fait extraordinaire. »

Lenz avait laissé à sa droite le bir Anina, craignant d'y tomber dans quelque embuscade. Pour la même rai-

[1] Bory. *Loc. cit.*
[2] Lenz. *Voyage à Tombouctou.* Paris, 1887.

son il évita le bir El Abbas qui se trouve au centre même des dunes de l'Iguidi, passa au sud du puits de Marabouty; il trouva alors la route ordinaire des caravanes allant de Timbouctou au Maroc, celle qu'avait parcourue si péniblement René Caillié; mais il ne la suivit pas exactement, toujours par mesure de sécurité. Il fut cependant obligé de renouveler sa provision d'eau au puits de Tarmanant et à ceux de l'oued Teligh, près de la ville de Taoudéni; il n'osa pas, toutefois, aller visiter cette ville, malgré tout l'intérêt que pouvaient lui offrir les gisements de sel gemme qui s'y trouvent en abondance.

Des puits de Teligh à Araouan, Lenz suivit à peu près la route commune, mais en obliquant légèrement à l'ouest, pour passer au bir Ounan. Le 10 juin, après trente jours de route, Lenz faisait son entrée dans la petite ville d'Araouan. Grâce aux lettres de recommandation du cheikh Ali, il fut fort bien accueilli par le chérif de la ville, Sidi Amhamid bel Harib, qui mit une maison à la disposition du voyageur. Il ne put cependant séjourner longuement à Araouan, ayant, tout comme Caillié, énormément à souffrir de la mauvaise situation de la ville. Bien que les puits y soient nombreux et l'eau excellente, les dunes qui l'enserrent de toutes parts y élèvent la température au point de la rendre insupportable, même aux habitants. Un vent quotidien, brûlant et chargé de sable embrasé, vint compléter les charmes de la ville.

La tribu arabe des Berabich s'étant arrogé le monopole des transports entre Araouan et Timbouctou, Lenz vendit ses chameaux, renvoya le vieux guide qu'il avait engagé à Tendouf, et loua aux Berabich les chameaux qui lui étaient nécessaires. Aussitôt ces opérations terminées,

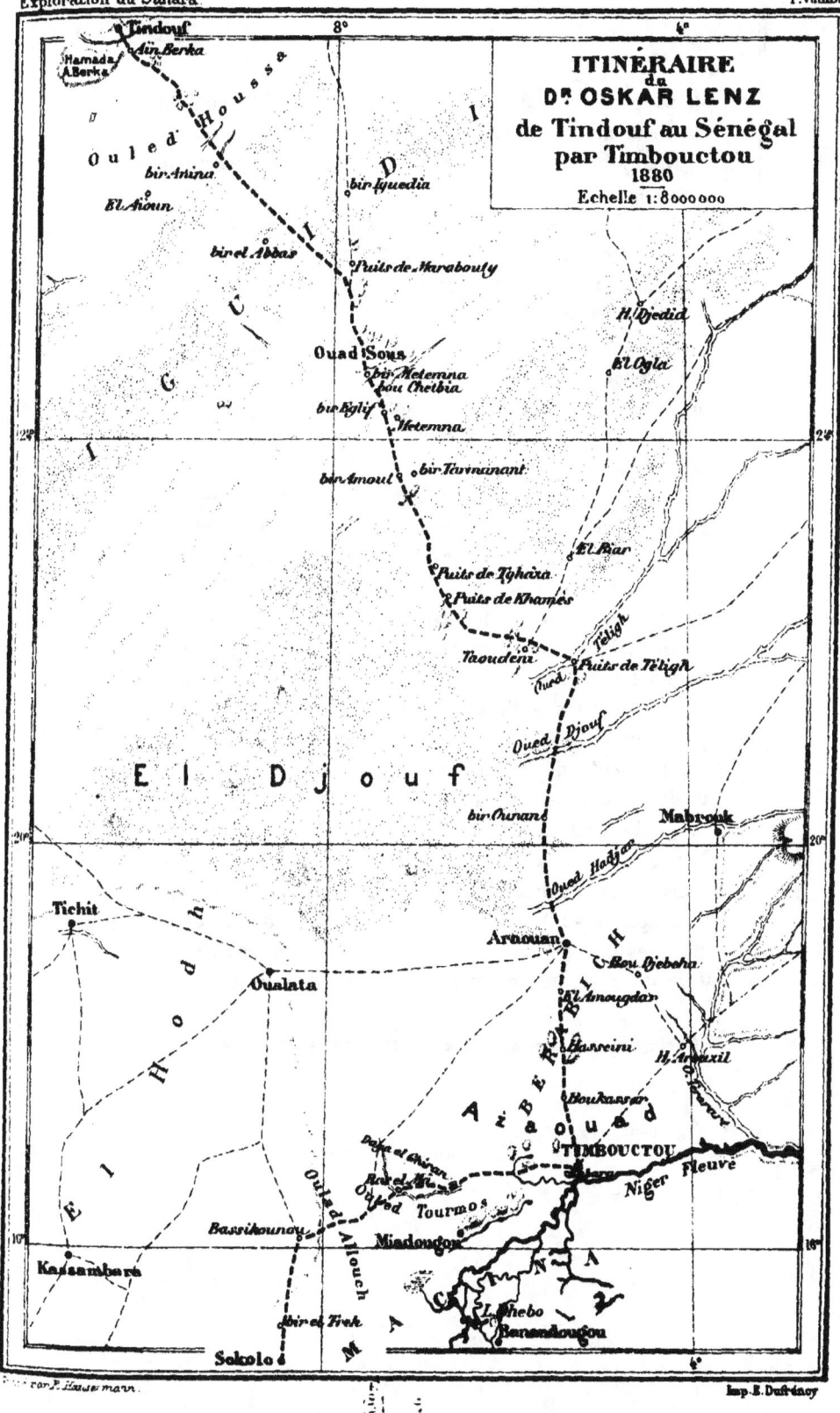

le 25 juin, il se hâta de quitter Araouan dont le climat malsain menaçait d'ébranler sa santé.

Neuf jours de route à travers une plaine couverte de mimosas amenèrent Lenz aux portes de Timbouctou le 1ᵉʳ juillet 1880. Succédant à Imbert, à Laing, à Caillié et à Barth, il se trouvait être le cinquième Européen qui ait pu réussir à arriver près de cette ville.

A son grand étonnement, il fut reçu amicalement par la population, et complimenté par le Kahia[1] sur l'heureuse issue de son long voyage. L'hospitalité lui fut offerte dans une maison gaie et agréable, dans laquelle, dit-il, il a passé quelques-unes des meilleures journées de sa vie.

Lenz aurait vivement désiré prolonger son séjour à Timbouctou, mais la saison s'avançait, et, de plus, le manque d'argent le força à penser au départ.

Trois routes s'offraient à lui : l'une, par le massif central du Sahara et le pays targui; elle lui parut peu sûre, malgré les assurances et les protestations de dévouement de tous les Touareg qu'il avait vus à Timbouctou. La route d'Hamd-Abdalahi et du Macina était peut-être la plus directe, mais le caractère fanatique des habitants de ce pays ne fut pas sans lui inspirer quelques craintes; il se décida finalement à gagner le poste français de Médine par Basikounnou et Nioro.

Lenz ne resta donc que dix-huit jours à Timbouctou; ce temps lui suffit du reste pour se rendre compte des quelques changements qui s'étaient opérés, depuis Barth, dans la situation politique et commerciale de la ville.

---

[1] Magistrat municipal chargé des affaires intérieures de la ville.

Le cheikh Ahmed el Bakkay était mort; son fils Abadin lui avait succédé et eut à honneur de maintenir la renommée dont son père avait joui comme protecteur de Barth, en ne se livrant contre Lenz à aucun acte d'hostilité; mais il se tint envers lui sur une réserve excessive qui ne s'explique que par ce fait qu'Abadin appuyait alors sa politique sur les Foulbé, tandis que son père favorisait plutôt le parti des Touareg, beaucoup moins fanatiques.

La situation commerciale s'était modifiée également. En exceptant le trafic du sel venant de Taoudini, et des noix de kola venant du Sud, l'importance de Timbouctou comme marché commercial avait encore diminué, par suite des rivalités constantes entre les Foulbé et les Touareg: l'insécurité des routes éloignait la plus grande partie des caravanes.

Le 18 juillet 1880, Lenz quitta Timbouctou, recevant des habitants un adieu tout à fait cordial. Des chefs des tribus touareg campées aux environs vinrent eux-mêmes, suivis de tous leurs gens, faire une dernière visite au voyageur.

Se dirigeant vers Basikounnou, il fit route avec une partie de la tribu des Ouled Tourmos, et, forcé de se conformer aux habitudes de ses nouveaux compagnons, pour lesquels, en leur qualité d'Arabes, le temps est sans valeur, il ne put faire que des étapes écourtées d'une manière invraisemblable. A part un conflit, résolu pacifiquement, avec les Ouled Allouch qui voulaient refuser le passage à ses compagnons Tourmos, il arriva sans encombre à Basikounnou. Les habitants le reçurent cordialement, bien que sa qualité de chrétien eût été immédiatement connue dans la ville; mais, au delà, et jusqu'à Médine, il fut odieusement rançonné par tous les chefs des villages par lesquels il se trouvait obligé de passer. Le cheikh de Nioro, entre autres, le dépouilla de tout ce qui lui restait; mais, quelques jours après, le 1er novembre, il recevait des officiers français du fort de Médine une réception enthousiaste.

Son arrivée fut annoncée par le télégraphe au gouverneur du Sénégal. Celui-ci, qui était le général Brière de l'Isle, transmit la nouvelle à la Société de géographie de Paris et donna les ordres nécessaires pour faciliter le retour du voyageur par la voie du fleuve.

Si le docteur Oskar Lenz n'a guère pu fournir de renseignements nouveaux sur Timbouctou[1], cela tient à l'immobilité des mœurs et de toutes choses en pays d'Orient, ainsi qu'à la fidélité des récits de Barth, dont le séjour prolongé a singulièrement servi ses études; mais il a enrichi la géographie d'une route encore inconnue en Europe, à travers le Sahara marocain, et son itinéraire de retour par le Sénégal a fait connaître quelques points inexplorés avant lui.

A ce titre, il peut et doit être compté au nombre des explorateurs ayant fourni sur le Sahara d'utiles et nouvelles données.

∴

Nous avons vu quel fut l'insuccès et la fin malheureuse des Pères Paulmier, Ménoret et Bouchand que Monseigneur Lavigerie avait envoyés en 1875 au sud d'El Goléa. L'éminent archevêque d'Alger ne se découragea pas et résolut de tenter la voie de Ghadamès.

---

[1] Paul Bory. Op. cit., *passim*.

Pour exécuter son plan, il commença par créer une station à Ouargla[1], dont il nomma supérieur le Père Richard. Ce missionnaire fut chargé d'étudier les moyens de pénétrer dans le centre africain par le sud de la Tripolitaine.

En mars 1878, nous le trouvons à Ghadamès, où il s'est rendu seul pour exciter moins de défiance. Quelques mois après, le 26 novembre, il était rejoint par les Pères Guillet et Kermabon.

Les missionnaires, tout en cherchant à gagner l'affection des indigènes par l'exercice de la charité, s'efforçaient de réunir tous les renseignements nécessaires pour pousser plus loin leur voyage. Ainsi, en mai 1879, les Pères Richard et Kermabon furent envoyés par leurs supérieurs chez les Azdjer, avec la mission d'étudier cette région, de se mettre en rapport avec les habitants et les chefs, et de chercher le point le plus favorable à l'établissement prochain d'une station de missionnaires au milieu de ces peuplades, les seules qui conduisent les caravanes à destination du Soudan.

Le 21 mai, les deux Pères quittaient Ghadamès en compagnie de deux Touareg de la tribu des Ifoghas et d'un Chaambi[2] d'Ouargla. Laissant à l'ouest la route que Duveyrier suivit pour atteindre l'oued Timisit, les puits de Timelloulen et le réservoir d'Ohânet, les Pères prirent une direction S.S.E. dont ils ne devaient plus dévier jusqu'à la naissance de l'oued Timisit. Ils descendirent tout d'abord dans la dépression de l'oued Kabo.

---

(1) Cette mission fut abandonnée quelques mois plus tard, puis rétablie.
(2) Chaambi, singulier de Chamba. Les Chamba se divisent en trois fractions principales : les El Mouadhi qui vivent au sud d'El Goléa, les Berezga qui habitent au sud du Mzab, et les Bou Rouba dont les territoires de parcours se trouvent au sud de Ouargla.

Cet oued vient de l'est où il a un point commun avec l'oued Abd-Allah qui n'est autre que la tête de l'oued Mareksan; aux années de pluies il va se décharger dans les sables de l'Erg qui se trouve entre Ghadamès et la vallée de l'Igharghar. De l'oued Abd-Allah, la petite caravane franchit successivement l'oued Djennebri (oued Imoulay el Cherguy dans sa partie inférieure), l'oued Imoulay el Gharbi, l'oued Timisit près de sa tête, et arriva ainsi sur la première marche du plateau de Tinghert; elle traversa ensuite l'oued Tifachay et trouva, dans la vallée de l'oued Ekouaz une dépression qui, ayant conservé l'eau des dernières pluies, était couverte d'une végétation luxuriante.

Entre les oued Tahala et Inedoy, les missionnaires achevèrent de franchir le plateau qui forme l'extrémité occidentale de la hamada El Homra et arrivèrent dans la vallée de l'oued Ohanet. A peu de distance d'un de leurs campements, dans les premiers mamelons des dunes d'Adehi-n-Ouaran, se trouve le point où furent tués Dournaux-Dupéré et Joubert. Vainement ils demandèrent à leurs guides de les conduire en cet endroit; ils s'y refusèrent, confus sans doute de leur montrer le lieu d'un massacre dans lequel les Ifoghas avaient été pour quelque chose. Ils durent donc passer sans pouvoir creuser une tombe aux restes des deux infortunés voyageurs.

Les Pères Richard et Kermabon traversèrent les dunes d'Adehi-n-Ouaran, longèrent les gour d'Ayderdjan et, coupant les dunes de Tidjedakannin, gravirent peu à peu, par Tadjentourt et la vallée de l'oued Tiguentory, le plateau d'Eguelé; ils passèrent ensuite de la vallée d'Assekkifaf au plateau de Timozzoudjen, et arrivèrent enfin à l'oued Tikhammalt, dans la plaine d'Isoulân-n-Emôhagh; ils entraient dès lors dans les territoires de parcours des Imanghasaten[1].

« Je demeurai émerveillé, dit le Père Richard, du spectacle qui s'offrit à mes yeux : de grands arbres, des prairies immenses et verdoyantes, de nombreux troupeaux de chameaux et de moutons dispersés çà et là; ce n'était plus le désert, c'était la fécondité, c'était la vie, c'était un coin de notre France; c'était du moins une agréable surprise dont je garderai longtemps le souvenir. »

Les quelques Imanghasaten qui se trouvaient campés dans cette région appartenaient à la nezzla du targui Aïssa ben Noumen; ils reçurent parfaitement les voyageurs :

« Soyez les bienvenus, leur dirent-ils, vous n'avez rien à craindre ici; nous avons déjà entendu parler de vous, ayez confiance au milieu de nous », et ils leur offrirent une diffa abondante.

Sur l'invitation de ces Imanghasaten, les Pères s'arrêtèrent une journée en cet endroit, et allèrent visiter le « redir » ou lac temporaire de Saghen, qui se trouve à l'extrémité de l'oued Tikhammalt.

« Il nous fallut, raconte le Père Richard dans son journal de route, deux heures d'une bonne marche pour traverser les immenses prairies que nous avions

---

(1) D'après Duveyrier, les Imanghasaten se divisent en trois fractions : les Tédjéhé-n-Abbâr, les Inannakâten et les Tédjéhé-n-Bedden; leurs serfs forment les tribus des Isesmodan, des Ikhelezhzhân et des Kel-Touan. De plus, ils ont, comme les Imanan et les Orâghen, une partie des Kel-Tamelrhik. Les nobles habitent alternativement la vallée du Tikhammalt et le Fezzan, tandis que les serfs ont pour campement les vallées du Tassili et l'ouadi El Gharbi.

aperçues l'avant-veille du haut de la berge du fleuve; puis nous coupâmes un petit plateau pierreux, et nous arrivâmes au bord du vaste marécage de Saghen. Ce marécage, réceptacle des eaux du Tikhammalt, est formé de nombreuses flaques d'eau, séparées entre elles par des talus peu élevés et couverts de hautes jungles. Des tamarins croissent au milieu du redir, et leurs nombreuses broussailles, qui sont plutôt des arbres par leur élévation, donnent au Saghen l'aspect d'une véritable forêt. Des nuées de poules d'eau nagent sur ces flaques ombragées, ainsi que des cigognes, des canards sauvages, et plusieurs autres variétés d'oiseaux aquatiques. »

Le chef des Imanghasaten, Fenaït, se trouvait alors campé auprès du lac temporaire de Mihéro; les missionnaires résolurent d'aller le trouver dans ses tentes, et quittèrent la plaine d'Isoulan pour remonter la vallée du Tikhammalt.

Le 5 juin 1879, les voyageurs arrivaient au campement du chef des Imanghasaten. Après les compliments de bienvenue, le Père Richard lui remit les lettres de recommandation que le consul général de France à Tripoli lui avait fait obtenir du mokaddem des Tidjani de Temacin, et l'avisa qu'il en avait de semblables pour Ikhenoukhen et son fils.

Fenaït se montra très flatté de ces lettres; mais, ne sachant pas lire, il fit partir immédiatement un mehari pour ramener près de lui un *thaleb* d'un campement voisin qui pût lui en donner connaissance. Un autre mehari partit aussi pour aller informer de l'arrivée des missionnaires Ikhenoukhen, alors campé dans la vallée de l'oued Tarat, à peu de distance vers l'Est.

« Fenaït, raconte le Père Richard, est un homme de quarante-cinq ans, d'une taille avantageuse, aux larges épaules, à la tête droite et fière. De fortes moustaches noires qui paraissent sous son voile, des pommettes saillantes, des yeux brillants, donnent à ce que l'on voit de sa figure un air sévère et presque méchant. Il appartient aux Oraghen par son père, aux Imanghasaten, dont il est le chef, par sa mère.

» Très ami avec Ikhenoukhen, Fenaït est reconnu au Hoggar et chez tous les Azdjer, comme un chef redoutable, brave et intelligent.

» Avec nous, dit encore le Père Richard, il fut des plus aimables et nous inspira vite une véritable confiance. Dès que le thaleb fut arrivé, Fenaït et ceux de sa suite revinrent à notre tente pour entendre la lecture des lettres du mokaddem de Temacin ».

« Nous sommes désormais amis et non étrangers,
» dit alors Fenaït; restez au milieu de nous le temps
» qu'il vous plaira : trois mois, six mois, si vous
» le voulez; vous n'avez rien à craindre ici. »

Nous le priâmes alors d'entrer dans notre tente pour lui offrir, selon la coutume, quelques petits souvenirs. A la vue des quelques objets que nous lui présentions, il nous dit :

« Pour moi, je ne vous demande absolument rien;
» je vous remercie néanmoins en mon nom et au nom
» de mes gens à qui je vais faire part de tout cela.
» Demain, ajouta-t-il, promenez-vous à votre aise,
» voyez les environs; vous êtes chez vous, mon cheval
» et tout mon monde sont à votre disposition. »

La proximité du camp d'Ikhenoukhen causa un peu d'embarras aux missionnaires. Repartir sans avoir vu l'aménokhal des Azdjer après être venus à une journée de marche de ses tentes, Ikhenoukhen pouvait en être froissé. Se présenter à lui sans avoir à lui offrir des présents dignes de son rang, c'était risquer également de l'indisposer.

Les Pères exposèrent leur embarras à Fenaït, et lui demandèrent conseil. Celui-ci leur répondit : « Si » vous voulez vous rendre auprès d'Ikhenoukhen, je » me charge de vous y conduire et de vous avancer » les fonds dont vous pouvez avoir besoin; si, au con- » traire, vous préférez remettre la chose à un prochain » voyage, vous me trouverez également à votre dispo- » sition, en me prévenant de Ghadamès où je vous en- » verrai mes hommes; mais, dans ce dernier cas, il » est bon que vous écriviez à Ikhenoukhen une lettre » que je lui remettrai moi-même, et dans laquelle vous » lui direz que, n'ayant connu qu'ici sa présence à Tarat, » vous n'étiez pas préparés pour vous présenter à lui, » aménokhal de tous les Azdjer; que vous avez des lettres » du cheikh Tidjana à lui remettre et que vous les lui » porterez dans un très prochain voyage; qu'enfin per- » sonne ne vous a inquétés ici, et que vous n'avez été » empêchés d'aller le saluer que par la crainte de le mé- » contenter, en ne lui offrant pas des présents dignes » de lui. Je me charge du reste, ajouta-t-il; vous ne serez » dès lors des étrangers pas plus pour Ikhenoukhen que » pour moi. »

Les Pères embrassèrent ce dernier parti, et écrivirent la lettre en question dans le sens qu'avait indiqué Fenaït; ils surent, dans la suite, qu'Ikhenoukhen avait été satisfait. Leur but, qui était d'ouvrir et de faciliter la route de Rhât, se trouvait donc atteint en grande partie; ils avaient lié de bonnes relations avec les Imanghasaten et plusieurs personnages influents de la tribu des Oraghen. Il ne leur restait plus qu'à visiter les Ifoghas campés au sud et au sud-est de Timassinin pour compléter leurs rapports avec les Azdjer du nord ; ils fixèrent donc au 7 juin leur départ de la vallée du Tikhammalt.

Reprenant leur route vers l'ouest, les voyageurs traversèrent l'oued Absol et arrivèrent dans l'oued Ilezi; ils trouvèrent là une forte nezzla de touareg Ifoghas[1]; ils connaissaient déjà plusieurs de ces hommes, aussi furent-ils reçus très cordialement.

D'une façon générale, le caractère des Ifoghas est moins froid que celui des Imanghasaten et des autres tribus azdjer; ils parlent davantage, questionnent volontiers et rient facilement; il y a quelque chose de moins guindé dans leur maintien et de plus ouvert dans leur figure. Depuis la fin de leurs querelles avec les Chamba, qui les ont vaincus et qu'ils redoutent beaucoup, ils ont à peu près renoncé aux rhazzias et se contentent de ce qu'ils ont dans les pâturages de leurs vallées, où ils font paître leurs troupeaux.

« Vos seuls ennemis ici, disait un des Ifoghas » au Père Kermabon, vos seuls ennemis sont le soleil » et les vipères à corne; pas autre chose. Vous, Français, » vous vous faites illusion en croyant que les Touareg » sont vos plus redoutables ennemis, et vous les crai-

---

(1) La tribu des Ifoghas comprend trois fractions : les Ifoghas-n-Ouqqiran, les Ifoghas-n-Iguedhadh et les Ifoghas-n-Tobol ; les deux premières sont des marabouts, la dernière se compose de nobles, jadis au service des chefs Imanân. Les Ifoghas-n-Ouqqiran sont répandus dans le Tassili, à l'ouest du Tikhammalt, dans le Bas-Igharghar et dans la région des dunes, au sud de Ouargla et de l'oued Rhir.

» gnez trop. Sans doute, parmi nous, comme partout
» ailleurs, il y en a qui ne rêvent que meurtre et pillage ;
» mais ceux-là sont nos ennemis comme les vôtres,
» et ce n'est pas à de telles gens qu'il faut se confier.
» Ne croyez pas que nous soyons opposés à ce que
» vous visitiez notre pays ; mais n'oubliez pas que CEUX
» QUI NE VEULENT PAS VOUS VOIR VOUS MÊLER A NOUS
» SONT A GHADAMÈS. Ils craignent pour leur com-
» merce, et vous aurez beau leur dire que vous ne faites
» point cas du négoce, ils se défieront toujours de vous
» et chercheront par tous les moyens possibles à vous
» éloigner de nous. »

De l'oued Ilezi, qu'ils descendirent, les Pères allèrent rejoindre la vallée du Tidjoudjelt, ayant toujours à leur gauche les sombres rochers abruptes qui forment le versant nord du Tassili. C'est à l'extrémité de l'oued Tidjoudjelt que se trouve le redir de Mankor, appelé plus généralement lac Menghough, situé de la même façon que le redir Saghen l'est lui-même, à l'extrémité du Tikhammalt.

Les missionnaires s'arrêtèrent en ce point le 12 juin, et mirent dix-huit jours pour atteindre la zaouïa de Temassinin. Bien reçus dans tous les campements qu'ils avaient rencontrés, ils s'étaient arrêtés successivement à Tibabiti, à Aïn el Hadjhadj, à Afeli, à Tebalbalet et à Touskirin. C'est l'itinéraire que suivra la première mission Flatters.

De Timassinin, où ils se reposèrent quelques jours de leur longue route, les Pères reprirent le chemin de Ghadamès par la route directe des caravanes, celle qu'avait suivie et relevée Rohlfs en 1864. Le 16 juillet, ils rentraient près de leurs confrères, sains et saufs de leur excursion de cinquante-six jours sur le territoire des Azdjer.

Par ce voyage, les Pères Richard et Kermabon avaient obtenu de lier de bonnes relations avec les plus importantes tribus azdjer; ils avaient vu toute la tribu des Imanghasaten, maîtresse, on peut le dire, de la route de Rhât; ils y reçurent la plus cordiale hospitalité, et ses principaux membres, y compris Fenaït, son chef, leur promirent leur protection. Plusieurs même des proches parents d'Ikhenoukhen, appartenant à la tribu des Oraghen, assurèrent les missionnaires de leurs meilleurs sentiments. Quant aux Ifoghas, ils leur témoignèrent en toutes circonstances la plus franche cordialité.

Au point de vue purement géographique, cette excursion des Pères n'est pas sans intérêt; leur itinéraire permet de déterminer avec plus de certitude l'emplacement des oued qui descendent de la partie occidentale de la hamada El Homra et du plateau de Tinghert pour aller se perdre dans l'Erg; il permet aussi de rectifier quelques positions dans la région de l'Eguélé, et surtout de figurer avec quelques chances d'exactitude les rebords septentrionaux du plateau du Tassili : résultats importants, étant donné le peu de renseignements que l'on avait, et que l'on a encore, sur toute cette région.

CHAPITRE X

PREMIÈRE IDÉE D'UN CHEMIN DE FER TRANSSAHARIEN. — MISSIONS DUPONCHEL, CHOISY ET POUYANNE. — LES DEUX MISSIONS FLATTERS.

Il y a vingt-cinq ans, personne ne s'occupait plus des Touareg, ni du Soudan, ni du traité de Ghadamès : les caravanes du Sud avaient complètement abandonné le chemin de l'Algérie, et nul ne s'avisait de songer à porter remède à cet état de choses.

Ce n'est guère qu'en 1878 que cette question revint sur l'eau, et qu'il fut question, pour la première fois, d'un chemin de fer transsaharien. M. Gazeau de Vautilbaut entreprit la tâche de réveiller l'opinion publique, de l'habituer à ce projet. Pendant les années 1878, 1879 et 1880, il parcourut la France en apôtre, fit vingt-quatre conférences, publia quatre brochures et tenta de réunir en société plusieurs personnes très enthousiastes qui, au moment de la souscription, refusèrent d'ailleurs de lui apporter les fonds promis [1].

En même temps, M. Duponchel, ingénieur en chef des ponts et chaussées, demandait à être envoyé en

(1) *Le Chemin de fer transsaharien*, Harold Tarry. Paris, 1893.

mission en Algérie pour étudier la question. Bien que n'ayant pas dépassé LAGHOUAT, c'est-à-dire n'étant pas entré dans le Sahara, il publia en avril 1879, sous forme de volume[1], son rapport sur les voies de communication entre l'Algérie et le Soudan.

Le ministre des travaux publics était alors M. de Freycinet. Adoptant les idées de M. Duponchel, il adressa au Président de la République, le 12 juillet 1879, un rapport sur l'opportunité d'étudier les moyens de relier l'Algérie et le Sénégal au Soudan, où CENT MILLIONS de consommateurs offraient un immense débouché à nos produits.

A la suite de ce rapport, une commission supérieure fut nommée pour « l'étude de la mise en communication » par voie ferrée de l'Algérie et du Sénégal avec l'in- » térieur du Soudan ».

Le résultat des travaux de cette commission fut : d'une part, la production par le ministre de la marine d'un projet de chemin de fer de Dakar-St-Louis au Niger; d'autre part, l'envoi des missions Choisy à El Goléa et Pouyanne dans le sud oranais, de Soleillet au nord du Sénégal, dans l'Adrar, et des deux missions Flatters, dans le Sahara, au sud d'Ouargla.

Laissant de côté, comme ne se rapportant qu'indirectement au Sahara, le projet de voie ferrée de Dakar-Saint-Louis-Bammako[2] et la mission de Soleillet dans l'Adrar, nous ne ferons que citer la mission Pouyanne,

---

(1) *Le Chemin de fer transsaharien*, jonction coloniale entre l'Algérie et le Soudan. Etudes préliminaires du projet et rapport de mission, avec cartes. Paris, 1879.

(2) Deux tronçons sont actuellement construits et exploités : celui de Dakar à Saint-Louis, et celui de Kayes à Bafoulabi; le reste de la ligne, de Bafoulabi à Bammako, sur le Niger, est étudié complètement à l'heure actuelle.

Exploration du Sahara.   P. Vuillot

ITINÉRAIRE
de la
MISSION CHOISY
1880

Echelle 1:3 000 000

qui ne s'avança pas au delà du sud du département d'Oran.

Quant à la mission Choisy, elle accomplit l'œuvre dont elle avait été chargée. Composée de MM. Choisy, ingénieur en chef des ponts et chaussées; Barois, ingénieur des ponts et chaussées; Rolland, ingénieur des mines; de M. le docteur Weisgerber; du lieutenant Massoutier, adjoint au bureau arabe de Laghouat; de MM. Descamps et Pech, chefs de section aux chemins de fer de l'Etat, et Pascal Jourdan, garde-mines principal, elle suivit, pendant l'hiver 1879-1880, l'itinéraire suivant : de Laghouat comme point de départ, elle gagna El Goléa par l'oued Nili, Aïn Massin, El Hassi, Aïn Charef et Noumar; elle revint ensuite sur Ouargla par Hassi Berkan, Hassi ben Djedian, Hassi el Aïcha et Hassi bou Khenissa, et rentra à Biskra par Touggourt et l'oued Rhir.

Parmi les documents principaux [1] qu'elle rapporta, se trouve le tracé de deux lignes ferrées : l'une de Laghouat à El Goléa, l'autre de Biskra à Ouargla; toutes deux étudiées avec le plus grand soin et pouvant être établies à très peu de frais.

⁂

Tandis que la mission Pouyanne se trouvait dans le sud oranais et que la mission Choisy quittait Laghouat pour étudier le premier tracé de voie ferrée allant à El Goléa, le lieutenant-colonel Flatters recevait, par dé-

---

[1] Ministère des Travaux publics. Chemin de fer transsaharien. — *Documents relatifs à la Mission dirigée au sud de l'Algérie*, par M. A. Choisy, ingénieur en chef des ponts et chaussées. Rapport de M. Choisy. Etude des lignes de M. Barois. Géologie du Sahara de M. Rolland. Paris, 1890, Imprimerie nationale. Texte, planches, cartes et profils.

cision ministérielle du 7 novembre 1879, la mission d'étudier le tracé du chemin de fer transsaharien au sud de Ouargla[1]. Il devait être accompagné de MM. Masson, capitaine d'état-major ; Béringer, ingénieur des travaux de l'Etat ; Roche, ingénieur des mines ; Guiard, médecin aide-major de première classe ; Bernard, capitaine d'artillerie ; Brosselard, sous-lieutenant au 4me de ligne ; Caballiot, conducteur des ponts et chaussées ; Le Châtelier, sous-lieutenant au 1er tirailleurs algériens, et Rabourdin, chef de section au cadre auxiliaire des travaux de l'État.

La mission quitta Paris le 7 janvier 1880 ; le 12 elle est à Alger, le 20 à Constantine, et, le 25, après les achats complémentaires du matériel, on part pour Biskra ; elle y est complètement réunie le 1er février, et l'on pourvoit aux derniers détails de l'organisation : la mission est constituée en caravane avec des chameaux de louage qui seront changés à Touggourt pour aller jusqu'à Ouargla où seront achetés ou loués les moyens de transport définitifs.

La caravane organisée part le 7 février par la route ordinaire de l'oued Rhir, ayant à l'avance réglé ses étapes de la manière suivante : le 7 à Saada, le 8 à Chegga, le 9 à Oum el Thiour, le 10 à Mraïer, le 11 à Nza ben Rzig, le 12 à Tamerna, le 13 à Ghamera et le 14 à Touggourt.

Les deux marabouts de Temacin, Si Maammar et Si Mohammed Srir, vinrent présenter au chef de la mission leurs vœux pour le succès de son voyage, et promirent de le faire accompagner par un de leurs mokaddem jouissant d'une grande influence dans le Sud.

---

(1) *Les Missions du colonel Flatters*, par J.-V. Barbier. Paris, 1884.

La mission passa cinq jours à Ouargla, employés aux achats de chameaux et au recrutement du personnel. Le 3 mars, tout est complet, sauf cinquante chameaux qui rejoindront plus loin. Les guides et la plupart des chameliers étaient des Chamba bou Rouba, ou appartenaient à des tribus arabes du voisinage.

Le 5 mars 1880, le colonel Flatters quittait Ouargla pour aller camper, avec toute sa caravane, au petit ksar de Rouissat. Ses intentions étaient de se rendre tout d'abord à Temassinin. Puis, suivant les circonstances plus ou moins favorables, soit de remonter l'Igharghar, l'oued Tadmark, l'oued In-Amedjen et de redescendre vers le Niger, soit de se rejeter, à l'est, vers le Tassili des Azdjer.

De Ouargla à Timassinin, la mission releva un itinéraire passant par Hassi Tarfaïa, Hassi Djeribia, Teniet el Oudj, Aïn Taïba, Feidj Beïdha, le gassi el Adham et El Biodh, et recueillit des renseignements sur plusieurs itinéraires transversaux.

Arrivé à Timassinin, Flatters y resta jusqu'au 1er avril, étudiant la situation et faisant faire aux environs d'utiles reconnaissances. Il cherchait à nouer des relations avec les tribus Ifoghas des environs, mais celles-ci se trouvaient alors plus avant dans la vallée des Ighargharen. Ikhenoukhen et les chefs des principales tribus azdjer étaient en ce moment à Rhât et au delà, tandis qu'Ahitaghel, aménokhal des Ahaggar, se trouvait campé très loin, au sud-ouest du massif du Hoggar. Flatters se trouvait donc, s'il voulait avoir dans un bref délai une entrevue avec l'un des deux grands chefs, obligé de se rapprocher de Rhât, au lieu de redescendre vers le sud, comme c'était son intention première. Il adressa donc une lettre à Ikhenoukhen, l'invitant à une entrevue et lui annonçant qu'il irait à sa rencontre jusqu'au lac Menghough.

La route de Timassinin à Menghough constitue la dernière partie de l'exploration de l'année 1880, celle dont les incidents devaient décider du reste du voyage [1].

Elle commence le 1er avril, jour où la caravane quitta Timassinin, pour s'avancer d'abord au sud dans un feidj qualifié de Grand Feidj, laissa un peu sur sa gauche la route suivie par Bou-Derba en 1858, et recueillit de la bouche d'un indigène, nommé Saïah ben bou Saïd, un itinéraire par renseignements [2] allant d'El Biodh à Idelès.

---

(1) *Les deux Missions du colonel Flatters*, par le lieutenant-colonel Derrecagaix. Paris, 1882.

(2) Cet itinéraire serait de dix jours de mehari à 50 kilomètres par jour, et passerait par Mechra Aguelman, Foum Amguid, Amguid, la Hamada

Le 2 avril la route fut continuée vers le sud, à travers le feidj de la veille, pour entrer bientôt en plein Erg, d'où émerge la crête du Khanfousa (altitude 530 mètres, 230 mètres au-dessus du sol), sur laquelle se dirige la caravane. Elle atteignit la source de Touskirin, puis celle de Tebalbalet. Toute cette région jouissait, par suite de pluies favorables, d'une végétation exceptionnelle, que la mission eut soin de signaler.

A la source d'El Hadjhadj, où la mission arriva le 5, Flatters rencontra deux notables de la tribu des Ifoghas-n-Ouqqiran qui lui confirmèrent la présence d'Ikhenoukhen à Rhât, et l'éloignement des campements d'Ahitaghel vers le sud-ouest.

A la daya de Tibabiti, que la caravane atteignit le 12 après avoir traversé toute une région de prairies couvertes d'une splendide végétation, le chef de la mission reçut une première députation (mïad) d'Ifoghas et d'Imanghasaten dont les dispositions paraissaient excellentes. Cependant, nul ne voulait conclure d'arrangement avant une entrevue avec Ikhenoukhen, le chef de leur confédération. Rien, du reste, de plus naturel.

ENVIRONS du LAC MENGHOUGH
Echelle 1:400000

en deçà de l'oued Gharis, l'oued Gharis, la tête nord du Tifedest, un point en deçà de Tinnakourat, et Tikhsi à deux jours de marche d'Idelès.

Le 15 avril, la mission quitta Tibabiti, passa à une daya couverte de végétation, nommée Tehentlemoun, et arriva sur les bords du lac Menghough; ce devait être le point terminus de la première exploration.

Le lac Menghough, situé par environ 26° 25' de latitude nord et 6 degrés de longitude est, affecte une forme allongée dans la direction du sud-est. Sa surface équivaut à celle d'un étang carré de 500 mètres de côté. Il forme comme un cratère d'effondrement dans les dunes, avec communication du côté ouest vers l'oued Tidjoudjelt. Les sources qui l'alimentent paraissent être au centre, et sa profondeur varie de trois mètres à sept mètres. Son eau est excellente. Il contient de beaux et bons poissons. Enfin, des arbres élevés ombragent ses bords.

Le séjour qu'y fit la mission dura jusqu'au 21 avril. Tandis que les ingénieurs et leurs adjoints, particulièrement MM. Béringer, Roche et Le Châtelier faisaient dans les environs d'utiles reconnaissances, le camp devint peu à peu le rendez-vous des visites des tribus Ifoghas ou Imanghasaten des environs. Cette dernière tribu envoya plusieurs députations successives qui, toutes, reçurent des présents du chef de mission.

Cependant, le colonel trouvait déjà longs les cinq jours qu'il venait de passer à attendre la réponse d'Ikhenou-

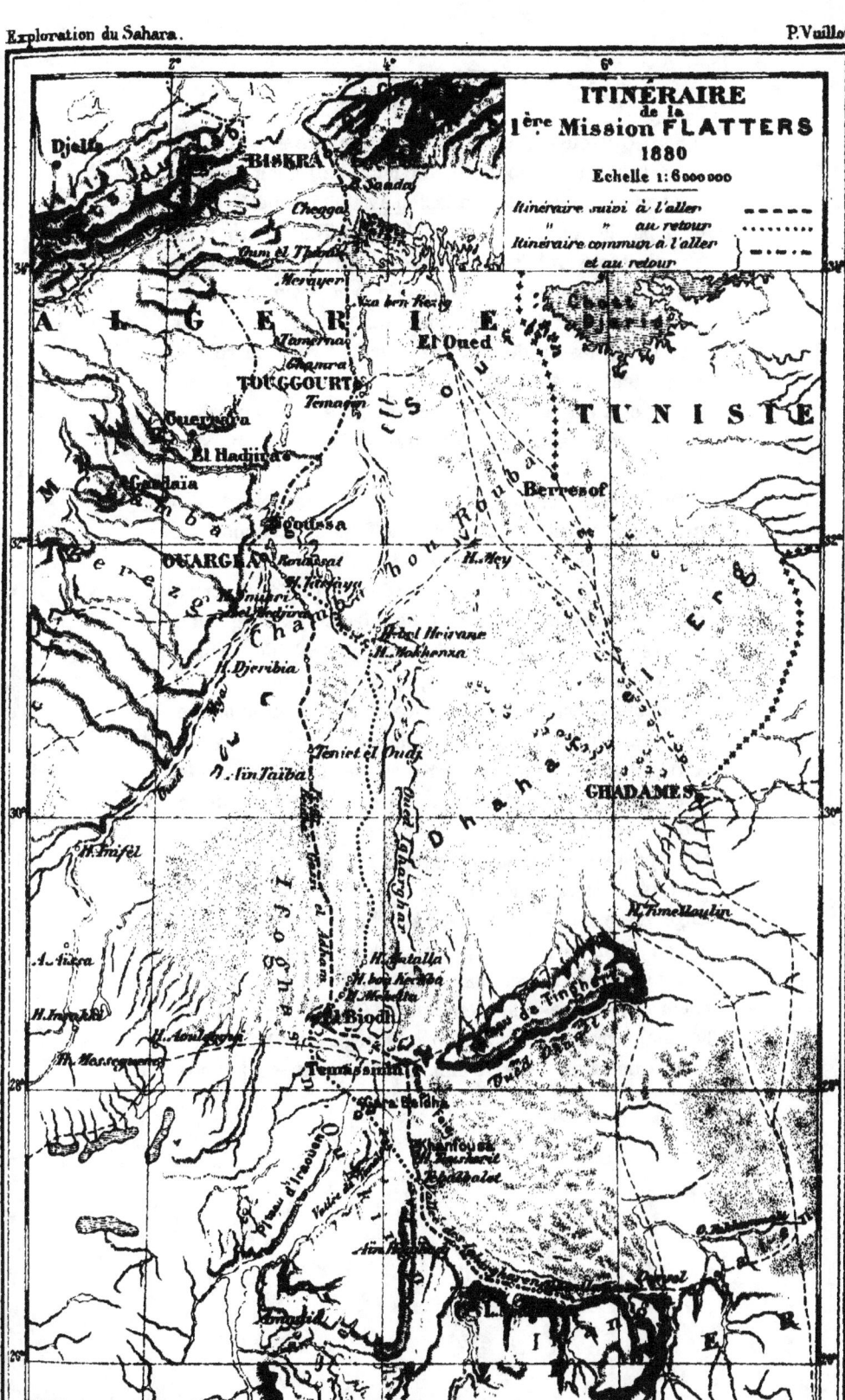

khen. Quelques Touareg lui dirent qu'Ikhenoukhen attendait, avant de répondre, une lettre de Tripoli. Flatters crut comprendre que la mission avait été signalée à Tripoli par le gouverneur de Rhât et qu'Ikhenoukhen répondrait suivant les instructions qu'on lui enverrait. Voyant de plus les provisions de la caravane s'épuiser rapidement, par suite des nombreux cadeaux qu'il faisait aux indigènes, il donna, le 21 avril, l'ordre du retour. Son intention était de rentrer à Ouargla, de s'y ravitailler et d'y attendre des circonstances plus favorables pour recommencer sa tentative de pénétration vers le Sud.

On apprit quelques mois plus tard que, loin de demander le moindre mot d'ordre à Tripoli, Ikhenoukhen s'était, dès la réception de la lettre du colonel, mis en route pour se porter au-devant de lui, et n'était arrivé que pour apprendre que toute la mission était repartie. Il adressa alors à notre consul général de Tripoli une longue lettre, se plaignant de ce procédé.

Jusqu'à Tebalbalet, l'itinéraire de retour fut le même que celui qui avait été suivi quelques jours auparavant. A Tebalbalet, qu'il quitte le 28 avril, laissant à sa droite et au nord son précédent itinéraire, Flatters se dirige droit sur El Biodh en traversant la vallée de Tanelagh et en passant entre les trois gara El Beidha.

Arrivé à El Biodh le 2 mai, le colonel détache MM. Béringer, Roche et Bernard avec sept hommes et onze chameaux, pour aller en exploration légère dans la vallée de l'Igharghar et reconnaître la position de l'Aïn Mokhanza et du gassi du même nom. Ce détachement rejoignit le gros de la mission à Ouargla, d'où Flatters envoya un courrier pour annoncer le retour de l'expédition ; — il avait déjà adressé, en quittant Menghough, une lettre à Ahitaghel pour lui demander s'il consentirait à le conduire à travers son pays par Amguid et Amadghor, comptant que sa réponse lui parviendrait dans un mois, à Ouargla. Il se décida ainsi, comme il l'écrivit d'El Biodh, le 3 mai, à M. le Ministre des Travaux publics, « non à un renoncement de l'entreprise, pas même à un ajournement, mais à une pause nécessaire entre deux phases distinctes. »

Le retour d'El Biodh se trouvait utilisé par la volte de M. Béringer dans la vallée de l'Igharghar, et servit à compléter les premières études de la mission.

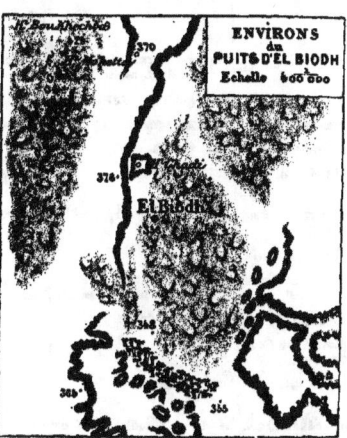

Du 4 au 9 mai, elle revint à Aïn Taïba par la route déjà suivie, et rentra le 17 mai à Ouargla où l'expédition détachée sur Aïn Mokhanza l'attend depuis le 13. Celle-ci, menée rapidement, compléta les renseignements géographiques que l'on possédait sur la vallée de l'Igharghar.

Le tableau suivant résume les différentes étapes successives de la mission :

PARCOURS	NATURE DU SOL	VÉGÉTATION	EAU
6 mars, de Rouissât, à Hassi Terfaia, 25 kil.	Reg et nebka, petites dunes.	Très abondante et variée.	Puits comblé, eau.
7 — Oued Smihri, 23 kil.	Reg et nebka, dunes en forme de aïf.	Pâturages excellents.	Abondante, pluie exceptionnelle.
8 — Séjour.	Id.		
9 — El Nedjira, 15 kil.	Région des kantras.	Bon pâturage.	Eau assez bonne et abondante, puits à 7m 50.
10 — Séjour.			
11 — Séjour.			
12 — Djeribia, 27 kil.	Région de grandes dunes, et de kantras, nebka.	Végétation faible.	Puits mort de 15 mètres.
13 — Siassel Danoun, 32 kil.	Reg, gourd et kantras.	Végétation abondante.	»
14 — Feidj Damran, 20 kil.	Kantras, hamada, reg.	Abondante.	»
15 — Téniet el Oudje, 30 kil.	Reg, plaines.	Assez abondante.	»
16 — Aïn Taïba, 15 kil.	Erg, aiouf, reg.	Végétation.	Eau bonne mais gâtée, mare de 100m, profond. 5 m.
19 — D'Aïn Taïba à Feidj Beida, 32 kil.	Région des gassi, fond de sable ferme.	Pâturages abondants.	
20 — Gbassi Rhezal, 25 kil.	id.		
21 — 2e campement du Gassi, 30 kil.	Id. Reg et graviers, sous-sol de calcaire blanc gréseux.		
22 — Gassi el Adham, 32 kil.	Id. Grandes dunes.	Sans végétation.	
23 — 2e campement du Gassi el Adham, 30 kil.	Id.		
24 — El Biodh, 35 kil.	Fond de sebkha.	Un peu de végétation.	Eau claire, mais saumâtre et purgative.
27 — El Biodh à Safia, 30 kil.	Hamade, cailloux, veines de rocher.	Végétation abondante.	Un peu d'eau. Redir.
28 — Tanezrouft, 36 kil.	Id.	Pas de végétation.	Pas d'eau.
29 — Temassinine, 30 kil.	Reg et fond de sebkha, graviers.	Assez abondante, oasis, jardin.	Eau abondante, puits artésien de 12 mètres.
1er avril, de Temassinine à l'Oued Djoua, 21 kil.	Fond de sebkha, ferme et facile.	Abondante, arta, afar, halma, etc.	
2 avril, Campement dans la dune, 25 kil.	Nebka, marne calcaire et argiles rouge. Gourds de 100 à 150 mètres.	Assez abondante; afar, sbiedh (variété de drin), azal.	Orage violent.
3 avril, Campement à 16 kil. S. du Khanfousa, 28 kil.	Nebka et fond de gassi.	Assez abondante.	Excellente, puits de 1m50. — Arbres et tombeaux.
4 avril, Aïn Tebalbalet, 20 kil.	Nebka et fond de gassi, grande dune à gauche.	Très abondante, bons pâturages.	Eau dans les dalas.
5 — Campement au pied de la dune de gauche, 27 kil.	Fond de sebkha et de gassi, ravins.	Très abondante, bons pâturages.	Puits comblé de 4 mètres de profondeur, bonne eau, peu abondante.
6 — Aïn el Hadjadj, 25 kil.	Fond de sebkha, prairie, terrain facile.	Végétation exceptionnelle palmiers, plantes variées, graminées, jardins.	

PARCOURS	NATURE DU SOL	VÉGÉTATION	EAU
7, 8, 9, 10 avril, séjour.			
11 avril, Oued Samen, 24 kil.	Reg et cailloux, fond de gassi et de sebkha.	Végétation remarquable, pâturages et bois de tamarins.	
12 — Oued Tigat, 24 kil.	Fond de gassi et de daïa couvert de végétation.	Végétation remarquable, pâturages et bois de tamarins.	Eau dans un ghedir.
13 — Daïa Tibabiti, 15 kil.	Fond de gassi et daïa couvert de végétation.	Abondante.	Eau dans un ghedir.
15 — Tebentlemoun, 20 kil.	Fond d'ouad couvert de végétation.	Pâturage exceptionnel.	
16 — Lac Menkhough, 25 kil.	Fond d'oued, prairie.	Pâturage exceptionnel.	Lac permanent, eau bonne, poissons.

ITINÉRAIRE DU RETOUR DE MENGKHOUGH A OUARGLA

DATES	LIEUX DE CAMPEMENTS	DISTANCE PARCOURUE	OBSERVATIONS
21 avril	Tamadjalt	35 kilom	
22 —	Oued Jdjiran	35 —	
23 —	Embouchure de l'O-Samen	33 —	
24 —	Aïn el Hadjadj	15 —	Campement connu.
25 —	Antekiat	37 —	Végétation. Tempête.
26 —	Tebalhalet	25 —	Orage du sud.
27 —	Séjour.		
28 —	Gourd Fersiga	35 —	Orage du sud.
29 —	Rechag El Abiodh	38 —	Végétation nulle.
30 —	Campement dans le reg	32 —	Gommiers et eau.
1er mai	Tête de la sebka d'El Biodh	38 —	Campement connu.
2 —	El Biodh	25 —	—
3 —	Séjour.		
4 —	Gassi el Adham	32 —	—
5 —	Avant-dernier campement avant El Biodh	40 —	—
6 —	Gassi Ghessal	40 —	—
7 —	Feidj el Belda	35 —	—
8 —	Feidj Alenda	36 —	—
9 —	Aïn Taïba	8 —	—
10 —	Gourd Terba	18 —	—
11 —	Feidj Damran	30 —	—
12 —	Daïa Retmaïa	30 —	—
13 —	Hassi Malah	32 —	—
14 —	Hassi Medjira	15 —	—
15 —	Séjour.		
16 —	Hassi bou Rouba	40 —	—
17 —	Ouargla	41 —	—
	Environ	745 kilom.	

Aussitôt arrivé à Ouargla, Flatters rentra à Paris, afin de rendre compte au Ministre des Travaux publics des résultats de sa mission. S'il ne put annoncer un succès, il exposa du moins les renseignements précis qu'il rapportait sur toute la région au sud de Ouargla, qu'il avait trouvée A PEU PRÈS LIBRE DE SABLES, SUFFISAMMENT POURVUE D'EAU, et se prêtant par conséquent aux projets d'études entrepris par le Ministère des Travaux publics en vue de l'établissement d'une voie ferrée.

De plus, on avait relevé topographiquement le contour septentrional du Tassili des Azdjer, les reliefs des montagnes et les pentes des vallées; on avait déterminé la configuration du massif de l'Erg, qu'on supposait continu depuis le golfe de Gabès jusqu'au Tafilet, au pied de l'Atlas marocain [1].

Le principal résultat de la mission Flatters fut atteint au retour. On trouva l'immense trouée où passe l'oued Igharghar, lequel traverse du nord au sud tout le massif de l'Erg. Enfin les levés ont déterminé, sur 450 kilomètres de longueur, la topographie de la vallée de l'Igharghar.

Dans les dunes, le fleuve se présente sous la forme d'un large lit, sans berges visibles, contrairement à ce que représentent les cartes allemandes [2], dont une édition récente garde encore les erreurs anciennes, nombreuses dans cette région. Plus au sud, l'Igharghar prend l'aspect d'une vallée d'érosion à fond plat, très large et à berges hautes et escarpées. Cet aspect se prolonge jusqu'à El-Kheneg (la gorge), point situé à 100 ki-

---

[1] P. Bory. *Op. cit.*
[2] Habenicht, carte d'Afrique au 1/4.000.000. Justhus Perthes, Gotha.

lomètres environ au sud de l'endroit où la mission traversa l'oued à son retour. Au delà, on n'a pu avoir de renseignements bien précis sur l'allure du fleuve.

Aux résultats géographiques, qui représentent un levé de plus de 1200 kilomètres dans un pays à peu près inconnu, au milieu des privations et des souffrances de chaque jour, il faut joindre une foule de renseignements et d'études sur la météorologie, la géologie, la faune et la flore du pays, ainsi que sur les monuments préhistoriques que présente cette région.

En présence de tels résultats, le Gouvernement ne voulut point manquer aux engagements pris : la seconde mission fut résolue.

∴

Si l'on s'était facilement rendu compte, en France, de l'importance des résultats de cette première mission, on avait moins bien compris les causes de cette marche rétrograde, au moment même où la mission entrait en pays absolument inexploré. Les explications qui en furent données furent accueillies avec une expression de doute injuste parce qu'elle était au moins très exagérée [1] et particulièrement désespérante ou exaspérante, suivant qu'elle s'adressait à un homme faible ou à un intrépide ; ce fut ce dernier cas qui se présenta, et l'on vit alors l'homme qui, malgré une grande force de résolution, avait eu les tergiversations que nous avons racontées, se jeter éperdûment dans la suite de son entreprise, quand, plus que jamais, la circonspection, l'indépendance d'esprit, la prudence alliée à la fermeté,

---

(1) *Les Missions du colonel Flatters*, J.-V. Barbier. Paris, 1884.

et surtout une grande souplesse unie à une clairvoyance plus grande encore, devenaient nécessaires au salut de l'expédition.

Au mois d'octobre 1880, Flatters quitta pour la seconde fois la France, avec un personnel renouvelé, pour se rendre à Laghouat où il devait retrouver une partie de ses chameaux et attendre le matériel qu'on lui avait expédié d'Alger.

La mission se composait des membres suivants : MM. Masson, Béringer, Roche et Guiard, qui avaient fait partie de la première mission ; MM. Santin, ingénieur civil ; de Dianous, lieutenant au 14me régiment d'infanterie ; Desmery, maréchal des logis au 3me chasseurs, et Pobéguin, maréchal des logis au 3me spahis. Deux agents secondaires accompagnèrent aussi la mission : c'étaient Marjolet, sous-aide des ingénieurs, et Brame, soldat au 72me régiment d'infanterie.

Pendant qu'il organisait sa caravane, le colonel Flatters reçut une réponse d'Ahitaghel, l'aménokhal des Hoggar, auquel il avait annoncé son intention de revenir vers son pays. Parlant au nom de tous les cheikhs hoggar, Ahitaghel refusait le passage. Une seconde lettre, suivant de près la première, s'efforçait d'en effacer le mauvais effet. Enfin, une troisième montrait qu'Ahitaghel s'était trop avancé, qu'il était évidemment pris entre l'envie de tirer bon parti de la mission française et l'opposition très nette des autres chefs hoggar à laisser entrer des étrangers dans leur pays.

Quoi qu'il en soit, il est certain que, pendant l'intervalle qui sépara les deux missions, tout fut mis en œuvre, dans les pays circa-sahariens, pour gêner et arrêter, s'il était possible, les mouvements du colonel Flatters.

En Tripolitaine, comme au Touat et à In-Salah, on craignait que, par des procédés particuliers, chemins de fer ou autres, la France ne parvînt à rétablir les lignes commerciales directes de l'Algérie au Soudan : ç'eût été, pour les centres commerciaux, sinon la ruine, du moins une notable diminution de profits. Ni le temps ni les moyens ne manquaient aux instigateurs de ces intrigues : juifs, musulmans et autres agirent de tous côtés sur les Hoggar pour les exciter contre la tentative toute pacifique des Français. Ikhenoukhen avisa même de Rhât le consul français de Tripoli des difficultés que rencontrerait la mission si elle persistait à se rendre chez les Hoggar.

De son côté, M. Harold Tarry, alors au Mzab, avait eu également connaissance de tout ce qui se préparait. « Averti, dit-il, par un cheikh du Mzab du complot
» tramé à In-Salah contre l'expédition Flatters, j'avais
» vainement supplié ce dernier de redoubler de pru-
» dence; il n'attacha aucune importance aux révélations
» que je lui fis parvenir de Berrian à Ouargla, par un
» courrier spécial, expédié le 28 novembre 1880, et me
» répondit qu'il n'y avait pas à ajouter foi aux craintes
» exprimées par le chef mozabite qui fut, peu après,
» assassiné pour m'avoir révélé la trahison qui se pré-
» parait. . . . .
» La réponse de Flatters m'ôta tout à fait confiance
» dans un chef si étourdi, et, au lieu de le rejoindre
» à El Goléa, comme nous en étions convenus, car je
» l'avais quitté pour quelques jours, afin de visiter
» les oasis du Mzab et de Metlili des Chambaa, pendant
» qu'il suivait l'insignifiante route de Guerrara, je m'at-
» tardais à faire des fouilles dans la vallée de l'oued Mya

» pour retrouver les villes berbères ensevelies sous
» le sable, comme Pompéï, depuis six cents ans[1]. »

La résolution inébranlable, pour ne pas dire l'espèce d'entêtement aveugle du colonel Flatters, à diriger sa mission chez les Hoggar, qui ne lui étaient rien moins que favorables, alors qu'un an auparavant il avait craint de s'avancer chez les Azdjer, d'aller retrouver et même d'attendre quelques jours Ikhenoukhen, notre allié par le traité de 1862, le protecteur de Bou Derba et d'Henri Duveyrier, devait infailliblement causer sa perte.

Comme récit du voyage de la mission, de Laghouat à Ouargla d'abord, puis au hassi Inifel, au hassi Messeguem, à Amguid et aux sources d'Inzilman Tikhsin, point d'où sont datées les dernières nouvelles de la mission, nous nous bornerons à reproduire les lettres adressées par le colonel Flatters au Ministre des Travaux publics, et accompagnant le journal provisoire de route. Ces citations extraites des documents officiels suffiront pour donner une idée exacte des premiers travaux et de l'itinéraire de la mission.

« Ouargla, le 3 décembre 1880.

» Monsieur le Ministre,

» J'ai l'honneur de vous adresser ci-joint copie du journal provisoire de route jusqu'à ce jour.

» Arrivés à Ouargla, le 30 novembre, nous partons, demain 4 décembre, en exploration définitive pour remonter l'oued Mya jusque vers Hassi-Djemel ou plus haut, si les circonstances le permettent, et tourner ensuite directement au sud par l'oudje ouest de l'Erg et Hassi-Messeguem ou Daïat ben Abbou, sur Tioun-

---

[1] Harold Tarry, *le Chemin de fer transsaharien*, A. Challamel. Paris 1893.

kinin, l'oued Gharis et Tahohaït des Touareg-Hoggar.

» Aux détails contenus dans le journal, j'ajouterai les suivants : Sur les soixante-dix-huit indigènes dont se compose la caravane, quarante-six sont des tirailleurs; les trente-deux autres sont des gens de diverses tribus : Ouled-Naïl de Djelfa, Larbaa de Laghouat, Chaamba de Ouargla. Il s'en est présenté plus de cinq cents pour se faire engager; nous n'avons eu que l'embarras du choix, reprenant plus particulièrement quelques-uns qui ont fait avec nous la première partie de l'exploration.

» Je ne sais quand je pourrai vous adresser un nouveau courrier. J'emmène avec moi deux hommes d'Ouargla, que je renverrai avec des lettres quand nous serons à quelques marches; mais le point d'où ils reviendront variera suivant les circonstances qui rendront la route plus ou moins sûre pour des gens isolés.

» Veuillez agréer, Monsieur le Ministre, l'hommage de mon profond respect.

» Le lieutenant-colonel, chef de la mission,
» P. FLATTERS. »

» Ci-joint, en un paquet annexé, un bordereau contenant extraits des registres d'observations astronomiques et barométriques.

» Au moment même où je me mets en route, je reçois de M. le Gouverneur général communication des renseignements suivants :

» *Télégramme.* — Gouverneur général à Commandant
» supérieur Laghouat. Prière faire parvenir renseigne-
» ments suivants au colonel Flatters. — Alger, 28 no-

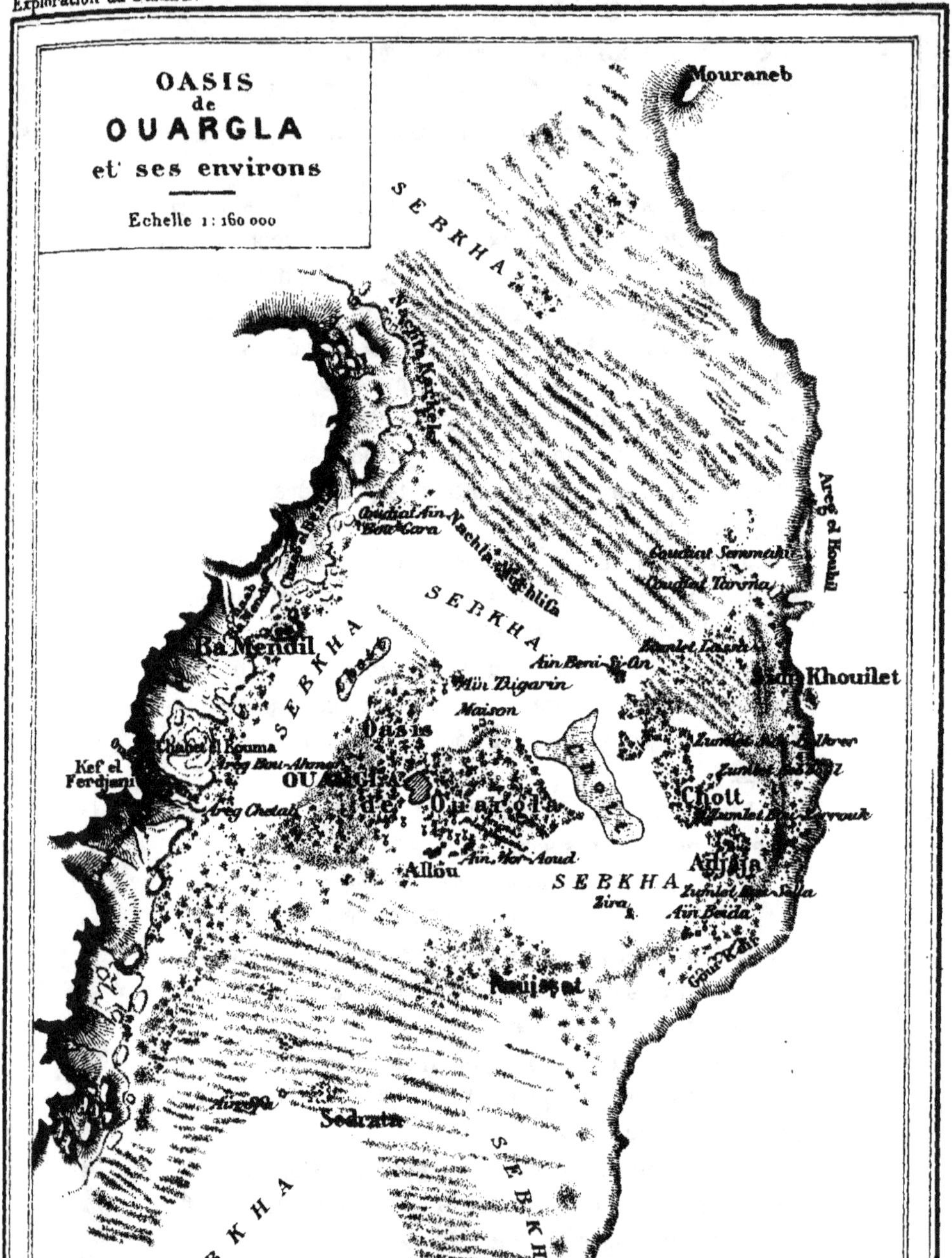

Exploration du Sahara.   P. Vuillot

OASIS de OUARGLA et ses environs

Echelle 1 : 160 000

Légende
- Oasis, Palmiers
- Villages, Ksour
- Chott, Sebkha
- Dunes
- Marabout
- Puits, Source, Fontaine

» vembre : « Consul général Tripoli fait part au gou-
» vernement, à la date du 18 novembre, qu'il apprend
» par une lettre de Rhât, que Ahitaghel, chef des
» Touareg-Hoggar, auquel le colonel Flatters avait
» écrit, est très mal disposé, et qu'il est allé s'en-
» tendre avec Ikhenoukhen, chef des Touareg-Azdjer,
» auquel il a vivement reproché d'avoir engagé notre
» mission à revenir.

» D'autres renseignements parvenus au consul de
» Tripoli font présager des troubles prochains chez
» les Touareg. »

» M. Féraud ajoute qu'il fait écrire par notre ami El
» Hadj Tahar el Bassidi, notable de Ghadamès, aux
» Touareg, ses amis, pour leur recommander à nou-
» veau nos voyageurs. »

» Ces renseignements concordent peu avec les lettres
que j'ai reçues d'Ahitaghel et dans lesquelles ce chef
des Touareg-Hoggar m'informe qu'il ne sera pas mis
obstacle à notre passage dans son pays. D'autre part,
il paraît établi qu'Ahitaghel n'a pas été s'entendre avec
Ikhenoukhen, attendu que depuis environ trois mois
il est resté du côté du Touat, où il avait affaire, et
qu'Ikhenoukhen n'a pas quitté les environs de Rhât.
Je serais assez porté à croire qu'au fond de tout cela
il y a quelques intrigues des marchands du Touat,
peut-être même de ceux de Ghadamès et de Rhât
qui, personne ne l'ignore, sont fort hostiles à nos projets d'extension commerciale.

» Quoi qu'il en soit, je prends bonne note des renseignements fournis par M. le Consul général de Tripoli,
pour en tirer profit le cas échéant.

» P. FLATTERS. »

« Hassi-Inifel, 18 décembre 1880.

» Monsieur le Ministre,

» J'ai l'honneur de vous adresser ci-joint :

» 1° La suite du journal provisoire de route à ce jour;

» 2° La carte provisoire au 1/1,250,000 de l'itinéraire parcouru ;

» 3° Une note géologique.

» Tout marche bien jusqu'à présent, mais, faute de pluie suffisante cet automne, les points d'eau sont très rares et, au lieu de gagner Hassi-Messeguem par la ligne droite au sud, nous sommes obligés de faire un détour par le plateau de Tademaït au sud-ouest, en continuant pendant quelque temps à nous rapprocher sensiblement d'In-Salah. Je pense néanmoins, sauf incident, atteindre Messeguem dans une douzaine de jours et, après un séjour de deux jours sur ce point, vu l'obligation de déblayer le puits qui, paraît-il, est à demi comblé par des éboulements depuis deux ans, nous aurons cinq à six jours de route dans le pays des Kel-Ahamellen du Hoggar jusque vers Tioukinin et la tête de l'oued Gharis.

» Veuillez agréer, Monsieur le Ministre, l'hommage de mon profond respect.

» *Le lieutenant-colonel, chef de la mission,*
» P. FLATTERS. »

« Hassi-Messeguem, 6 janvier 1881.

» Monsieur le Ministre,

» J'ai l'honneur de vous adresser, ci-joint, la suite du journal de route à ce jour, la carte provisoire au 1/1,250,000 et une note géologique.

» L'obligation de faire des détours pour trouver les

points d'eau, qui sont rares faute de pluie suffisante cet automne, la pauvreté des pâturages à chameaux, le déblaiement plus pénible qu'on ne le supposait du puits de Messeguem ont retardé quelque peu notre marche au sud, tout en nous donnant l'occasion d'explorer plus complètement le plateau de Tademaït et d'élargir la carte.

» L'aridité absolue du reg de la plaine d'Adjemor au sud de Messeguem nous obligera à nous détourner par le sud-est pour atteindre Tiounkinin par le Tinghert, l'Iraouen et l'Ifetassen. Je pense donc que nous ne serons pas avant une dizaine de jours à l'oued Gharis, où (ainsi qu'il a été convenu) je suppose devoir rencontrer Ahitaghel, cheikh des Hoggar.

» Veuillez agréer, Monsieur le Ministre, l'hommage de mon profond respect.

» *Le lieutenant-colonel, chef de la mission,*
» P. FLATTERS. »

« Amguid, 19 janvier 1881.
» Monsieur le Ministre,

» J'ai l'honneur de vous adresser, ci-joint, la suite du journal de route à ce jour, la carte provisoire au 1/1,250,000, la copie du registre des observations et une note géologique de M. Roche.

» L'aridité absolue de la plaine immense qui s'étend au sud d'Amguid rend bien difficile, sinon impossible, l'accès direct du massif du djebel Hoggar situé au delà, et je pense que nous devrons tourner par le Tassili (plateau) de l'est en suivant la ligne des caravanes : oued Tounnourt, Tahohaït, etc. Je le regretterai, car cela nous conduira chez les Azdjer et Rhât, et il nous faudra très probablement renoncer tout à fait à l'exploration de l'ouest. Mais c'est la nature même du pays qui nous a valu ce mécompte, et il n'était pas possible de le prévoir.

» Dans tous les cas, le tracé de la voie transsaharienne que nous recherchons n'en sera pas moins déterminé, même dans les parties que nous n'aurons pas pu parcourir, puisque l'obstacle qui nous force à nous détourner est la plaine de reg unie et aride où un chemin de fer peut toujours être établi avec la plus grande facilité. L'entrée du reg d'Amadghor étant déjà reconnue et son extrémité sud devant l'être bientôt par la reconnaissance du changement de pente des oued allant au Soudan, si la ligne de faîte est réellement peu sensible, comme tout porte à le croire, la question se trouvera résolue.

» Quant au tracé du sud-ouest en coupant l'Igharghar pour aller par Timissao sur le coude du Niger, le reg existe plat et uni à n'en pas douter jusqu'à Tin-Akeli, près de Cheikh-Salah. Là sont quelques gour isolés et des têtes d'oued en pente au sud-ouest dans l'Ahenet. Il restera la question de la hauteur de ce faîte de l'Ahenet, mais les caravanes y passent sans difficulté, allant du reg de Cheikh-Salah au reg de Tahela-Ohat et du Tarbit; il ne peut donc y avoir grand doute à cet égard.

» Veuillez agréer, Monsieur le Ministre, l'hommage de mon profond respect.

» *Le lieutenant-colonel, chef de la mission,*
» P. FLATTERS. »

« Inzelman-Tikhsin (Eguéré), le 29 janvier 1881.
» Monsieur le Ministre,

» Un courrier m'étant arrivé de Ouargla à Amguid, j'ai emmené les cavaliers jusqu'ici et je les renvoie avec la suite du journal de route à ce jour, la carte provisoire au 1/1,250,000, une notice géologique et des extraits des registres d'observations astronomiques, etc.

» Cet envoi vous parviendra peut-être avant celui que j'ai pu faire d'Amguid par occasion de caravane, à la date du 12 janvier. Dans ma dernière lettre, je prévoyais un détour forcé par l'est, mais après la reconnaissance que j'ai faite en volte légère avec MM. Béringer et Roche, mon envoyé à Ahitaghen étant revenu avec des guides et le pays au sud n'étant pas aussi dépourvu d'eau et de pâturages qu'on le supposait, grâce à des pluies récentes, j'ai pu me mettre en route sans me détourner, en continuant à remonter l'Igharghar pour aller passer par la sebkha d'Amadghor et aboutir directement à Assiou. Je compte atteindre ce dernier point dans vingt-cinq jours, sauf incident.

» Vous estimerez sans doute, Monsieur le Ministre, que c'est là un heureux résultat et qu'il répond exactement aux instructions que vous avez bien voulu me donner. J'ai fait tous mes efforts pour réaliser avant tout le programme que vous m'avez tracé, et n'ayant pas reçu avis officiel de modifications, il m'a paru que j'étais dans la véritable voie à suivre pour mériter votre approbation.

» Je vous demanderai de vouloir bien autoriser M. Féraud, consul général de France à Tripoli, à faire emploi d'une somme de 2,000 à 3,000 francs sur les fonds de la mission mis à ma disposition, pour envoyer par El Hadj Tahar el Bassidi, de Ghadamès, un complément de cadeau à Ikhenoukhen et à Ahitaghel. Je pense que ce mode d'opérer est préférable à celui qui consisterait à remettre directement, en une seule fois, à ces chefs touareg ce que l'on peut raisonnablement leur donner, et je ne leur donne ici qu'une partie des cadeaux qui leur étaient destinés.

» Veuillez agréer, Monsieur le Ministre, l'hommage de mon profond respect.

» *Le lieutenant-colonel, chef de la mission,*
» P. FLATTERS. »

A partir du jour où cette dernière lettre parvint en France, le silence se fit sur la mission Flatters; ceux qui la suivaient de loin dans son périlleux voyage, formant des vœux pour son succès, étaient confiants dans un heureux résultat[1]; tout semblait marcher à souhait, et l'on pouvait déjà songer aux conséquences avantageuses qu'entraînerait l'arrivée de la mission dans le Soudan, quand tout à coup, le 2 avril, le bruit de son massacre se répandit : vingt malheureux survivants de l'expédition, parvenus à Ouargla à travers mille périls, y apportaient la fameuse nouvelle qui fut aussitôt transmise à Paris.

Bientôt tous les détails de cette épouvantable catastrophe furent connus. D'Inzelman Tikhsin, la mission gagna la sebkha d'Amadghor, conduite par les deux guides envoyés par Ahitaghel. Ceux-ci avaient fait, sous prétexte de reconnaître la route, une absence

---

[1] Derrecagaix, *les Missions Flatters*. — Passim.

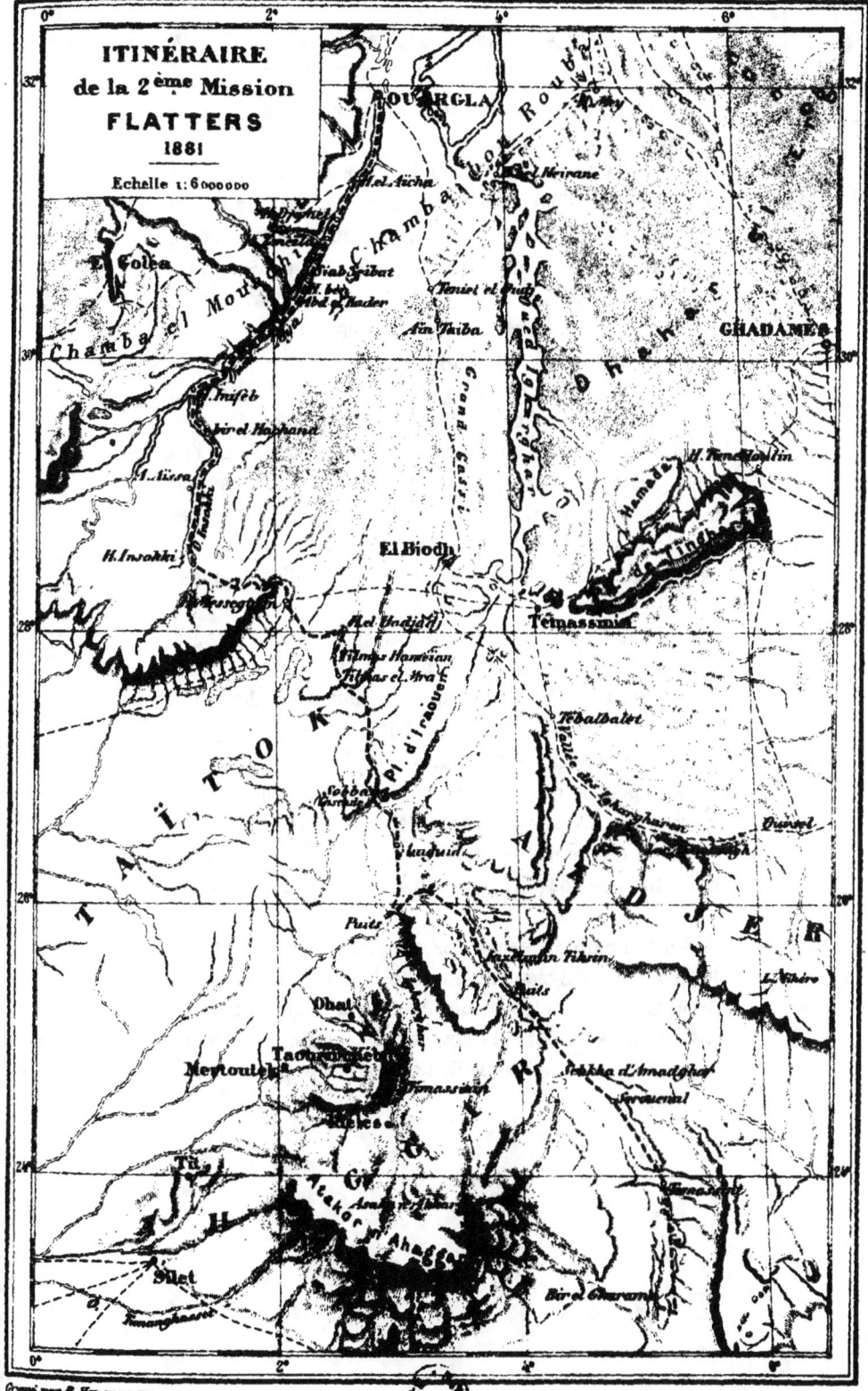

d'une journée, ce qui aurait pu éveiller déjà la méfiance du chef de la mission.

Arrivé au puits de Temassint, après plusieurs jours de marche pénible, le colonel fut rejoint par un targui nommé El Alem, se donnant comme guide envoyé par Ahitaghel ; il annonça l'arrivée d'une députation nombreuse venant de la part du chef des Ahaggar. En effet, bientôt après trente Touareg à mehari apparaissaient au nord du camp.

Le plus notable de cette députation, Engadi, neveu d'Ahitaghel et chef de la ville d'Idelès, proposa au chef de la mission de le conduire dans cette localité. Le colonel refusa, disant qu'il ne pouvait se détourner de la route du Soudan. Flatters ayant exprimé sa surprise de ne pas voir Ahitaghel lui-même, on lui répondit que, très fatigué par son voyage à In-Salah, il n'avait pu se déplacer.

Confiant à l'excès, le colonel laissa tous ces visiteurs parcourir son camp à leur gré, et leur accorda tous les cadeaux qu'ils demandaient, sauf cependant les deux seuls chevaux que possédait la mission, et qu'ils avaient demandés avec instance.

Peu à peu, le nombre de ces visiteurs augmenta ; on aperçut des cavaliers battant les environs. Plusieurs Chaamba de la mission engagèrent le chef de la mission à se tenir sur ses gardes. Rien ne put ébranler sa confiance.

Le lendemain, 16 février, les guides touareg déclaraient qu'ils ne se souvenaient plus de l'emplacement exact du puits, que la mission devait camper où elle se trouvait, et qu'ils iraient conduire les chameaux s'abreuver au puits, qui était à peu de distance, vers le nord-ouest.

Flatters eut la faiblesse ou plutôt commit la grave imprudence de suivre ce conseil; il donna l'ordre de camper. Le colonel, accompagné de MM. Masson, Béringer, Roche et Guiard, se dirigea, avec les guides touareg, par un sentier étroit et difficile, vers le puits; les chameaux arrivaient derrière, en désordre, à mesure qu'ils étaient déchargés.

Arrivés au puits, le colonel et les autres membres de la mission mirent pied à terre, reconnurent le bir El Gharama; ils confièrent leurs montures aux Touareg et se dispersèrent aux environs, le long d'un bois de tamarins qui se trouvait à peu de distance.

Tout à coup, des clameurs éclatent à l'extrémité du bois; une avalanche de Touareg à mehari fond sur les membres de la mission, qui tombèrent bientôt, hachés de coups de sabre et de lance. Les quelques tirailleurs qui les avaient accompagnés usèrent toutes leurs cartouches et, après avoir perdu plusieurs des leurs, réussirent à regagner le camp.

Par l'imprudence incroyable de son chef, la mission ne comprenait plus à ce moment que cinquante-six personnes, y compris le lieutenant de Dianous, l'ingénieur Santin, le maréchal des logis Pobéguin et les deux Français Paul Marjolet et Brame. Elle avait donc perdu autour du bir El Gharama trente-six des siens, parmi lesquels son chef, première victime de sa négligence, Masson, Béringer, Roche, Guiard et Desmery.

Peut-être, en attaquant immédiatement les Touareg, eût-il été possible de leur reprendre une partie des chameaux volés; mais une morne consternation régnait dans le camp. Après de longues discussions et sur l'insistance du moquaddem des Tidjani de Temacin, on prit le parti déplorable de battre en retraite et de remonter vers le nord.

C'était cinquante jours de marche, au minimum, que ces malheureux allaient avoir à faire, à pied, dans les sables et les rochers, avec les seules provisions que chacun pouvait porter. On se mit en route le soir même, et la terrible retraite commença.

Bientôt les vivres manquèrent; les bandes de Touareg qui rôdaient constamment autour de la colonne et massacraient les traînards leur offrirent quelques dattes. Les pauvres affamés se jetèrent avidement dessus : les dattes étaient empoisonnées avec du falezlez, plante dont l'absorption produit une sorte de folie furieuse, passagère heureusement; quelques heures de repos suffirent pour dissiper l'effet du poison.

La marche en arrière continuait cependant, mais de Dianous, Pobéguin et Santin étaient si faibles qu'ils ne pouvaient diriger le mouvement qui se faisait sans ordre. La colonne s'allongea, abandonnant ses traînards; Santin diparut.

Au ravin d'Amguid, les Touareg voulurent disputer le passage : Brame et Marjolet d'abord, puis le lieutenant de Dianous, trouvèrent la mort dans le combat, et les survivants durent se rejeter vers la source de Sobba.

De Tilmas el Mra à Tilmas Hamœian, la colonne abandonna encore de nombreux traînards. Pobéguin, seul Européen survivant, était trop faible pour pouvoir imposer son autorité. A Hassi el Hadjhadj, la petite troupe se débanda en plusieurs fractions. Quelques tirailleurs moururent de faim. Les survivants dépecèrent et mangèrent les cadavres de leurs compagnons d'infortune. D'autres, voyant Pobéguin étendu à terre et mourant de faiblesse, lui donnèrent le coup de grâce et se jetèrent sur ses restes encore chauds.....

Enfin, au hassi Messeguem, les quelques survivants de cette sombre tragédie trouvèrent des campements de Chaamba dissidents; ils reçurent quelques vivres et arrivèrent enfin à Ouargla le 28 mars, à moitié morts de fatigue et de misère. Dix-sept jours leur avaient suffi pour accomplir ce trajet, que la mission avait mis quarante-deux jours à faire.

Les tristes détails de cette catastrophe eurent, en France principalement, un retentissement immense. On comprenait l'importance du coup porté à notre prestige, aux yeux des populations arabes, par suite de cet échec. Cette trahison des Touareg arrêta net l'essor provoqué par la Commission supérieure du Transsaharien, qui fut dissoute peu après, le Gouvernement ayant renoncé à châtier les coupables. L'esprit public, frappé de cette faiblesse, s'habitua à considérer ces tribus nomades du Sahara central comme des brigands redoutables, impossibles à dompter, et cette triste réputation, absolument fausse, leur restera jusqu'à ce qu'une petite colonne, conduite par un chef énergique et *prudent,* réussisse à pénétrer dans le massif du Hoggar et à venger les morts dont les ossements blanchissent autour du bir El Gharama.

CHAPITRE XI

MORT DES PÈRES RICHARD, MORAT ET POUPLARD.
VOYAGE DE M. FOUREAU EN 1883.

Le bon accueil que le Père Richard avait trouvé, en 1879, chez les Imanghasaten et les Ifoghas-n-Ouqiran avait fortifié sa résolution d'aller fonder une mission à Rhât même.

Vers la fin de décembre 1881, il crut le moment favorable; il partit le 21, accompagné des Pères Morat et Pouplard, suivi de quelques Chaamba et guidé par plusieurs Touareg Imanghasaten. Quelques jours après, une dépêche de Ghadamès, envoyée au pacha de Tripoli et arrivée dans cette ville le 4 janvier, apportait la terrible nouvelle : ils avaient été massacrés à deux journées de marche au sud-ouest de Ghadamès.

Tous les détails du complot dont les Pères Richard, Morat et Pouplard ont été victimes sont si clairement exposés dans la déposition que fit le chaamba Salah ben bou Saïd, un des compagnons de route des Pères, au cours de l'enquête qui fut faite après le massacre, que nous ne pouvons mieux faire que de reproduire le récit qu'il a fait lui-même de ces tristes événements.

RENSEIGNEMENTS RECUEILLIS LE 21 JANVIER 1882
AU CAMP D'EL ARMODH.

DÉPOSITION

du nommé Saïah ben bou Saïd, de la tribu des Chaamba-bou-Rouba, fraction des Ouled-bou-Saïd.

« Au commencement du mois de décembre dernier, je partis d'Ouargla avec les nommés Hamma ben bou Saïd mon frère et Abdallah ben Dekich, tous des Chaamba bou Rouba, pour aller chasser l'antilope.

» Nous tuâmes quatre de ces animaux, que nous apportâmes à Ghadamès pour en vendre la chair. En arrivant dans cette ville, j'allais voir le P. Richard, avec lequel j'étais très lié depuis longtemps, et que j'avais accompagné à deux reprises dans ses voyages sur R'damès pendant son séjour à Ouargla. Il me dit qu'il avait précédemment envoyé une lettre à Ouargla par un Trondi, pour m'inviter à le rejoindre à R'damès avec cinq ou six chambaa, et aller en caravane à Rhât. Son messager n'avait pu me rencontrer, puisque j'étais parti dans l'Erg à la chasse ; mais je lui dis que, puisque j'étais venu au devant de ses désirs, je me mettrais à sa disposition avec mes deux compagnons.

» Le projet du P. Richard de se rendre à Rhât était arrêté depuis longtemps, et il ne voulait plus en retarder l'exécution. Il n'attendait, pour partir, que l'arrivée d'un courrier de Tripoli, qui devait lui apporter de l'argent envoyé par ses supérieurs d'Alger; tout le reste était préparé.

» Précédemment, j'avais proposé au P. Richard de prendre avec nous, comme guide, un Targui Djied, des Imanghasaten, du nom de Mohammed Dadda. Je connais beaucoup ce Targui, avec qui j'avais voyagé, qui m'avait reçu dans sa tente et en qui j'avais une entière confiance. Il m'avait représenté les difficultés de la route, depuis la mort du colonel Flatters et de ses compagnons, et je ne voulais partir qu'avec lui.

» Dans ce but, le P. Richard, qui le connaissait aussi, l'avait prié de se rendre auprès de lui, à une date qu'il lui détermina; mais il ne vint pas au rendez-vous. Un nègre, que j'envoyais pour le demander, m'apprit, à son retour, que Mohammed Dadda était parti pour le Fezzan.

» J'ai dit plus haut que le P. Richard n'attendait plus, pour se mettre en route, que l'arrivée d'un courrier venant de Tripoli et devant lui apporter des fonds envoyés par ses supérieurs pour les frais de son voyage. Le courrier ayant du retard, il résolut de partir. On devait lui faire parvenir les fonds en route.

» Je cherchais, mais en vain, à faire ajourner le voyage du P. Richard; je lui répétais que je n'avais confiance qu'en Mohammed Dadda pour cette entreprise, et que tous les autres me seraient suspects. Il m'objecta qu'il était allé souvent dans les tentes des Touareg à l'extérieur, que ceux-ci ne lui avaient jamais fait aucun mal, et qu'il était connu d'eux.

« Je ne suis pas, disait-il, comme le colonel Flatters
» qu'on savait emporter beaucoup d'argent; je n'ai rien

» qui puisse exciter la cupidité des Touareg ; je ne suis
» qu'un pauvre marabout, ne possédant rien ; ils n'ont
» donc aucun avantage à me perdre. »

» Je lui répliquais que les Touareg ne distinguaient pas les marabouts des autres ; qu'au fond ils enveloppaient tous les chrétiens, quels qu'ils fussent, dans la même haine.

» Le P. Richard me dit alors :

« Tu n'entends rien à ces sortes de choses ; laisse-moi
» faire, j'arrangerai le voyage moi-même. »

» Il avait fait demander des Touareg qu'il avait connus à R'damès, avec lesquels il s'était entendu d'avance pour son voyage à Rhât ; ils arrivèrent au bout de huit jours, lui amenant dix chameaux porteurs. Ces Touareg étaient les nommés :

» 1° El Khadjem, des Imanghasaten, possédant une maison à R'damès et y habitant ordinairement, mais qui se trouvait à cette époque campé à deux jours de là. Il passait pour un brave homme, sur le compte duquel il n'y avait rien à dire ;

» 2° Mohammed Betikha, fils du précédent ;

» 3° Aïssa Ould deg ech Cheikh, beau-frère d'El Khadjem ;

» 4° Djadour, nègre d'El Khadjem.

» Avant de me mettre en route avec le P. Richard, je le priais de me donner un écrit signé de lui, et par lequel il attestait que, s'il lui était fait du mal, je ne pourrais en être responsable.

» Nous allâmes chez le Kaïmacan, où son secrétaire nous rédigea cet acte qui est en ma possession et dont vous avez pris copie. A cette occasion, le Kaïmacan dit au P. Richard :

« Crois-moi, ne pars pas; les Touareg sont des
» traîtres, et ils te tueront. »

» Le Kaïmacan lui demanda également un écrit signé de lui et de ses deux compagnons, pour dégager sa propre responsabilité.

» Au bout de quatre jours, la caravane se mit en marche, le 21 décembre, vers une heure de l'après-midi. Elle était composée :

» Du P. Richard, du P. Morat, du P. Pouplard, des trois Touareg et du nègre que je vous ai cités, de moi et de mes deux compagnons Chambi.

» Elle comprenait dix chameaux porteurs, loués à El Khadjem.

» Le P. Richard était à cheval, les deux autres, sur des chameaux avec une partie des bagages.

» La caravane emportait trois gherairs d'orge pour le cheval, de l'eau, une cantine de médicaments, trois tonnelets de vin fabriqué par les Pères à R'damès, une charge et demie de sucre, une charge de couscouss, des conserves de viande, légumes, etc. Les bagages personnels des Pères se composaient de deux cantines pour chacun d'eux, contenant leur lit, des effets, des livres et instruments. Le P. Richard pouvait avoir sur lui une somme d'environ 4,500 francs.

» Lorsque la caravane fut sur le point de sortir de la ville, le Kaïmacan vint trouver le P. Richard et lui dit :

« Puisque tu as voulu partir absolument, je te recom-
» mande de te méfier des Touareg, car ils te trahiront;
» prends-y garde ! »

» Son fils nous accompagna jusqu'à deux kilomètres environ de la ville, avec une douzaine de cavaliers.

» Afin de dépister les malfaiteurs, la caravane se dirigea d'abord sur la route d'Ouargla, pour prendre à travers les dunes de l'Erg.

» Le premier jour, elle coucha à Messéçonda, un peu au sud de cette route.

» Le lendemain, on ne partit de ce camp que vers dix heures du matin. Dans la matinée, on apercevait des gens, en assez grand nombre, dans le lointain. Les Pères restèrent à regarder avec leurs longues-vues, et l'on ne quitta le campement que lorsqu'on eut acquis la conviction que l'on avait affaire seulement à des indigènes de R'damès, qui venaient faire du bois avec des ânes.

» Le surlendemain, on arriva à Ras-Mareksan. Dans la journée, le P. Richard, qui avait une grande confiance dans le Targui Aïssa, lui prêta son cheval. La caravane avait été ramenée, par les Touareg, et, malgré mon avis, vers la route directe de R'damès à Rhât, ce que je voulais éviter. J'en fis la remarque au P. Richard qui préféra suivre les conseils des Touareg.

» Le lendemain, troisième jour du départ, alors que nous n'avions fait encore qu'une vingtaine de kilomètres environ, on fit séjour, sur le conseil du Targui Aïssa, qui demanda instamment qu'on l'attendît, pendant qu'il irait voir, disait-il, aux environs si l'on pourrait se procurer de l'eau. Nous n'avions pas encore besoin d'eau, et je trouvais ce prétexte tout au moins étrange; je fis part de mes réflexions au P. Richard, qui me dit que les chameaux appartenaient aux Touareg, que c'étaient eux qui les conduisaient, et qu'ils étaient seuls juges du moment où l'eau leur serait nécessaire. Il tranquillisa les deux autres Pères qui, comme moi, étaient étonnés qu'au bout du troisième jour de marche on eût encore fait si peu de chemin.

» Aïssa ne revint que le soir, vers le coucher du soleil; il raconta que, pendant sa marche, il avait rencontré un mouflon, et que la chasse qu'il lui avait donnée l'avait mené fort loin et dans un pays difficile. On se contenta de cette explication, et le départ fut fixé au lendemain.

» Le soir, après le dîner, je me trouvais dans la tente, avec le P. Morat, Aïssa et El Khadjem. A quelques mètres de là, le P. Richard était dehors, avec mon frère Hamma, auprès d'un grand feu. Djadour alla rejoindre ce dernier groupe d'abord, puis Mohammed Betikha. Quant au P. Pouplard et à Abdallah, ils étaient allés se coucher tout près de là également. Toutes les armes étaient réunies dans la tente, avec les selles à méharis. Je sortis pour faire ma prière, et j'entendis à ce moment les Touareg parler entre eux dans leur langue; puis, Aïssa poussa un cri, se précipita sur le P. Morat qui était près de lui et le frappa de deux coups d'un poignard qu'il tenait caché sous son burnous.

» Au même moment, Mohammed Betikha sortit un fusil à deux coups qu'il dissimulait également sous ses vêtements et le déchargea à bout portant sur le P. Richard, qui eut à peine le temps de pousser un cri et tomba foudroyé, frappé en pleine poitrine. Djadour se jeta ensuite sur lui et le frappa de plusieurs coups de couteau.

» Le P. Pouplard, en entendant cette double détonation, se leva précipitamment avec Abdallah. A environ trente mètres de là, il tomba dans une embuscade et fut tué par un nommé Jedda, des Imanghasaten, le même qui avait autrefois assassiné deux missionnaires sur la route d'In-Salah.

» Cette embuscade était composée de huit Touareg, parmi lesquels je puis citer encore Hamma et Boukeddi, tous deux des Ifoghas. Au signal donné par Aïssa, ces huit hommes étaient sortis de leur cachette et s'étaient précipités sur notre campement. Boukeddi, en arrivant, tira un coup de tromblon sur le corps du P. Morat, renversé à terre. Les cadavres furent aussitôt fouillés et dépouillés par les Touareg.

» Pendant ce massacre, qui ne dura que quelques instants, les Touareg me retinrent auprès d'eux. Mon frère Hamma, qui s'était enfui aux environs avec son fusil, les menaça de tirer sur eux, s'ils ne me lâchaient pas. Il lui fut répondu que, s'il tirait, je serais égorgé aussitôt.

» De son côté, Abdallah n'avait reçu aucun mal des Touareg, et il se rendit auprès d'eux. Hamma refusa de les rejoindre et demeura loin du camp.

» Les Touareg passèrent la nuit près des corps des missionnaires, après avoir pris les objets qui leur parurent les plus précieux, et ils nous retinrent captifs, Abdallah et moi. Dans le courant de la soirée, les effets laissés sur le corps du P. Richard, et qui avaient été enflammés par la décharge qu'il avait reçue, continuèrent à brûler, et le vent apportait la fumée du côté où se trouvaient les Touareg. Ils envoyèrent à deux reprises le nègre Djadour, pour faire recouvrir de sable les effets qui brûlaient.

» Le lendemain matin, Aïssa alla vers mon frère Hamma et l'amena au campement. Dans la matinée, arriva un nègre de R'damès, porteur d'une mission pour les Pères. Les Touareg ne voulurent pas le laisser approcher. Aïssa se rendit près de lui et le somma de lui remettre cette missive qu'il supposait devoir contenir de l'argent. Ce nègre fit d'abord quelques difficultés; mais, quand il apprit que les Pères étaient morts, il donna la lettre dont il était porteur; j'ignore ce qu'elle contenait. Le nègre, en apprenant le massacre des Pères, dit aux Touareg :

« On vous a recommandé aussi de tuer tous les Cham-
» bâa, pourquoi les avez-vous épargnés ? Tuez-les éga-
» lement. »

» Toute la journée se passa au partage du butin de la caravane, ce qui s'effectua devant nous, vers le coucher du soleil, après avoir pris tout ce qui était à leur convenance et avoir abandonné les papiers, livres, tonnelets, médicaments, à la garde du nègre venu avec eux. Au bout d'une demi-heure de marche, ils consentirent à nous relâcher, en nous rendant nos armes, préalablement déchargées par eux, et un méhari que j'avais amené d'Ouargla et qui appartenait au P. Richard.

» Nous marchâmes aussitôt sur Ghadamès, où nous arrivâmes dans le courant de la nuit. Nous dûmes attendre le lever du soleil pour pénétrer dans la ville, les portes étant encore fermées. Nous allâmes aussitôt annoncer la fatale nouvelle au P. Kermabon. Pendant que nous lui exposions ce que nous avions vu, le Kaïmacan, qui de son côté avait appris la mort des missionnaires, vint trouver les trois Pères dans leur maison. Je profitais de sa présence et lui demandais de me confier dix de ses cavaliers pour me lancer à la poursuite des meurtriers. Mais il me refusa net. Il consentit cependant à nous louer deux chevaux de son maghzen et trois chameaux, avec des nègres, qu'on envoya le jour même pour rapporter les corps des victimes. Ce résultat ne fut pas atteint, et les nègres dirent que les cadavres avaient été trouvés en trop mauvais état, surtout celui du P. Richard, pour qu'on pût les transporter. Je puis affirmer qu'avant mon départ les Touareg ne les avaient pas mutilés. . . . .

» Les gens, dépêchés sur le lieu du massacre, revinrent en rapportant tout le matériel qui avait été abandonné par les Touareg.

» Au bout de deux jours de séjour à R'damès, je partis avec mes deux compagnons, pour rentrer à Ouargla, emportant une lettre des trois Pères qui restaient.

» Ces Pères auraient été fort désireux de nous suivre, car ils craignaient pour leur vie ; mais des gens de la fraction des Sinaoun de R'damès vinrent, au moment où ils étaient près de sortir, les avertir des dangers qu'ils courraient et leur conseillèrent de rester chez eux. Les Pères nous dirent : « Nous allons nous enfermer » chez nous, et nous ne sortirons pas de notre maison » jusqu'au jour où vous viendrez, avec les Chambâa, » pour nous délivrer. Partez et revenez dès que vous » le pourrez. »

» Les Pères ne nous ont pas donné de lettre pour l'agha d'Ouargla et ne nous ont chargés d'aucune mission auprès de lui. Ils comptent seulement sur moi et sur les Chambâa que je pourrai réunir pour aller à leur secours. »

Tous ces détails furent, du reste, confirmés plus tard, en 1893, par M. Foureau qui, comme nous le verrons plus loin, put, au retour de sa mission en territoire azdjer, visiter le lieu du massacre et rapporter les ossements de deux des victimes. Une fausse supposition a seule été cause que ceux du troisième n'ont pas été rapportés en même temps.

« Le point où ont été assassinés les Pères Richard, Morat et Pouplard, dit M. Foureau dans son rapport, est situé en pleine Hamada, à environ onze kilomètres à l'ouest de Ghadamès, un peu au nord de la route de Ghadamès à Hassi-Imoulay, et au pied nord-est d'un petit mamelon de calcaire.

» Je me suis dirigé sur ce point et l'ai atteint le 31 janvier 1893. Les deux crânes étaient visibles sur le sol, les autres ossements commençaient à être à demi recouverts par le sable, d'où je les ai retirés avec précaution. Le sable avait, bien entendu, été amené par le vent et les Pères n'avaient reçu aucune sépulture. Les os des bras et des jambes manquent entièrement. Les vêtements du P. Morat étaient entièrement détruits. Quant à ceux du P. Richard, il en restait encore des lambeaux, d'où j'ai dû extraire les côtes, les vertèbres et les épaules.

» Les traces de brûlures, encore visibles sur le côté gauche de la chemise de flanelle, sembleraient indiquer un coup de feu tiré de très près[1]....

» J'ai recueilli avec les premiers ossements une barbe châtain assez forte qui appartenait au P. Morat; c'est même là le seul indice[2] qui puisse guider dans la reconnaissance des restes des Pères.

---

(1) En effet, d'après la déposition de Saïah ben bou Saïd, les vêtements du P. Richard s'étaient enflammés.

(2) Un indice qui a achevé de convaincre de l'identité de ces restes avec celui qui avait été le P. Morat, a été l'inspection de son crâne et de ses ossements. M. le docteur Sabadini, d'Alger, a en effet positivement affirmé

» J'ai laissé sur les lieux mêmes un troisième squelette auquel manque le crâne et qui a été enfoui sous le sable par l'action du vent, parce que, sachant qu'un Arabe du Souf[1] avait été tué avec les missionnaires, j'ai pensé que c'était là son cadavre. Ce petit fragment du crâne de ce dernier conserve très visible la marque portée par un instrument tranchant[2].

» Auprès des ossements gisaient épars sur le sol et à demi recouverts par le sable une assez grande quantité de volumes plus ou moins détériorés : Bibles, livres de théologie, traités de physique, de géologie, d'histoire naturelle, dictionnaires arabes, etc..., des débris d'appareils photographiques, des bouteilles brisées, des thermomètres cassés, un petit crucifix, une lettre adressée au P. Pouplard, dont l'enveloppe portait très visibles encore les timbres de la poste de Ouargla et de Tripoli; un cachet aux initiales du P. Pouplard : A. P.

» Tout ce qui n'était pas utilisable pour les meurtriers est resté sur place et ils ont dû éparpiller les volumes en les sortant des caisses qui les contenaient pour chercher dans lesdites caisses tout ce qui pouvait leur convenir.

que ces ossements appartenaient à un homme d'une taille au-dessous de la moyenne, mais fortement charpenté et bien musclé. Or le P. Morat est le seul des trois Pères auquel toutes ces indications s'appliquent parfaitement.

(1) Aucun Arabe n'avait été tué avec les Pères. Cette fausse supposition a ainsi été cause que les restes du P. Pouplard sont restés là même où il est tombé sous les lances de ses ennemis. Le Chambi Salah fut, il est vrai, fait prisonnier par les Touareg ; mais ceux-ci le relâchèrent le lendemain. C'est en 1876 qu'un guide fut tué avec les trois PP. Paulmier, Ménoret et Bouchand.

(2) En effet, le P. Pouplard est le seul qui n'ait pas été tué à coups de fusil. C'est à coups de lance que, selon Salah ben bou Saïd, il a été massacré.

» J'ai fait élever sur le lieu même du massacre deux petites pyramides de pierre qui permettraient, le cas échéant, de retrouver le point précis que j'ai visité. »

Ces deux désastres successifs, la mort des Pères Paulmier, Ménoret et Bouchand, et celle des Pères Richard, Morat et Pouplard, déterminèrent Mgr Lavigerie à renoncer, pour quelque temps du moins, à la voie du Sahara pour étendre ses missions dans le centre africain.

Du reste, un nouveau chemin venait d'être ouvert à ses missionnaires; ils avaient pu, par le Zanguebar et l'Ougogo, atteindre la région des grands lacs et fonder de nombreuses missions sur les bords du Nyanza et du Tanganyika. Quant aux missions du Sahara, elles n'ont jamais été complètement abandonnées, et ont même repris un nouvel essor depuis quelques années. La Propagande les a érigées en vicariat apostolique en 1890, et une douzaine de missionnaires y travaillent actuellement dans les stations de Ghardaïa, Ouargla et El Goléa.

∴

Si le désastre de la deuxième mission Flatters avait arrêté net le Gouvernement dans la voie des explorations à grande distance dans le massif du Sahara central, il ne l'avait pas fait renoncer, cependant, à compléter les connaissances géographiques que l'on possédait alors sur le Sahara algérien.

Le Ministère de l'Instruction publique chargea, en 1882, M. Foureau d'une mission au Sahara.

M. Foureau avait quitté Biskra à la fin de décembre, et se trouvait à Touggourt, prêt à partir dès le 1ᵉʳ janvier 1883; mais une série d'ennuis de toutes sortes, dont un retard dans l'arrivée de divers instruments qui auraient dû lui parvenir dès le commencement de décembre, le retinrent plus d'un mois; il ne put quitter Touggourt que le 6 février.

L'intention du voyageur était de se rendre au moins jusqu'au hassi Messegguem, soit par la voie de l'Erg, soit par les routes de l'Ouest.

Dès son arrivée à Ouargla, le voyageur demanda à l'agha de lui donner comme guide un homme de son maghzen, nommé Sliman ben Mabrouk, et que l'explorateur savait connaître parfaitement les routes du Sud. L'agha ne put prendre sur lui de prêter ainsi un de ses hommes, n'ayant pas reçu d'ordres à ce sujet. Cependant le colonel chef d'état-major du XIXme corps avait assuré au voyageur que des instructions seraient données pour faciliter son voyage.

L'agha en référa à Ghardaïa, mais M. Foureau n'avait pas le temps d'attendre une réponse. Il partit donc et fit bien, car il apprit dans la suite que le commandant supérieur du cercle de Ghardaïa n'avait, pas plus que l'agha d'Ouargla, reçu d'ordres au sujet de son voyage.

Le 12 février M. Foureau se mit en route, accompagné seulement des guides chamba qui l'avaient suivi depuis Touggourt, mais qui connaissaient surtout les directions de l'Est; — il espère trouver, parmi les tribus chamba campées au sud, les hommes nécessaires pour le guider.

De la petite oasis de Rouissat, le voyageur alla traverser les petites dunes de Baghdi et, laissant sur la gauche les gours Bou-Rouba, campa à peu de distance au sud-ouest du hassi Tarfaïa. De là, il se rendit au hassi Smihri (4 février), aux environs duquel il rencontra de nombreux silex taillés, et, continuant sa route vers Aïn-Taïba, campa au hassi Medjira, où il séjourna pour attendre deux Chamba de la fraction des Ouled-Smaïl qui, prévenus par lettre envoyée de Ouargla, devaient venir le retrouver en ce lieu pour lui servir de guide.

Quelques Chamba-Mouadhi, campés aux environs, vinrent le trouver et racontèrent aux quelques hommes qui lui servaient d'escorte des choses fantastiques sur son voyage. « La chronique du Sahara, dit-il dans ses notes de route, m'envoie tantôt à In-Salah, tantôt à Ghadamès, au Hoggar, au Soudan ! On va même jusqu'à assurer que je suis envoyé à la recherche des ossements du colonel Flatters et de ses compagnons ! »

« Mes hommes, ajoute M. Foureau, essayent de me prouver qu'ils ont peur d'un certain Ouled bou Rahala, récemment évadé de la prison de Touggourt où on l'avait enfermé à la suite d'assassinats nombreux. Ils prétendent que cet homme roule le Sahara avec son frère, et on dit qu'ils ont rassemblé autour d'eux un certain nombre de bandits de leur espèce, et que cet ensemble constitue un rhazzou qui se promène dans nos environs. Mes hommes auront bien du mal à me prouver qu'ils ont réellement peur, car ils sont de la même fraction de tribu que cet Ouled bou Rahala. »

Le 18 février, le voyageur arrive au hassi Djeribia et y trouve de l'eau excellente à 14 mètres de profondeur. Quelques tentes de Chamba Ouled Daoui se trouvaient aux environs; deux hommes de cette tribu consentirent à guider M. Foureau jusqu'à Aïn-Taïba, mais montrèrent quelque répugnance à dépasser la limite de l'Erg et à guider un Européen isolé dans une région où l'on peut faire des rencontres dangereuses.

Ces Chamba lui racontèrent ceci : « Une caravane » des Ouled Ba Hammou, des environs d'In-Salah, » chargée de plumes d'autruche et de cotonnades, se » rendait à Ghadamès ; elle a été attaquée par un parti » targui appartenant à une tribu du sud de Ghadamès, » et six hommes ont été tués. Pour se venger, les Ou- » led Ba Hammou ont organisé un rhazzou de cent vingt » hommes et ont tué un notable des Azdjer, nommé El » Hadj Brahim.

» A la suite de ces événements (qui se passaient » en décembre 1882), les Touareg Azdjer et les Dji- » baïlia ont organisé une colonne forte de plusieurs » centaines de chameaux qui a dû marcher, ou est en » marche vers In-Salah pour se venger sur les ksour » eux-mêmes en les pillant.....

» Les choses en sont là à l'heure actuelle. Tu veux » aller à des points placés sur le medjbed (piste) d'In- » Salah à Ghadamès ; or, pour les raisons que nous » t'avons données, ce medjbed n'est pas sûr en ce mo- » ment, et nous ne pouvons t'y conduire. »

Du hassi Djeribia, le voyageur laissa à l'ouest le nouveau puits, creusé en 1882 par les fils de Bou Khacheba, nommé Hassi Djeribia Djedida, et marcha droit sur Aïn Taïba, en traversant les feidj Dhamran et Torba.

Aïn Taïba est entourée de dunes et d'oghroud[1] ; c'est une sorte de cratère à bords éboulés de 150 à 200 mètres de diamètre, dont le fond forme une mare circulaire

---

[1] F. Foureau. Rapport au Ministère de l'Instruction publique. — *Une Excursion dans le Sahara algérien*. Paris, 1883.

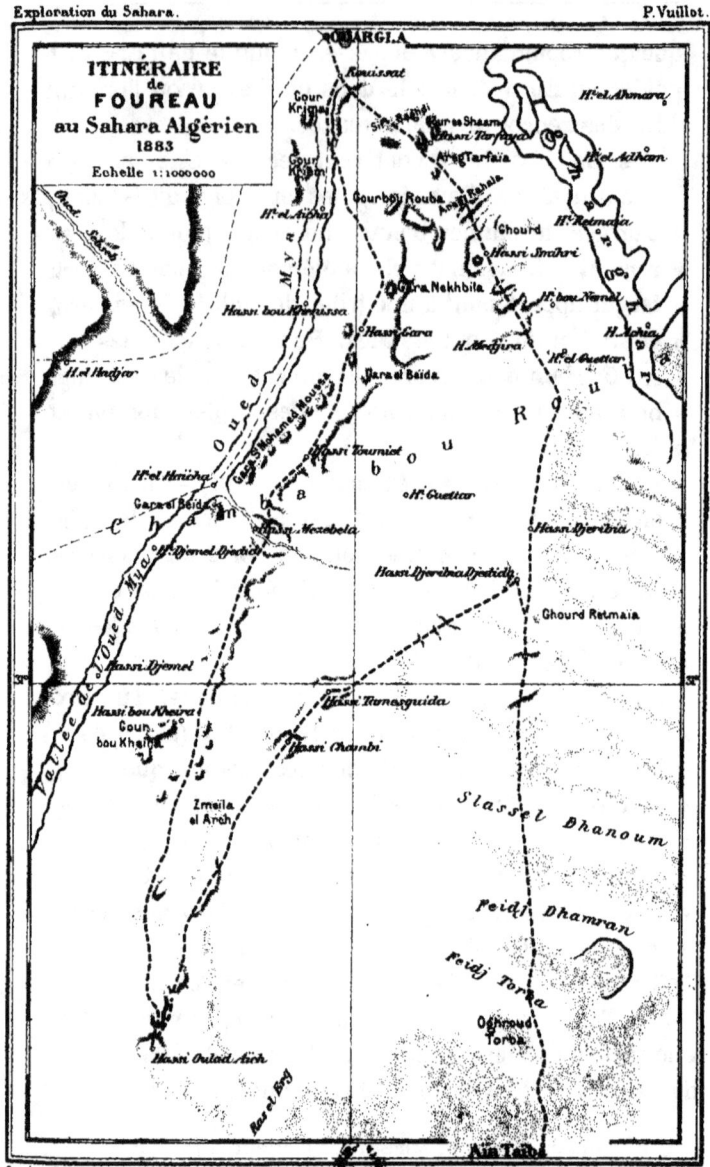

pleine d'eau et bordée d'une enceinte de roseaux d'où émergent cinq ou six dattiers.

Pour abreuver les caravanes, on creuse un trou dans les roseaux du bord de la mare et on obtient une eau excellente, bien qu'elle ait un léger goût que lui communiquent les racines de roseaux.

A deux ou trois cents mètres au nord se trouve un autre cratère un peu plus petit et en partie comblé par les sables. Il paraîtrait qu'autrefois il contenait de l'eau. A cette époque l'aïn Taïba actuelle, d'après la légende, n'existait pas et, à sa place s'élevait un grand ghourd qui se serait tout à coup effondré, au dire des Arabes, et aurait été remplacé par une mare d'eau claire. En même temps que ce phénomène se produisait, le premier cratère se tarissait subitement. La légende ajoute qu'un berger qui se trouvait juste à point au sommet du ghourd aurait été englouti avec lui !

Sur la bordure du cratère, à l'ouest et à l'est, on voit les tombes de quatre hommes des Ouled Saïha tués en 1878; leurs pieds et leurs mains sortent de terre et ont conservé leur peau qui, desséchée et parcheminée, est parfaitement conservée.

Les guides refusent d'aller plus loin. Du reste, il n'y a, paraît-il, aucune route facile d'Aïn Taïba au hassi Messegguem, et il faudrait plus de dix journées de marche très pénible dans les oghroud de l'Erg pour atteindre ce dernier point.

En présence de cette situation, M. Foureau se décida à remonter au nord jusqu'au hassi Djeribia Djedida pour gagner de là le hassi Ouled Aïch dans le sud-ouest.

Arrivé le 27 février au hassi Djeribia Djedida, il

n'en repartit que le 3 mars, pour se trouver le 5 au hassi Tamesguida. Ce puits se trouve dans la partie nord-ouest d'une petite dépression, au milieu de buttes coniques hautes de quatre ou cinq mètres, tapissées de racines de tamarin. Le puits actuel, qui date seulement de 1882, est creusé à quelques mètres de l'ancien; il a huit mètres de profondeur, et son eau est excellente.

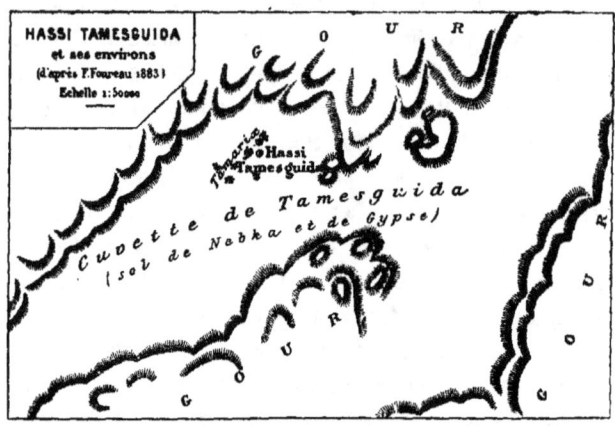

« Je reçois ici, raconte M. Foureau, la visite du cheikh des Chamba Aberreh, Ahmed ben Ahmed ben Cheikh, qui me raconte des histoires démesurément longues sur le rhazzou targui qui serait en marche sur In-Salah. Dans son entourage se trouve Cheikh ben Boudjema, ancien guide du colonel Flatters. Je lui demande s'il veut me guider jusqu'au hassi Messegguem; il a bien envie de venir, mais il n'ose marcher sans l'approbation de son cheikh. Or, celui-ci craint d'assumer une responsabilité quelconque et voudrait un ordre du bureau arabe de Ouargla lui enjoignant de me fournir un guide.

Comme je n'ai aucun moyen de vaincre cette résistance, je me résigne à continuer la marche sur le hassi Ouled Aïch par le hassi Chambi. »

Ce puits, qui n'est qu'à treize kilomètres du hassi Tamesguida, est situé, comme lui, au fond d'une vaste cuvette où s'élèvent sur des buttes des touffes de tamarin.

Le 8 mars, M. Foureau atteint le hassi Ouled Aïch; mais, là encore, ses guides se refusent à le conduire plus loin, soit vers Inifel qui est à peu de distance vers l'ouest, soit vers Hassi Messeyed, parce qu'ils ont peur et qu'il n'y a pas d'eau, disent-ils.

Force fut donc au voyageur de reprendre, le 10 mars, la route du nord; le 11 mars il campe un peu à l'est du hassi Bou Kheira, puits mort et ayant sur sa gauche la vallée de l'oued Mya. Laissant à l'ouest le hassi Mezebela, il arrive le 13 au hassi Toumiet, et longe une série de gour qui peuvent être considérés comme des fragments de la berge de droite de l'oued Mya, ou, du moins, comme la limite un peu indécise, à l'est, de la plaine qui borde le thalweg plus ou moins apparent de cet oued.

Du hassi Gara (14 mars), l'itinéraire du voyageur va passer près de la gara Nekhbila, et va directement regagner Rouissat et Ouargla (17 mars), longeant les gour Kriem d'abord, puis la gara Krima.

Si les circonstances, et surtout les hommes, ont empêché M. Foureau d'accomplir entièrement son plan primitif, qui était d'aller au moins jusqu'à Messegguem, il n'en a pas moins rapporté des renseignements intéressants sur le sud du Sahara d'Ouargla. Son itinéraire du hassi Dejeribia au hassi Ouled Aïch est entièrement nouveau, et le voyageur fixe l'emplacement de tous les puits visités sur une carte au 1/500,000, qui reproduit dans ses moindres détails le relief de la région parcourue.

CHAPITRE XII

LIEUTENANT MARCEL PALAT. — CAMILLE DOULS.

Si M. Foureau ne put, par suite du refus de ses guides de l'accompagner plus loin, dépasser le hassi Ouled Aïch et atteindre le hassi Messegguem, pour gagner les premiers ksour du Tidikelt, un autre voyageur, le lieutenant Palat, tenta, lui aussi, quelques années après, en 1886, de gagner In-Salah par la voie du Gourara. Il paya sa témérité de sa vie.

Marcel Palat, sous-lieutenant au 2me spahis, puis lieutenant au 1er hussards, alors en Tunisie, avait vécu en Afrique les meilleures années de sa vie d'officier. Tout en publiant, sous le pseudonyme de Marcel Frescaly, plusieurs volumes de poésies ou de nouvelles algériennes[1], il préparait lentement, résolument, sans jamais cesser d'y penser, le grand voyage qui devait amener sa mort.

---

[1] Entre autres : *Les Arabesques,* — *Voyage en Tunisie,* — *Souvenirs d'un Saint-Cyrien,* — *Le Sixième Margouillats,* — *Fleur d'Alfa,* — *Mariage d'Afrique*......

Dans les premiers jours de 1885, Marcel Palat se trouvait en convalescence à Paris; il y fit la connaissance de M. Angéli, interprète sénégalais qui accompagnait un envoyé du Macina et de Timbouctou dans son voyage en France. Si El Hadj, avec qui M. Angéli le mit en rapport, l'encouragea vivement à tenter la traversée du désert, lui promettant aide et protection. Palat n'eut plus qu'un désir : partir le plus tôt possible.

Il mit tout en œuvre pour obtenir une mission. Avec une patience et une ténacité qui ne se lassèrent point, il multipliait les démarches auprès des ministres compétents et des personnes influentes portant intérêt aux sciences géographiques et au développement de notre prestige en Afrique.

M. de Freycinet, qui était primitivement d'avis de confier la mission à M. Angéli, accorda 2,000 francs au lieutenant Palat sur le budget des Affaires étrangères, et le Ministère de l'Instruction publique, grâce aux démarches de Mme Adam, lui alloua une somme de 10,000 francs. Ayant réuni enfin une somme totale de 16,000 francs, il pouvait se mettre en route.

Tout d'abord il voulait partir du Sénégal, descendre le Niger jusqu'à Timbouctou, avec l'aide de Si El Hadj traverser le Sahara et rentrer en Algérie par le sud oranais. Mais il se heurta à l'opposition des bureaux de la Marine; il avait déjà son passage pour Saint-Louis et allait s'embarquer à Bordeaux, lorsqu'on lui apprit que la canonnière stationnée à Bammako, sur le Niger, sur laquelle il comptait pour se rapprocher de Timbouctou, lui était impitoyablement refusée.

Sans se décourager, il changea aussitôt son plan et

décida de prendre pour point de départ l'Algérie qui, primitivement, devait être son point d'arrivée.

Le hasard aussi contribua à lui faire adopter ce nouvel itinéraire. Si Hamza, khalifa des Ouled Sidi Cheikh, était venu à Paris présenter ses hommages au Gouvernement. Palat, qui le connaissait déjà, alla lui rendre visite et l'intéressa à son projet d'exploration. Si Hamza lui ayant promis de le faire accompagner jusqu'à In-Salah, il n'hésita plus à partir pour le sud de la province d'Oran.

Le 14 août 1885 il arrivait à Saïda et il en partait le 27 septembre pour Géryville, en compagnie des deux indigènes, Bel Kassem ben Saadi, interprète, et Ferradji, qui devaient composer son seul personnel, en dehors de ses guides et de ses chameliers.

Il quitta définitivement Géryville le 17 octobre. Si Hamza, qui lui avait promis de l'accompagner jusqu'à In-Salah, ne put, au dernier moment, mettre son projet à exécution et lui envoya à sa place un de ses parents éloignés, Bel Arby Ould Naïmi, pour lui servir de guide jusqu'au Gourara. Un marabout renommé des Ouled Sidi Cheikh, Si Kaddour, agha de Géryville, devait aller l'y retrouver pour le conduire au Tidikelt et le remettre entre les mains du cheikh d'In-Salah, Abd el Kader ould Badjouda.

De Géryville, Palat se dirigea tout d'abord vers El Goléa (11 septembre), par Brezina, la vallée de l'oued Seggueur et le puits Bou Zid. Dès son arrivée, il va se présenter au commandant supérieur du Mzab, qui se trouve justement en tournée; celui-ci, prétendant qu'il n'a pas été avisé hiérarchiquement de son arrivée, lui fait subir un interrogatoire en règle et ne consent même pas à le recevoir. Cet accueil plus que froid ne pouvait que faire le plus mauvais effet sur le moral des indigènes qui devaient accompagner Palat, et amoindrir l'autorité morale qu'il était nécessaire au voyageur d'avoir sur eux.

Le 3 décembre, Palat quittait El Goléa pour gagner le Gourara par la dépression de l'oued Meguidem; ses étapes furent celles des caravanes qui suivent cette route : Aïn el Hadj Bouroum, hassi Kadour, hassi Inhal, hassi Erg Cedra, hassi Tekna, hassi El Henzenna, hassi Melah, hassi Guendouz et hassi Guedmaïa, et, le 12 décembre, il campe sous les murs de Tahantas, une des oasis qui, avec  Tabelkoza et une douzaine d'autres, forment le Tinerkouk, la partie la plus septentrionale du Gourara.

Reçu avec méfiance, il peut cependant séjourner quelque temps à Zaouiet-ed-Debba, à Oudghar, à El Mabrouk, à El Hadj Guelman et à Semmota, en se recommandant toutefois de Si Kaddour. Ce dernier n'arrive toujours pas, et Palat, s'impatientant enfin, et las d'attendre à Semmota la venue de son protecteur, renvoya en arrière un de ses chameliers, nommé Mohammed, afin de savoir si, oui ou non, Si Kaddour allait venir le rejoindre.

Pendant toute cette attente, Palat n'était pas sans

être inquiété : les cheiks de tous les ksour de la région venaient le rançonner, et il se trouvait obligé d'acheter, fort cher parfois, leur protection. Bel Arby lui-même n'était pas le moins acharné à le dépouiller.

Enfin, le 22 janvier, il voit arriver, non pas Si Kaddour, mais son fils, Si Mohammed ben Kaddour, dont la présence mit trêve cependant aux extorsions que chacun faisait subir au voyageur.

Par une lettre datée de Semmota, 25 janvier, la dernière qui soit parvenue, il annonçait son départ pour le Tidikelt. Peu après arrivait la fatale nouvelle : Palat avait été assassiné à quelques jours de marche d'In-Salah !

Les détails de cette fin tragique et ses causes ne sont pas, et ne seront probablement jamais exactement connus. Cependant le récit fait par Ferradji, le noir qui accompagnait Palat et qui seul échappa au massacre, permet de reconstituer à grands traits les dernières journées du malheureux officier.

Au moment de quitter Semmota, le jeune Kaddour aurait envoyé un messager au cheikh d'In-Salah pour que celui-ci fût prévenu de leur arrivée et qu'il vînt au-devant d'eux avec des mehara.

Après avoir envoyé ce courrier, ils quittèrent Semmota, se rendant à Deldoun, mais, le cinquième jour, arrivés à Ygrouth, le jeune Kaddour et Bel Arby refusèrent d'aller jusqu'à Deldoun, donnant comme raison que Bou Amama leur ennemi s'y trouvait campé en ce moment, et qu'il recevrait fort mal un voyageur accompagné par eux.

Palat demeura un instant perplexe devant cet abandon, puis décida de se rendre sans eux à Deldoun, accompagné des seuls Ferradji et Bel Kassem. Bou Amama, qui connaissait depuis longtemps sa présence au Gourara, lui fit bon accueil et le retint huit jours près de lui.

Le lieutenant ne le quitta que le 16 février, pour aller rejoindre à Ygrouth Bel Arby qui lui avait fait savoir que les chameaux envoyés d'In-Salah étaient arrivés.

Après le départ de l'officier, Bou Amama dit à ses gens: « Montez à cheval, et allez vous informer à Ygrouth si les chameaux sont réellement envoyés par le cheikh Abd el Kader? »

Les cavaliers arrivèrent à Ygrouth quelques instants après le départ du lieutenant. Néanmoins, ils purent se convaincre que les mehara ne venaient aucunement d'In-Salah, et appartenaient à une tribu des Oulad Ba Hammou. Ils apprirent aussi que le jeune Kaddour et Bel Arby, croyant sans doute avoir remis le voyageur entre les mains de serviteurs du cheikh Abd el Kader, avaient repris la route d'El Goléa.

Les gens de Bou Amama reconnurent également la piste du lieutenant, et constatèrent qu'elle ne suivait nullement la direction d'In-Salah.

Revenus près de Bou Amama, celui-ci les envoya vite sur les traces de l'officier, afin de prévenir la trahison qui se préparait; ils arrivèrent trop tard.

Le lieutenant Palat avait quitté Ygrouth le jeudi matin, 18 février, et ce fut le lundi 22, vers midi, que les gens de Deldoun trouvèrent au hassi Cheikh, à quatre journées de marche à l'ouest d'In-Salah, son cadavre et celui de Bel Kassem.

L'interprète avait eu l'artère carotide tranchée; son corps gisait tout près du puits; à 500 mètres plus loin,

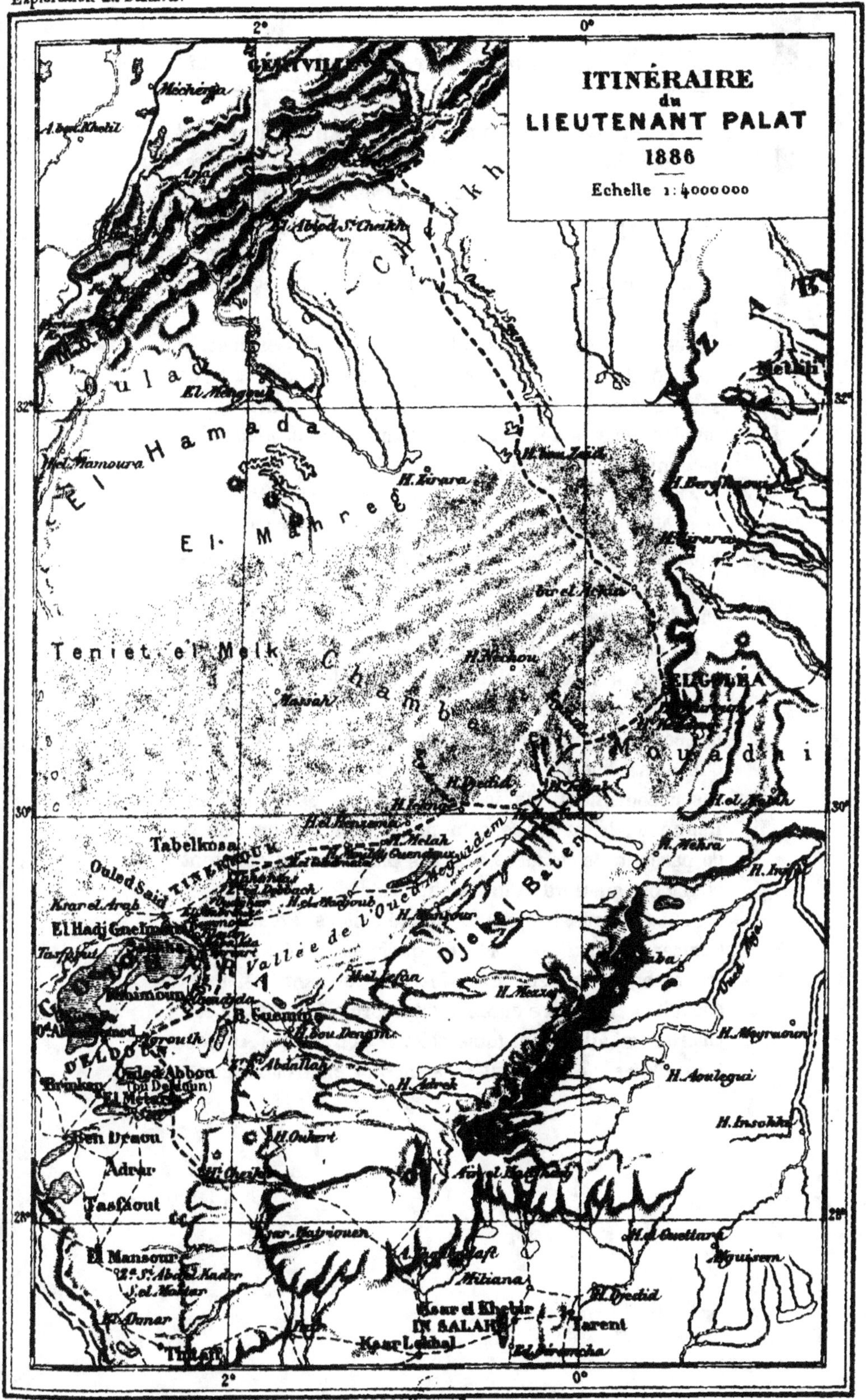

sur la hamada qui domine hassi Cheikh, le lieutenant était étendu, la face contre terre, l'épaule droite traversée par deux balles; ses blessures saignaient encore et il avait dans la bouche, fortement crispée, l'index de la main droite que ses assassins lui avaient coupé et planté entre les dents, en manière de risée et de mépris.

Dès que Bou Amama fut informé de l'assassinat, il en avisa le cheikh d'In-Salah qui lui répondit : « Je ne sais ce que tu veux me dire; je n'ai pas reçu avis qu'un officier français se dirigeait vers In-Salah, et je ne lui ai pas envoyé de mehara. »

Abd el Kader ould Badjouda envoya aussitôt deux cent cinquante cavaliers à la recherche des Ouled Ba Hammou qui avaient trempé dans ce crime : les coupables furent arrêtés, mis aux fers à In-Salah, et reçurent la bastonnade.

Tel est le récit de Ferradji, qui, malade, avait été laissé en arrière à Deldoun par le lieutenant. On peut en conclure que ce n'est ni à l'instigation de Bou Amama, ni à celle des gens du Gourara, ni même à celle du cheikh d'In-Salah que l'assassinat a été commis. Il faut en accuser seulement les instincts pillards des Oulad Ba Hammou, tribu arabe et nomade dont les territoires de parcours s'étendent sur les plateaux qui couvrent la région au nord d'In-Salah.

Peut-être aussi le crime eût été évité si Palat s'était assuré une petite escorte de quelques fidèles; mais, accompagné du seul Bel Kassem, et sans défense, pouvait-il être autre chose qu'une proie facile pour les pillards qui sillonnent toute cette région, où les Arabes eux-mêmes ne voyagent qu'armés et en troupe nombreuse, et ne s'abordent, en dehors des centres habités, que le fusil à la main ?

※

Tandis que le lieutenant Palat succombait misérablement, dans le Touat, sous les coups de quelques pillards, un autre voyageur, non moins courageux, et qui devait, plus tard, trouver dans la même région une fin tout aussi malheureuse, entreprenait dans le Sahara occidental un voyage des plus aventureux.

Camille Douls venait de faire au Maroc un séjour prolongé afin d'y apprendre l'arabe. Les exemples de Caillié, Panet, Rohlfs, Lenz lui avaient donné la conviction absolue qu'il était possible de voyager dans le Sahara en se faisant passer pour musulman. Aussi est-ce comme ses glorieux devanciers qu'il résolut d'entreprendre son exploration.

Le choix de son point de départ le laissa longtemps perplexe. La route du nord par l'Atlas et le sud marocain lui était fermée comme à tout Européen, et, dans un pays où il était connu, il lui eût été difficile, sinon dangereux, d'entreprendre son voyage sous un déguisement.

La route du sud par le Sénégal et l'Adrar présentait les mêmes inconvénients. Panet qui, mieux que tout autre, pouvait jouer le rôle de musulman parmi les Maures puisqu'il était mulâtre et originaire du Sénégal, en avait fait la rude expérience ; il ne restait à Douls que la voie de la côte. C'est celle qu'il prit.

Certes, le projet d'aborder en plein pays maure comme un naufragé n'était pas exempt de dangers, mais c'était la seule voie qui n'eût pas été essayée ; il est vrai que de nombreux naufragés, jetés sur cette côte inhospitalière, avaient été victimes de la barbarie des tribus maures qui sillonnent cette région, mais c'était des naufragés chrétiens. Quel accueil feraient-elles à un musulman, à un frère ou à quelqu'un qui réussirait à se faire passer pour tel ? Douls ne voulait pas croire que des musulmans sacrifieraient un homme faisant comme eux le salam, proclamant avec eux qu'Allah est Dieu et Mahomet seul son prophète.

C'est avec cette conviction que, dans les premiers jours de l'année 1887, Camille Douls se faisait déposer par des pêcheurs des îles Canaries sur la côte du Sahara, au cap Garnet, seul, sans escorte, comme un malheureux naufragé.

Peu de temps après s'être fait ainsi abandonner sur la côte, Douls eut le malheur de tomber entre les mains d'une fraction de la tribu des Oulad Delim, qui hantait la côte avant de retourner dans leurs territoires vers l'Est. Cette tribu passait pour être la plus terrible de toutes celles qui écument le Sahara occidental.

Dépouillé, maltraité, chargé de chaînes, il eut à subir pendant douze jours une très cruelle captivité et ne dut la vie qu'à sa connaissance des prières musulmanes qu'il récitait chaque fois que sa position devenait plus critique. Sa constance eut enfin sa récompense : un hadj[1] de la tribu crut reconnaître en lui un Turc ; il fut alors délivré de ses fers et reçu comme « frère » dans la tribu.

Étant ainsi devenu l'hôte d'une des tribus les plus redoutées de l'ouest du Sahara, il put parcourir en sa compagnie et avec une sécurité relative les terri-

---

(1) Pèlerin ayant fait le voyage de La Mecque.

toires de parcours, encore inexplorés, de ces Maures nomades.

Pendant les cinq mois qu'il vécut avec eux sous la tente, il accompagna d'abord la tribu jusqu'auprès des dunes d'Iguidi, à l'est-sud-est du cap Garnet, et remonta ensuite avec elle vers Zemour, au nord; puis, rejoignant la côte au cap Bojador, il la suivit jusqu'au sud du cap Juby, reprit la route de l'intérieur, passa au puits de Tiouarga, déjà visité par Panet, atteignit Tendouf et revint au cap Juby par Adsokha et Oum el Dokhan.

Ce ne fut qu'à ce moment que Douls parvint à quitter les Maures avec lesquels il venait de vivre. Son hôte Ibrahim, chef de la fraction de la tribu qui l'avait accueilli, avait formé le projet de lui donner sa fille en mariage. Dans cette partie du Sahara, comme en tout pays musulman, c'est le fiancé qui apporte la dot, ou plutôt qui achète la femme qu'il veut épouser. Une fois le chiffre de la dot convenu, Douls persuada à son hôte qu'ayant été dépouillé de ce qu'il possédait à son arrivée à la côte, il lui fallait aller chercher dans son pays, la Turquie, la somme en question. Douls put donc partir. Arrivant du Désert, brûlé par le soleil, émacié par les fatigues et les privations, vêtu en nomade saharien, il passa sans attirer la moindre attention : le cheikh d'Aouguelmin lui fournit même une monture et un guide pour traverser son territoire.

D'Agadir, Douls contourna l'extrémité occidentale de l'Atlas par le cap Ghir et alla à Maroc (Merakech). En même temps que lui, arrivait dans cette ville la légation anglaise dont le chef, Sir Kirby Green, portait au Sultan ses lettres de créance. Un des membres de

Exploration du Sahara. P. Vuillot.

ITINÉRAIRE
de
CAMILLE DOULS
au Sahara Occidental
1887
Echelle 1:6 000 000

la légation, qui connaissait Douls, le reconnut et put lui apprendre que tout le monde ignorait son arrivée au Maroc et que, même à Mogador, où le consul français faisait démarches sur démarches pour avoir de ses nouvelles, on le croyait pour le moins en captivité dans le Sahara.

Le jeune Anglais n'eut rien de plus pressé que de porter au Ministre anglais la nouvelle du retour du voyageur, qui n'avait dû la réussite de ses projets qu'au rôle de musulman qu'il avait si bien su jouer. Le bruit de l'heureuse issue de ce voyage se répandit rapidement, et fut rapporté au Sultan.

Mouley Hassan, furieux d'apprendre qu'un chrétien était parvenu à traverser en sécurité les provinces du Sous et de l'Ouad Noun, le fit immédiatement arrêter, river les fers aux pieds et emprisonner. Douls put heureusement faire parvenir de ses nouvelles au Ministre anglais qui fit aussitôt les démarches nécessaires pour obtenir sa mise en liberté.

Avec la mission anglaise, il fut facile au jeune voyageur de gagner Mogador, où le consul français, M. Lacoste, lui fit le meilleur accueil. Il suivit ensuite la côte et arriva enfin à Tanger, d'où il put annoncer l'heureuse issue de ce voyage « qui, dit-il, commencé dans les fers s'est terminé dans les fers, et m'a valu avec ses alternatives de joies et de déceptions les plus grandes émotions qui soient réservées à un voyageur ».

De ce long séjour parmi les campements des Maures du Sahara occidental, Camille Douls a rapporté une étude très complète [1] de toutes ces tribus qui par-

---

[1] Société de géographie de Paris. — Bulletin du 3ᵐᵉ trimestre 1888.

courent, avec leurs troupeaux, les immenses pâturages qui s'étendent entre l'Iguidi et la côte. Ses pérégrinations avec les tentes de la tribu dont il faisait partie lui permirent en outre de relier, par le tracé de ses itinéraires, la route de Lenz (Tendouf) à celle de Panet (Tiouarga, Adsokha), et de compléter les connaissances encore bien vagues que l'on possède, même aujourd'hui, sur toute cette région.

.·.

A peine de retour en France, Camille Douls demandait et obtenait une mission d'exploration dans le Sahara. Son projet était d'atteindre Tombouctou, en partant du Maroc, et de gagner ensuite le Sénégal et Saint-Louis.

Résolu à partir, quand bien même le Gouvernement ne l'aurait pas encouragé dans son projet, il avait décidé d'adopter le costume et le rôle de musulman, grâce auxquels il avait déjà échappé aux soupçons des tribus du Sahara occidental. Mais le terrain de sa deuxième tentative était, plus que l'autre, entouré de dangers, car les habitants du Touat et du Gourara, venant fréquemment commercer dans les marchés algériens, ont appris de longue date à connaître l'Européen et à découvrir sa nationalité, même sous le plus habile des déguisements.

Camille Douls partit donc; mais il voulut ajouter à son rôle de musulman le titre de *el hadj*, c'est-à-dire de pèlerin ayant accompli le voyage à La Mecque et à Médine. Cela compliquait la difficulté et obligeait à une étude préalable et très attentive de la topographie des deux villes saintes d'Arabie, des noms et des fonctions des personnages en vue à Médine et à La Mecque, des cérémonies du pèlerinage et des devoirs du pèlerin, afin de n'être pas pris au dépourvu, au cas fort probable où il aurait rencontré plus tard, dans le cours de son voyage, un dévot musulman, *hadj* lui-même, et qui, toute méfiance mise de côté, serait heureux de raviver, en causant avec un confrère, les souvenirs de l'époque la plus importante de sa vie religieuse [1].

S'embarquant à Marseille, le 15 juillet 1888, Camille Douls était à Tanger le 24 juillet. Il en repartait le 17 ou le 18 août, et, le 20 du même mois, il montait à Gibraltar sur un paquebot à destination d'Alexandrie. Le 15 septembre, il était à Tôr, sur le golfe de Suez, au pied du mont Sinaï, où les vrais pèlerins revenant de La Mecque subissaient une quarantaine.

L'entrée dans le camp des pèlerins constituait une des parties les plus périlleuses de la tentative aventureuse du jeune voyageur. Camille Douls paraît cependant avoir réussi à se faire admettre dans le lazaret comme musulman et comme pèlerin; car, au début du mois d'octobre 1888, on le voit, sous le nom d'El Hadj Abd el Malek, rentrer à Tanger en compagnie de vrais pèlerins marocains qui le considèrent, ou du moins le traitent comme un des leurs.

Aussitôt à Tanger, Douls se hâta d'entreprendre son grand voyage; il se mit en route pour le Sud, ayant pour compagnons deux Marocains, hommes fort respectables, qui revenaient également de La Mecque et avec lesquels il s'était lié au lazaret de Tôr. Il avait

[1] D'après Henri Duveyrier. — Société de géographie, séance du 22 novembre 1888.

réussi à se procurer en outre deux lettres, l'une de Moulay Abd ès Salam, le chérif d'Ouezzan, le recommandant à tous les affiliés de l'ordre de Moulay Taïeb, ancêtre de ce chérif, l'autre du Sultan même, ordonnant à tous les gouverneurs de province et chefs de district de prêter aide et assistance au voyageur. Ces deux documents ne mentionnaient que le musulman El Hadj Abd el Malek, et ne portaient ni son nom ni sa nationalité réelle.

Par suite du déguisement qu'avait pris Camille Douls et qui l'exposait à périr victime de la moindre indiscrétion, du moindre oubli, d'une exclamation, d'un mot de la langue maternelle échappé dans un mouvement d'impatience ou même en rêvant, El Hadj Abd el Malek se trouvait dans la nécessité de laisser sans nouvelles tous ceux qu'il laissait derrière lui. Aussi, à partir du mois d'octobre 1888, n'a-t-on plus reçu du voyageur ni nouvelles écrites de sa main, ni, à plus forte raison, de messages verbaux envoyés par lui.

Cependant, il a été possible de reconstituer l'itinéraire suivi par Camille Douls, grâce aux quelques renseignements recueillis dans la suite par les officiers français du Sud algérien.

A partir de Tanger, Douls dut suivre un des deux chemins qui mènent au Tafilet : ces deux chemins passent par la ville sainte d'Ouezzan, fief indépendant du chérif Abd ès Salam. De là, il est vraisemblable que la petite caravane de pèlerins dont faisait partie le voyageur aura, laissant à l'est Fez, ville de dépenses, pris le chemin le plus direct, celui que Gerhard Rohlfs a suivi en 1864, pour atteindre le groupe d'oasis du Tafilet où l'on compte de nombreux couvents de l'ordre de Moulay Taïeb.

Plus loin, vers le sud, sur le cours de l'oued Saoura, où Camille Douls va s'engager, et dans les oasis du Touat, si l'ordre ne possède plus beaucoup de zaouïa, il compte cependant de nombreux affiliés, et même des représentants, ou moqaddem, dans les principaux centres. Ce fut un de ces moqaddem, nommé Moulay Abdallah, qui aida le voyageur à organiser son départ pour le Sud.

Mais, bien avant d'avoir atteint les oasis du Reggan, Camille Douls avait été reconnu pour un Européen, et un Français. Depuis longtemps il avait dû dire adieu aux deux amis marocains dont il avait fait la connaissance sur la mer Rouge, et qui avaient regagné leurs demeures. A partir du moment de cette séparation, Douls se trouvait seul pour expliquer ou atténuer, devant les indigènes, les contradictions trop évidentes entre son costume et son langage d'une part, et, d'autre part le contenu des lettres de recommandation du chérif de Ouezzan et du sultan du Maroc.

Cependant il fut bien reçu au Reggan par le chérif qui commandait ce district. Ce chef lui donna non-seulement une lettre de recommandation pour la famille des Bakkay, de Timbouctou, mais choisit son propre fils pour conduire le voyageur, avec une caravane d'Ouled Zenan du Reggan, au district d'Aoulef, situé à 60 kilomètres environ dans le nord-est.

Camille Douls avait rencontré au Reggan une nombreuse caravane venue de l'Azaouad et composée de Touareg Idenan et Ibatanaten; il avait conclu avec deux de ces Ibatanaten un marché aux termes duquel ceux-ci s'engageaient, moyennant 75 francs payés d'avance à chacun d'eux, à le guider jusqu'en Azaouad. Ces deux Touareg s'étaient donc joints, avec Douls, à la caravane des Ouled Zenan.

A partir du district d'Aoulef, le voyageur se trouva privé de la protection du fils du chérif du Reggan. La caravane se dirigea sur les oasis d'Akabli, situées au sud-ouest de l'Aoulef, et qui sont le point de départ traditionnel des caravanes à destination de Tombouctou. Arrivée un peu au delà du milieu du trajet, au puits d'Ilighen, la caravane fit halte, pour passer la sieste, à l'ombre d'énormes tamarix. Camille Douls s'était étendu sous un de ces arbres ; il s'endormit. Profitant de son sommeil, ses deux guides Ibatanaten lui passèrent une corde autour du cou et l'étranglèrent. Puis, les assassins dépouillèrent le voyageur, qui portait en or, dans une ceinture, le reste des 2,000 francs qu'il y avait placés à Tanger, et ils s'enfuirent.

Aussitôt le bruit de ce crime se répandit parmi les tribus sahariennes et arriva à la connaissance des officiers français du Sud algérien. Une enquête fut ouverte, et les résultats qu'elle donna sont exposés dans la lettre suivante, adressée par le général Poizat, commandant la division d'Alger, au Président de la Société de géographie, et communiquée par le Gouverneur général de l'Algérie :

« Alger, 6 janvier 1890.

» Monsieur le Président,

» Par lettre du 25 novembre dernier, vous avez bien voulu me faire connaître que la Société de géographie s'est intéressée d'une façon toute particulière à l'exploration entreprise par M. Camille Douls dans le Sahara central et vous m'avez demandé de vous communiquer les renseignements que j'aurais pu me pro-

Exploration du Sahara. P.Vuillot.

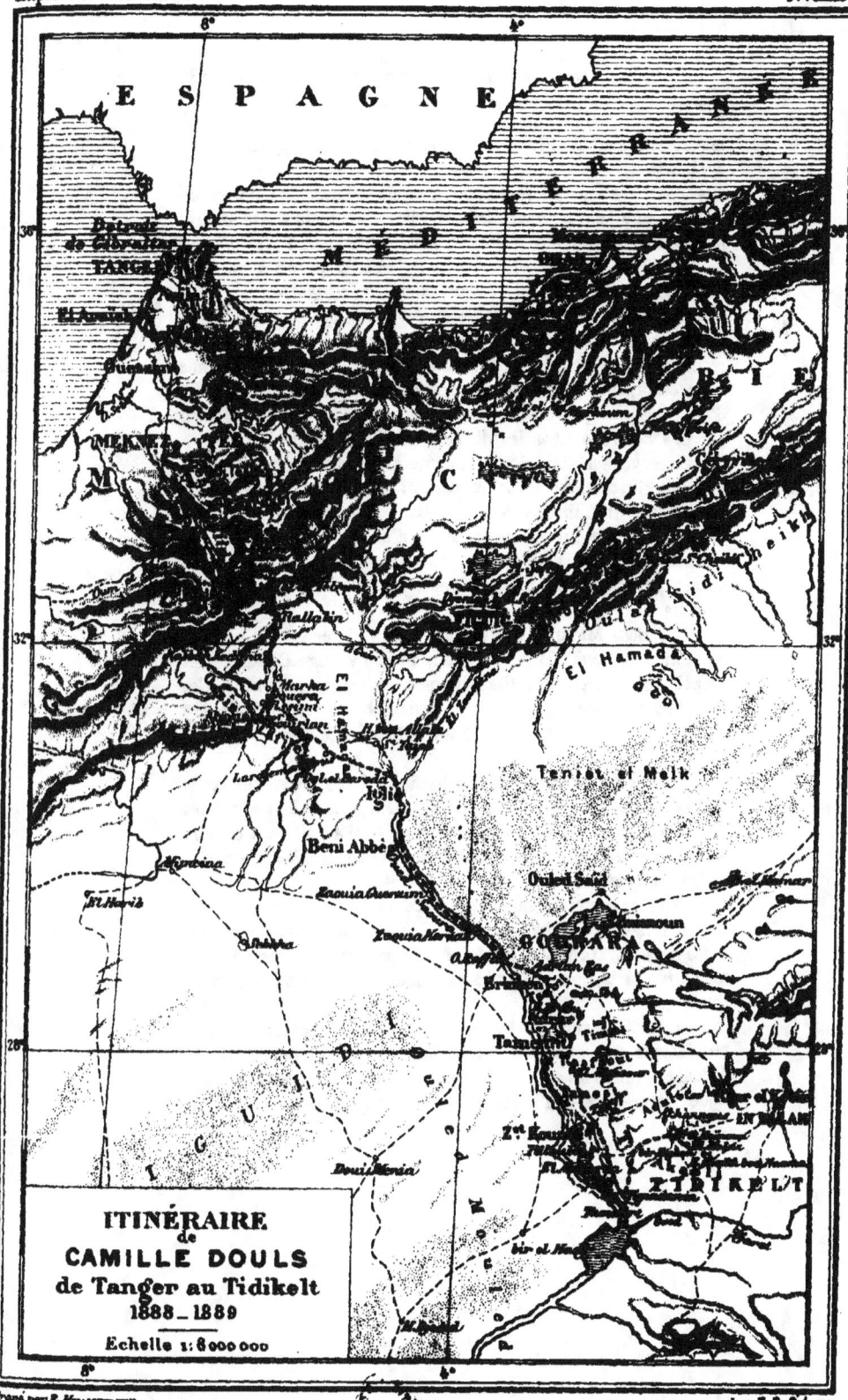

ITINÉRAIRE
de
CAMILLE DOULS
de Tanger au Tidikelt
1888_1889

Echelle 1:6000000

curer, soit sur le voyage même, soit sur la fin tragique de cet explorateur.

» J'ai l'honneur de vous exposer ci-après le résumé des informations que j'ai fait recueillir par MM. les Officiers des affaires indigènes qui exercent des commandements dans l'extrême sud de la division d'Alger et des faits qui ont été portés à ma connaissance par M. le Gouverneur général de l'Algérie.

» Dès le 24 mars 1889, M. le chef de bataillon Deporter, commandant supérieur de Ghardaïa, me transmettait les nouvelles recueillies à El Goléah par M. le lieutenant Cauvet, détaché dans cette oasis, à la limite de nos possessions sahariennes, au sujet d'un voyageur, présumé d'origine européenne, qui avait été vu par des nomades dans les districts du Touat et de l'Aoulef.

» Ce voyageur était signalé comme assez jeune, vêtu très simplement du costume arabe et parlant la langue du pays, mais d'une façon trop incorrecte pour déguiser son origine étrangère. Il voyageait sur un chameau, suivi d'un modeste bagage : on le disait venu du Tafilalet avec des gens des Beni Mahmed qui s'étaient rendus à Deldoul, résidence actuelle de l'agitateur Bou Amama.

» Les Beni Mahmed ont raconté à un indigène des Chambâa que l'inconnu avait fixé comme but de son voyage Ghadamès et Tripoli, où se trouvait, disait-il, un membre de sa famille. Ces Beni Mahmed auraient laissé le voyageur chez un nommé Moulay Ahmed, chef du ksar de Bou Faddi (district de Timmi, dans le Touat).

» D'après les renseignements donnés par ces gens, l'explorateur se faisait appeler El Hadj Abd el Malek ; il marchait à grandes journées, s'efforçant de passer inaperçu, et il aurait reçu dans le Touat un assez bon accueil. Les Arabes le supposaient de nationalité française.

» Dans les premiers jours de mai, de nouveaux renseignements me parvenaient de Ghardaïa et confirmaient le passage au Touat d'un voyageur présumé d'origine européenne, et donnaient en même temps la nouvelle, déjà répandue dans le Sud, de sa fin tragique.

» On le disait venu de Tlemcen ou du Maroc, muni de recommandations des autorités marocaines et peut-être du chérif d'Ouazzan : il se faisait passer pour musulman, observait les pratiques extérieures de l'islamisme et était reçu dans les *saouia* du pays. Voyageant avec une caravane de Chefaa, de la tribu des Hamyan, il avait traversé rapidement le Touat et l'Aoulef et, parvenu au Reggan (Touat inférieur), avait passé quelques jours dans la zaouïa de Moulay Abdallah.

» Sur les marchés du Reggan il aurait rencontré une caravane de Touareg Ibatanaten venus pour vendre des moutons, et leur aurait demandé de le conduire à Timbouctou. Ces Touareg ayant accepté, l'explorateur aurait acheté une *rahla* (selle), loué un chameau et quitté le Reggan en compagnie des Touareg et d'indigènes des Ouled Moulet; mais, après deux journées de marche dans la direction d'Akabli, ses guides l'auraient étranglé en un point dit « El Melaz » et se seraient partagé ses bagages.

» Enfin, le 19 juin, M. le commandant Deporter me faisait part des nouveaux renseignements donnés par un indigène qui avait vu l'explorateur au Touat.

« C'était, a-t-il dit, un homme d'une taille assez élevée, maigre,
» au teint clair, cheveux noirs, barbe de même couleur, très lon-
» gue, taillée en pointe. Dans la conversation, il laissait échapper
» quelques mots d'une langue qui a paru au témoin être du
» français. »

» El Hadj Abd el Malek était muni de lettres de recommandation du chérif d'Ouazzan et peut-être du Sultan du Maroc. Il aurait passé huit jours dans une zaouïa de l'ordre de Moulay Taïeb, dont le chef Moulay Abdallah aurait facilité le départ de son hôte pour Timbouctou.

» Toujours d'après l'indigène entendu à Ghardaïa, l'explorateur aurait été étranglé entre l'Aoulef et Akabli, non pas par des Touareg, mais par des Arabes Dermechega, indigènes vivant de rapines sur les routes qui aboutissent au Touat. Ces malfaiteurs auraient coupé la tête à leur victime, après l'avoir étranglée, et se seraient partagé les effets contenus dans trois caisses de dimension moyenne.

» Quant aux assassins, ils auraient été eux-mêmes surpris et pillés quelques jours après par des Touareg Iboglan du Djebel Hoggar.

» L'indigène qui a donné ces renseignements a déclaré avoir vu l'endroit où El Hadj Abd el Malek a été assassiné.

» D'autre part, le 12 juillet, M. Patenotre, ministre de la République française au Maroc, faisait connaître à M. le Gouverneur général (qui a bien voulu me communiquer ces renseignements) que M. Camille Douls, arrivé à Tanger en 1888, modifiant l'itinéraire primitivement adopté par lui pour se rendre au Tafilalet en passant par le Sénégal et Timbouctou, s'était décidé à gagner ce point par l'intérieur du Maroc.

» M. Féraud, prédécesseur de M. Patenotre à Tanger et qui avait pu constater que M. Douls n'avait qu'une connaissance très insuffisante des idiomes et des coutumes de l'Afrique, chercha à le détourner d'une entreprise qui risquait d'avoir l'issue de celle du colonel Flatters et de M. le lieutenant Palat.

» M. Douls ne reparut pas à la légation du Maroc et partit subitement de Tanger, au commencement de septembre 1888, disant à ses amis qu'il se rendait en Egypte pour se joindre là à une des caravanes de pèlerins venant de La Mecque qui traversent le Sahara et vont se disloquer sur le côté de Sous.

» Il paraissait peu probable à M. Patenotre que M. Camille Douls fût muni de lettres du Sultan du Maroc, ce procédé étant absolument contraire aux usages de la cour de Fez.

» Enfin, le 21 juillet, M. Patenotre transmettait à M. le Gouverneur général des renseignements complémentaires qu'il avait recueillis de la bouche d'un Américain de Tanger, M. Perdicaris, ami de M. Camille Douls.

» D'après M. Perdicaris, le voyageur, trompant la vigilance de ceux qui voulaient le détourner de son projet, aurait gagné, non l'Egypte, mais Ouazzan, revêtu du costume arabe et sous le nom d'El Hadj Abd el Malek. Le chérif d'Ouazzan, ignorant qu'il s'agissait d'un Européen, lui aurait fait remettre des lettres d'introduction pour ses serviteurs religieux du Maroc et du Sahara.

» Depuis son départ M. Camille Douls n'a fait parvenir aucune nouvelle à M. Perdicaris. Ce dernier a donné de l'explorateur le signalement suivant : « taille moyenne, maigreur nerveuse, » visage allongé, pommettes saillantes, barbe peu fournie, de » couleur châtain clair. »

» Il semble résulter de tous ces renseignements que c'est très probablement M. Camille Douls qui, sous le nom d'El Hadj Abd el Malek, a été assassiné entre l'Aoulef et Akabli.

» Le seul indice qui permettrait peut-être de douter de l'identité de l'explorateur français et de la victime des Arabes Dermechega, c'est que notre compatriote est signalé comme ayant une taille moyenne, la barbe peu fournie et de couleur châtain clair, tandis que, d'après le rapport de l'indigène qui a vu au Touat El Hadj Abd el Malek, ce dernier était de taille élevée et portait une barbe noire fort longue.

» Mais, si l'on tient compte du temps qui s'est écoulé entre la dernière entrevue de Camille Douls et de M. Perdicaris, et le moment où Abd el Malek a été vu au Touat; si, d'autre part, on considère que l'indigène, en donnant au voyageur une taille élevée, a sans doute voulu dire qu'il n'était point petit et que les différences relevées dans la couleur et la longueur de la barbe n'ont pas une signification bien nette, eu égard aux conditions dans lesquelles le signalement a été relevé au Touat, on en arrive à conclure à la presque certitude de la fin tragique de M. Camille Douls.

» J'ai prescrit à M. le Commandant du cercle de Ghardaïa de continuer ses recherches, à l'effet d'arriver, s'il se peut, à une certitude complète, et j'aurai l'honneur de vous communiquer tous les renseignements qui pourront me parvenir.

» Général POIZAT. »

Depuis cette lettre, le silence se fit peu à peu sur la triste fin de ce jeune homme plein d'enthousiasme, qui, âgé de vingt-cinq ans à peine, avait déjà exposé sa vie, avec insouciance, pour servir sa patrie et la géographie, et qu'aucun avertissement n'avait pu arrêter quand il avait voulu repartir pour ce pays aux dangers duquel il n'avait pu échapper, lors de son premier voyage, que grâce à une énergie peu commune et un courage indomptable.

CHAPITRE XIII

RHAZZOU DE TOUAREG TAÏTOK AU HASSI INIFEL. — MISSION DE M. FOUREAU AU TADEMAYT, EN 1890.

Depuis 1885, époque à laquelle une trêve avait été conclue entre eux, les Touareg et les Chamba vivaient en paix.

Durant l'été de 1887 [1], les Chamba el Mouadhi (d'El Goléa) avaient, suivant leur coutume, envoyé leurs chameaux au pâturage à Daïet ed Drina, au nord-est d'El Goléa, près de l'Areg R'anem. Se fiant à l'instinct de ces animaux, qui les ramène d'eux-mêmes au puits de leur maître, quand ils éprouvent le besoin de se désaltérer, ils les y avaient laissés sans gardien, comme ils le font lorsqu'ils ne redoutent aucun coup de main.

Si grande que fût leur quiétude, les Mouadhi n'en avaient pas moins eu la précaution d'entretenir, dans le Sahara, quelques émissaires chargés de les renseigner en cas d'événement.

Un de ces émissaires, Bou Hafs ben Lakhal, résidant

---

[1] Capitaine Bissuel, *les Touareg de l'Ouest.* — Harry Alis, *A la conquête du Tchad.*

depuis quelque temps à In-Salah, arriva à El Goléa, le 6 août 1887, après une marche forcée de soixante-douze heures, et prévint le caïd des Mouadhi qu'un rhazzou, fort d'une quarantaine de mehara et venant de la direction du Hoggar, marchait sur sa tribu.

Le kaïd Kaddour ben Belkheir réunit aussitôt tout son monde et se porta sur Mechgarden où il supposait que devait passer l'ennemi. Des *chouafa* (vedettes) furent postés dans toutes les directions et on fit bonne garde.

Mais ces précautions furent déjouées par les Touareg. Ceux-ci, après avoir fait boire leurs mehara au hassi Inifel, abandonnèrent le mejbed dont les Mouadhi s'étaient rendus maîtres, se jettèrent en dehors du rayon d'observation des chouafa; puis, passant un peu à l'est, fondirent, dans la matinée du 7, sur les chameaux qui paissaient à Daïet ed Drina et les enlevèrent.

Une moitié du rhazzou tourna bride aussitôt, emmenant le butin, tandis que l'autre se mettait en quête de nouvelles prises.

Cependant, le premier groupe avait été aperçu ; les Mouadhi se mirent aussitôt en marche sur le hassi Inifel et arrivèrent à ce puits avant leurs adversaires qui, forcément, devaient y repasser pour boire.

Ceux des Touareg qui emmenaient les chameaux rhazziés arrivèrent au puits, le 8 août, avant sept heures du matin. Ils avaient espéré être rejoints pendant la nuit par leurs compagnons restés en arrière. Cet espoir ayant été déçu, ils dessinèrent une attaque sur le puits; mais, devancés par les Mouadhi, ils durent abandonner les chameaux rhazziés, et s'enfuirent, laissant aux mains de nos gens un prisonnier et le cadavre d'un des leurs.

Le caïd Kaddour ben Belkheir apprit, alors seulement, qu'une partie du rhazzou était restée en arrière; il l'attendit au hassi Inifel où elle arriva le 9 au matin.

Les Touareg se réfugièrent d'abord dans la koubba de Sidi Abd el Hakem, située à peu de distance; mais, bientôt pressés par la soif, ils sortirent un à un et tombèrent successivement au pouvoir de leurs ennemis.

**

Le 10 août, les Mouadhi reprirent le chemin d'El Goléa, après avoir fusillé huit de leurs prisonniers; sept autres avaient obtenu la vie sauve et, fait sans précédent, ils furent remis à l'autorité française, après avoir été, toutefois, dépouillés de tous leurs vêtements.

Ces sept prisonniers sont:

1º Abd es Sellam ould El Hadj R'adi, originaire des Chamba el Mouadhi, mais élevé à In-Salah, guide du rhazzou;

2º Kenan ag Tissi, Targui, de la tribu noble des Taïtok;

3º Mastan ag Ser'ada, Targui, de la tribu noble des Taïtok;

4º Tachcha ag Ser'ada, Targui, de la tribu noble des Taïtok, frère du précédent;

5° Amoumen ag R'ebelli, Targui, de la tribu noble des Taïtok;

6° Ischekkad ag Rhali, Targui, de la tribu d'Imrhad des Kel Ahnet;

7° Aggour ag Chikkadh, Targui, de la tribu d'Imrhad des Kel Ahnet.

Après avoir été retenus, pendant quelque temps, à Ghardaïa, ils furent conduits à Alger et internés au fort Bab-Azoun.

∴

En 1889, M. Foureau eut l'occasion de voir à Paris deux de ces Touareg que l'on avait amenés à l'Exposition Universelle, et l'idée lui vint d'obtenir leur élargissement et de les accompagner dans l'Adrar Ahnet, leur pays, région inconnue encore à ce jour.

Il demanda donc, à cet effet, une mission à M. le Ministre de l'Instruction publique et à M. le Sous-Secrétaire d'Etat des Colonies. Ces deux départements lui accordèrent deux subventions, l'une de 3,000 et l'autre de 4,000 francs. Il vit ensuite à plusieurs reprises M. le Ministre de la Guerre et M. le Gouverneur général de l'Algérie; mais, malgré ses instances réitérées, il ne put obtenir que l'on lui confiât les Taïtok internés à Alger. On refusa même de lui en donner un seul, avec lequel il aurait tenté, malgré tout, le voyage de l'Ahnet. Il lui fut répondu que ces hommes le trahiraient en route, et, en fin de compte, il se heurta à un refus d'autant plus inexplicable qu'un de ces Touareg, Ischekkad ag Rhali, fut confié, quelques mois plus tard, à Paul Crampel et adjoint à sa mission.

M. Foureau pensait, en allant dans le Ahnet, décider les Taïtok à envoyer une députation soit à El Goléa, soit à Ghardaïa, sa présence chez eux garantissant la sûreté de leurs envoyés en Algérie. Peut-être serait-il parvenu ainsi à établir des relations amicales entre nos villes du Sud et leur pays.

La décision du Gouvernement général de l'Algérie changeait donc complètement le plan général conçu par le voyageur, qui dut renoncer à essayer de pénétrer dans le pays des Taïtok ; ce qui était possible en la compagnie des Touareg devenait, sans eux, plus qu'une imprudence. Il résolut donc d'aller dans la direction et le plus près possible d'In-Salah, sans toutefois rien risquer qui pût compromettre la mission.

« Parti de Biskra en traversant le désert de Mokhran[1], le voyageur passa à Dzioua et à El Alia, séjour d'un marabout vénéré des Oulad Sahia et des Chamba; il avait avec lui sept hommes, tous Chamba, qui lui étaient connus depuis fort longtemps, puisqu'ils l'avaient déjà accompagné dans ses diverses excursions sahariennes antérieures.

» Il se dirigea, en quittant El Alia, vers le sud-est, coupant l'ouad Igharghar à hassi Matmat, buvant à Bir Ech Chahâba, croisant un excellent itinéraire de M. Teisserenc de Bort à Bir el Aouïdef[2], et enfin vi-

---

(1) Conférence faite à la Société de géographie, le 28 juin 1890.

(2) En mars-avril 1885, M. Teisserenc de Bort avait fait une excursion dans le Sahara, de Touggourt à Gabès par le puits de Berresof. Les lignes principales de ce voyage, fort intéressant d'ailleurs par l'itinéraire suivi, sont brièvement mais clairement exposées dans la lettre suivante, adressée par M. Teisserenc de Bort à la Société de géographie :

« Depuis mon départ de Tuggurth avec M. Raymond Deschellereins, ingénieur civil, et M. Bovier-Lapierre, préparateur au Muséum, départ que je vous avais annoncé précédemment, nous avons marché au sud-sud-ouest, dans la vallée de l'Igharghar, jusqu'auprès de Hassi Ouled Miloud, dernier point visité dans cette direction par la mission Flatters; puis, nous nous sommes dirigés vers le sud-ouest, laissant l'Igharghar, ou plutôt la série

sitant successivement les puits de Bou Khorb, Mey Gheïlan et Ghardaïa; ce dernier est l'un de ceux qui servent souvent de point de départ à nos tribus dans leurs voyages vers Ghadamès.

» A partir de ce puits, l'itinéraire de M. Foureau prend une direction sud-ouest, passant par hassi Malah Oulad Ameur, hassi Touaïza — autre point de départ des caravanes pour Ghadamès — hassi Bou Safia et hassi Bothin. Ici les voyageurs obliquent vers le nord-ouest pour faire leur provision d'eau à hassi Bel Haïran.

de dépressions qui en indiquent l'emplacement. Là commencent les grandes dunes, qui se présentent d'abord sous forme de *oughourds* isolés, puis sous l'aspect de chaînes comme des montagnes bordant de grandes plaines où le sol résistant est encore à nu et dont plusieurs sont encore recouvertes de petits cailloux de calcaire concrétionnés.

» Nous avons passé par les puits d'El Aouïdef, Rhourd Roumed, Oglet Naceur Jeretmi; puis nous sommes remontés vers Beresof. De là nous avons été au Nefzaoua et à Gabès.

» Près de Rhourd Roumed, j'ai trouvé la trace bien caractérisée d'un ancien lac d'eau douce qui pouvait avoir un kilomètre de longueur sur sept à huit cents mètres de largeur. Son plus grand diamètre est à peu près orienté nord-sud. Le fond de la dépression où il était renferme un limon durci rempli de coquilles fossiles d'un âge récent. Dans une dépression suivante, en cherchant s'il y avait des traces d'un autre lac, j'ai trouvé une station préhistorique indiquée par les nombreuses pointes de flèches de silex qui jonchent le sol, des éclats de silex, des grattoirs. Depuis ce point jusqu'à Beresof, au Nefzaoua et à Gabès, la présence de l'homme à une époque ancienne est prouvée par l'existence de silex taillés dans presque toutes les dépressions où l'ancien sol subsiste, c'est-à-dire à peu près partout, les dunes n'occupant que des surfaces restreintes.

» Entre les puits de Rhourd Roumed et d'Oglet Naceur, c'est-à-dire à peu près à mi-chemin de Tuggurth à Beresof, nous avons découvert une sebkha de six à huit kilomètres d'étendue, que notre guide chaamba désigne sous le nom de Sebkha Zeita; au moment de notre passage, elle était à sec, mais l'eau s'y rassemble, paraît-il, après de grandes pluies. Cette sebkha est bordée d'une chaîne de dunes à peu près circulaire, et à la suite, après avoir passé un petit seuil de dunes, on trouve deux grands *sahan* à sol résistant, où les vestiges de l'habitation de l'homme sont très nombreux. Ces deux plaines, en effet, outre des silex taillés, renferment des traces de foyers indiqués par des agglomérations de pierres noires autour de certains points; il y a dans ces plaines des centaines de ces traces de foyers.

» Nous rapportons des observations magnétiques, des levés topographiques, une collection géologique et zoologique. »

— Ce point avait été relevé par le capitaine Bajolle dans son exploration de l'oued Igharghar inférieur en 1883, — puis ils campent à hassi Mokhanza où ils repassent sur la rive gauche de l'ouad Igharghar. Une traversée de trois jours dans les Slassel Dhanoun, — chaînons confus de dunes qui vont se perdre vers hassi Retmaïa dans le nord-ouest — les amène à Aïn Taïba où ils croisent la route de L. Say en 1878, de la première mission du colonel Flatters et de l'itinéraire de M. Foureau lui-même en 1883.

» *Massif de l'Erg occidental.* — Après deux jours de repos donnés aux animaux-porteurs près d'Aïn Taïba, M. Foureau continue sa route au sud-ouest, à travers l'Erg. La région qui avoisine Aïn Taïba, et qui s'étend à l'ouest de ce point, est fort difficile et composée d'un énorme amas d'*oghroud* percés seulement de quelques *feidjs* de faible dimension et dont le fond est en sol de *nebka*; mais, à mesure que l'on avance dans la direction du sud-ouest, l'Erg se divise en longues chaînes séparées par des *gassis*; ceux-ci atteignent parfois 30 et 40 kilomètres de longueur sans aucun barrage, et leur largeur varie entre 1000 et 2500 mètres. Le sol de ces gassis est du crétacé fort dur sans végétation. Ils sont bordés de hautes dunes qui s'élèvent jusqu'à 400 mètres.

» La direction générale de ces couloirs n'étant pas celle de la mission, le voyageur est souvent forcé de passer de l'un dans l'autre en escaladant des cols qui, bien que moins élevés que la généralité de la chaîne, ont encore 200 mètres et sont exceptionnellement pénibles pour les animaux-porteurs et souvent pour les mehara eux-mêmes.

» Plus on avance vers le sud de l'Erg, plus les gassis s'élargissent et ils donnent alors naissance à un constant mirage.

» La végétation, à la base des dunes et dans les *sniga* (cuvettes) est très belle et très verte, et permet aux chameaux qui s'en nourrissent, de rester longtemps sans boire. Un seul arbrisseau affectionne le sommet des oghroud les plus élevés, c'est celui que les Arabes appellent El Arisch, sorte de tamarix; on voit ses touffes grêles et gracieuses accrochées tout en haut des dunes sur des pentes ardues. On ne rencontre du reste cet arbuste que dans les parties les plus difficiles de l'Erg *(El Ouar* des Arabes). C'est là aussi l'habitat ordinaire de l'antilope des sables.

» La région de l'Erg cache de nombreuses stations préhistoriques — les plus complètes qu'on puisse trouver dans le Sahara — stations que nul regard européen n'avait encore violées et dont les Arabes ne connaissent ni l'âge ni la valeur.

» *Région du Mâder*. — En sortant d'un long gassi qui semble fermé par des dunes, mais qu'en réalité termine un simple couloir tortueux, on se trouve tout à coup sur l'*oudje* de l'Erg, hamada crétacée qui contourne l'Erg, depuis Ghadamès jusqu'à El Messeyed et Dra el Atchan.

» Les voyageurs sont là dans la région du Mâder et presque à son extrémité sud, non loin du Menkeb Souf, dernière avancée sud-ouest de l'Erg. On trouve heureusement un peu d'eau de pluie dans les *ghedirs* de l'oued Igharghar, une des nombreuses rivières qui viennent du Tademayt et dont le lit, s'épanouissant en arrivant

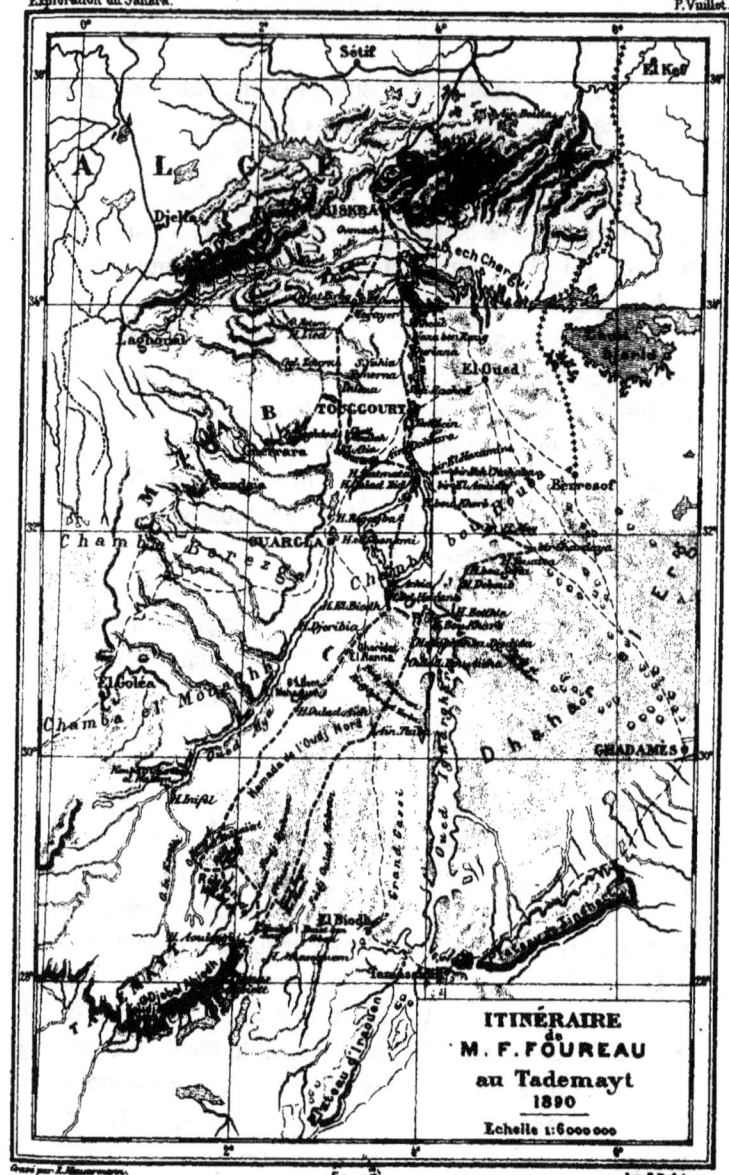

aux sables, nourrit une belle végétation d'herbes, d'arbrisseaux et de gommiers clairsemés.

» Le sol de ces estuaires est de l'argile rouge très sableuse, et toutes les rivières du Mâder sont dans les mêmes conditions. Ce sont précisément ces estuaires que les Arabes appellent *mâder* et qui parfois, après une année pluvieuse, peuvent nourrir de nombreux troupeaux. Ce n'est pas le cas en ce moment-ci, car toutes les plantes, en dehors de celles du pied des dunes, sont absolument sèches.

» Les pentes du Tademayṭ sont très faibles de ce côté et l'oudje s'élève lentement dans le sens du sud-ouest, c'est-à-dire vers les premiers mamelons d'où sortent toutes les rivières du Mâder.

» La région qui se trouve au sud de la route de l'expédition et presque jusqu'à hassi Messeguem est appelée par les Arabes « Mâder Souf ». C'est un lacis de petits canaux circulant entre des buttes argilo-sableuses couvertes de végétation, et toute cette plaine est inondée par les eaux, lors des crues de l'ouad Souf.

» *Faîte entre la Méditerranée et l'Atlantique.*— La direction de la route du voyageur le fait ensuite remonter l'ouad Allenda; de sa tête l'expédition descend dans l'ouad Aouleggui où l'on trouve de l'eau excellente. Les puits qu'avoisinent quelques belles touffes d'éthel sont situés dans le lit même de la rivière, enserrée en ce point dans une sorte de cirque constitué par des *gours* élevés et rocheux, mi-partie jaunes et noirs.

» L'itinéraire de M. Foureau coupe en ce point la route de la seconde mission du colonel Flatters qui avait campé et bu au hassi Aouleggui.

» Après ces puits l'expédition remonte un affluent de

l'oued Aouleggui dont la tête est très proche de la ligne de faîte qui sépare le bassin de l'Igharghar de celui de l'ouad Massin ; cette crête rocheuse — comme tout le sol du reste, depuis l'estuaire de l'ouad Souf — est par environ 400 mètres d'altitude. De son sommet on domine le Reg ben el Asfar, vaste surface de reg jaune, comme l'indique son nom, à éléments très fins, et qui s'étend sans aucune végétation jusqu'aux premiers contreforts du Mouydir, à près de 200 kilomètres dans la direction du sud.

» On aperçoit les caps bleuâtres qui terminent à l'ouest le plateau du Tinghert (Djebel Kihal des Arabes) ; un peu à l'ouest, le massif de dunes de Areg er Rieh, au nord duquel passe une des routes de Ghadamès à In-Salah.

» *Versant sud du Tademayt.* — La descente sud-ouest de la ligne de faîte, d'abord très rapide et très voisine du Baten, s'adoucit peu à peu en s'éloignant de la chaîne et en suivant le lit de l'ouad El Ethel. On marche sur une hamada de couleur absolument noire qui s'étend entre l'ouad Massin à gauche et le Djebel Abiod à droite.

» La chaîne du Baten, qui suit sensiblement une ligne nord-est-sud-ouest, s'élève à mesure que l'expédition s'avance. C'est le rebord d'un plateau qui se termine brusquement ici en falaise, plateau profondément dentelé et découpé et s'avançant en promontoires irréguliers dont le pied rejoint le Reg par une pente en terrain de hamada, hamada coupée de rivières qui vont se jeter dans le Massin.

» Les sommets les plus élevés atteignent plus de 400 mètres au-dessus des voyageurs.

» Le coudiat M'rokba — à partir duquel le Baten s'éloigne dans la direction ouest plein — est le sommet majeur de la chaîne. C'est à sa hauteur que le voyageur a repris la route du nord-est, abandonnant l'idée de revenir par l'intérieur du Tademayt et l'ouad Moussa ben Yaïch. En effet, le mauvais état des pieds des chameaux et des mehara n'eût pas permis de prendre cette route toute de roche jusqu'à Erg Megraoun ou même plus loin.

» Dans cette partie du voyage, le voyageur a aperçu des Oulad ba Hamou dans le voisinage des montagnes; mais ils se retiraient au plus vite dans les ravins, fuyant devant l'aspect de la mission, qui, composée de huit hommes et de vingt chameaux, semblait être pour les indigènes plutôt une *harka* qu'une caravane.

» *Hamada Dra el Atchan.* — En remontant vers le nord et à partir du Mâder Souf, la mission côtoie l'Erg, visitant les estuaires des nombreuses rivières qui descendent du Tademayt et qui vont toutes se jeter dans l'Igharghar, en dessous du manteau de sable de l'Erg. Ces estuaires sont couverts d'arbustes et d'herbes, le tout sec en raison de l'absence de pluies pendant ces deux dernières années. Seul le parasol vert des gommiers fait une tache vivante qui égaye un peu la morne stérilité du pays.

» Après avoir rempli leurs tonnelets à une *guelta* limpide du haut Oued Tinersal, les voyageurs atteignent le Guern el Messeyed, cap extrême ouest du massif de l'Erg; puis, prenant une route nord-est, ils descendent l'oued Messeyed, percé de nombreux *tilmas*, actuellement tous à sec, et atteignent le lieu dit *Talhaïat*, point bien connu des Chamba, et où M. Foureau relève un seul gommier, le plus septentrional que l'expédition ait rencontré (environ 29° 30' lat. N. et 1° 50' long. E.).

» A partir de ce point où disparaît l'oued Messeyed, la mission marche sur une hamada dure et aride — la hamada Dra el Atchan — semée de quelques oghroud qui s'avancent en éperons et qui ont une direction nord-ouest. Le plus important de tous, le Dra el Atchan, qui va se terminer non loin de l'ouad Mya, est percé de passages faciles, de quelques centaines de mètres.

» Après Dra el Atchan, le sol, qui jusque-là était en hamada plane, change légèrement et se trouve coupé de cuvettes et de gour dont le côté sud tend à se couvrir de sable; la végétation de cette région, semblable au Blad el Gnater, apparaît différente de celle des sables, et l'expédition arrive sans nouveau changement de terrain au hassi Ghourd Oulad Yaïch que M. Foureau avait déjà vu en 1883.

» De ce point un voyage rapide et facile dans un pays qui est nôtre conduit la mission à hassi El Byod, hassi Righi, hassi El Ghenami. Là les voyageurs trouvent les premiers campements des Chamba qui les reçoivent avec la plus grande joie; car, depuis plus d'un mois, le bruit courait parmi eux que M. Foureau et ses compagnons avaient été tués dans un engagement avec les Touareg.

» De ce dernier puits la mission regagne directement Touggourt, rapportant trente-cinq latitudes et longitudes, les altitudes au baromètre de tout l'itinéraire, et le tracé complet de sa route, qui compte 2500 kilomètres dont 1000 en dehors des frontières sud-algériennes.

» Un des résultats principaux du voyage aura été

de prouver qu'il existe entre Ouargla et In-Salah une route facile pour un chemin de fer, route en sol ferme et sans une seule dune sur tout le parcours. « A part ce résultat, il n'y en a peut-être qu'un autre, dit le voyageur : c'est d'être allé là, et d'en être revenu. »

CHAPITRE XIV

VOYAGE DE M. G. MÉRY (FÉVRIER-MARS 1892). — MISSION
DE M. F. FOUREAU (JANVIER-AVRIL 1892).

Chargé par M. Georges Rolland, ainsi que par la *Société d'études pour la construction d'une voie ferrée de Biskra à Ouargla et prolongements,* d'une mission géographique et commerciale devant se diriger, au sud de Ouargla, vers le pays des Touareg Azdjer, M. Gaston Méry partait d'El Oued, le 15 février 1892, avec trois indigènes seulement et quatre chameaux chargés de vivres, d'objets d'échanges et de cadeaux.

D'El Oued jusqu'au hassi Alenda, le voyageur suivit la route de Touggourt et atteignit, en trois journées de marche, près d'hassi Ouled Miloud, la rive gauche de l'oued Igharghar. La berge de cette rive se perd à l'horizon dans le sud-ouest, et la rive droite est une véritable plage couverte d'un gravier aux vives couleurs.

Laissant à l'est les deux majestueux ghourd de Chegga, entre lesquels passe l'Igharghar, M. Méry est entré, dès hassi Nacir, dans la région des gour, qui, isolés et grossis par le mirage, prennent les formes les plus pittoresques. Entre ces gour se trouvent une série de dépressions, semblables à des lits de rivière desséchés et dont la largeur varie entre deux et trois kilomètres. Toutes ces dépressions communiquent entre elles, formant un véritable réseau de voies naturelles.

L'aspect du pays est le même jusqu'à hassi Ouled Salah, puits de première importance, non-seulement à cause de l'abondance et de la qualité de ses eaux, mais aussi parce qu'il commande la région des gour, au nord, et celle des gassi au sud.

A partir de hassi Ouled Salah, la croûte calcaire du sommet des gour précédents règne à la surface du sol, soit en bancs réguliers, soit en débris.

Les 22 et 23 février, M. Méry franchit les chaînes de Slanoun, qui toutes ont la même forme et la même direction, et vont aboutir au-dessous de Mokhanza, dans le gassi du même nom.

Entre le ghourd de Kholel et celui de Tourba, le voyageur reconnut une dépression dont les berges sont composées de gypse marneux. Les Chaamba l'appellent le Bahr Tourba, la mer des tombeaux. Dans les sels blancs qui recouvrent le fond de cette dépression, M. Méry fit la découverte de coquilles de CARDIUM EDULE, très bien conservées. C'est de beaucoup le point le plus méridional du Sahara, où cette coquille ait été signalée jusqu'à ce jour.

Le 25 février, la petite caravane était à Aïn Taïba.

Après avoir traversé une série de gassi, M. Méry s'engagea dans le Grand Gassi, le plus beau couloir de toute la région tant par son sol régulier de *reg* et sa lar-

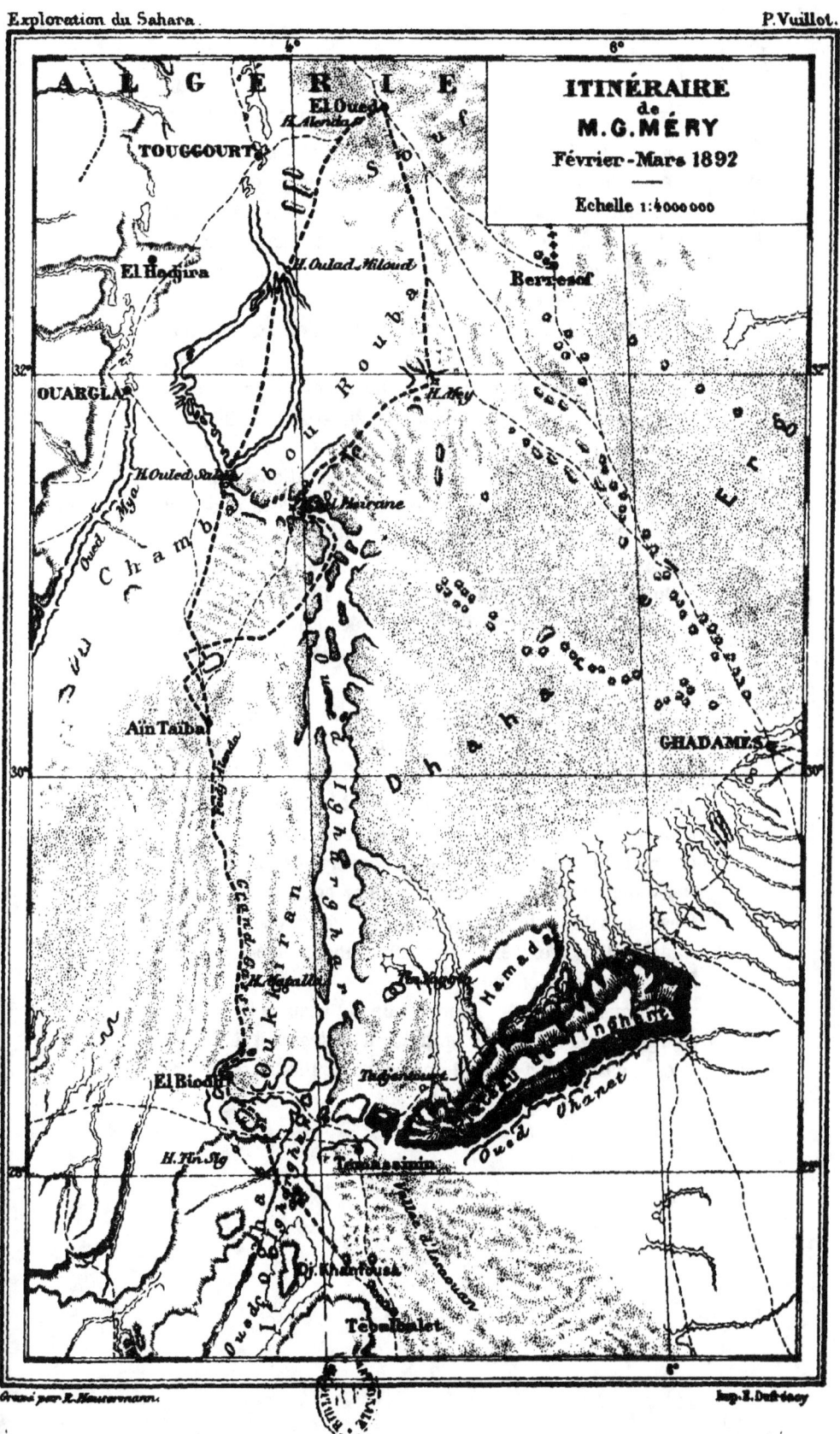

geur, qui atteint jusqu'à douze kilomètres, que par les majestueuses chaînes de dunes qui le bordent à l'est et à l'ouest. L'établissement d'une voie ferrée dans ces plaines, si bien préparées par la nature, serait aussi facile que peu coûteux : le fond, tout de gravier, constituerait un excellent ballast.

El Biodh était atteint le 2 mars. Pour éviter que la nouvelle de son voyage ne le précédât au pays des Touareg Azdjer, M. Méry quittait dès le lendemain El Biodh et se dirigeait vers le sud-sud-est, laissant Temassinin à l'est.

A la sortie des dunes, au point de bifurcation des pistes de Ghadamès à In-Salah, l'explorateur releva dix-neuf pistes de mehara hoggar, toutes fraîches, ce qui causa une indescriptible épouvante à ses Chaamba. Peu s'en fallut qu'ils ne prissent la fuite. Aussi fit-il entrer sa caravane dans la sebkha Tarfa où, grâce à un vent violent qui soulevait d'épais nuages de poussière, il put dissimuler sa marche.

Cette sebkha, parsemée de touffes monstrueuses de tamarix, dont les racines sont déchaussées jusqu'à trois et même quatre mètres de profondeur, se termine par une GARA, haute de trente-cinq à quarante mètres, à couches de craie jaune et marneuse, qui supporte des plateaux dont la surface est couverte de silex noirs, ressemblant parfois à de véritables coulées de laves. C'est sans doute le niveau supérieur de hamada noires, signalé dans l'extrême sud du Sahara algérien par MM. Roche et Rolland.

Le 5 mars, M. Méry franchit de nouveau le lit de l'Igharghar, par 27° 41' de latitude; il se trouvait là à environ quatre-vingt-six kilomètres d'El Biodh, soit un peu plus au sud que Tin-Sig. Depuis les deux missions Flatters, aucun Européen ne s'était avancé aussi loin que lui dans le Sahara, en suivant cette direction.

M. Méry se proposait d'atteindre Tebalbalet, d'où il savait n'être qu'à cinq ou six journées de marche des premiers campements des Touareg Azdjer. Il s'en ouvrit à son guide chaamba; mais celui-ci, pris de peur, refusa absolument, malgré ses prières et ses menaces, de l'accompagner plus loin.

Obligé de revenir sur ses pas, M. Méry reprenait, le 6 mars, la route d'El Biodh; le 13, il campait de nouveau à Aïn Taïba, où il rencontra M. Foureau[1], revenant de Messeguem.

Après avoir suivi et exploré le gassi Mokhanza, à l'est de son premier itinéraire, M. Méry, appuyant au nord-est, gagnait hassi Bel Haïran, puis hassi Mey, bordj construit récemment par M. le capitaine Ricaud, commandant le district d'El Oued.

Le 1er avril, M. Méry était de retour à El Oued.

Somme toute, son itinéraire d'aller compte 725 kilomètres, parcourus en vingt jours; son itinéraire de retour, qui comporte plusieurs variantes, compte 800 kilomètres; soit, au total, 1525 kilomètres.

M. Méry a fait à la boussole un levé du chemin suivi, et a raccordé son itinéraire, à quelques centaines de mètres près, avec les points relevés astronomiquement par les membres de la première mission Flatters.

De plus, M. Méry a fait, par le 31° parallèle, un profil en travers de la région des GASSI. On peut ainsi se rendre compte des larges couloirs par lesquels il serait facile de faire passer une voie ferrée.

(1) Voir plus loin, page 263 et suivantes.

La nature a frayé là, le long de l'Igharghar, au travers des grandes dunes, une voie directe où l'on trouverait un terrain solide et régulier, sans pentes sensibles en travaux d'art; c'est le chemin tout indiqué pour établir une ligne ferrée qui, laissant à l'est le Tassili des Azdjer, irait rejoindre le Niger, débouché naturel du Soudan central.

Cette connaissance exacte que rapporte M. Méry de la nature du terrain, depuis Aïn Taïba jusqu'au sud de Temassinin, est certes un des principaux résultats de cette pointe audacieuse poussée vers le pays targui.

∗ ∗ ∗

Tandis que M. Méry échouait, par suite du refus de son guide chaamba de le conduire plus loin, dans sa tentative de pénétration chez les Azdjer, M. Foureau remplissait la mission dont il avait été chargé par le Ministère de l'Instruction publique et le Gouvernement général de l'Algérie. Le but de cette mission était de reconnaître la région au sud d'Aïn Taïba, entre le hassi Messeguem et Temassinin.

« Parti de Biskra[1] au mois de janvier 1892, M. Foureau atteignait assez rapidement Hassi bel Haïran, dont il avait déjà donné les coordonnées dans son rapport de mission de 1890.

» De ce point il marche directement sur Mouilah-Maâttallah, en suivant dans l'Erg une ligne ininterrompue de grands gassi à sol de reg, un peu dans l'est de l'itinéraire du capitaine Bernard, de la première mission Flatters. Entre ces deux points, M. Foureau

(1) Conférence faite à la Société de géographie. Séance du 20 mai 1892.

a trouvé un puits, aujourd'hui comblé, ignoré de tous, et que des travaux très simples pourraient facilement faire revivre.

» Mouilah Maâttallah, connu déjà par le récit du capitaine Bernard, est un singulier point d'eau, situé dans une cuvette de dunes où l'eau se trouve à soixante centimètres sous le sable, sur une surface très restreinte. Cette eau est salée, mais cependant buvable. Coupant ensuite par le travers plusieurs suites de dunes, le voyageur oblique dans l'est et atteint l'oudje sud de l'Erg. Là le massif arénacé repose sur de hautes roches calcaires, qui paraissent devoir s'étendre jusque vers Ghadamès.

» La mission se trouvait là sur la route septentrionale qui relie In-Salah à Ghadamès, route qui suit le pied de l'Erg.

» Après avoir relevé les divers éperons nommés : Menkeb Ghraghar (entrée de l'oued Igharghar dans l'Erg), menkeb Terraga, menkeb Iziman, menkeb Tin-Yagguin; après avoir rencontré près de ce point une troupe de douze Touareg (Ifoghas et Imanghasaten) que la mission pourvut largement de nourriture, M. Foureau remonta le cours de l'oued In-Aramas, à travers le plateau rocheux du Tinghert jusqu'au puits de Tabankort, situé au milieu du lit de cette rivière; puis, obliquant dans le sud-ouest, il atteignit la zaouïa de Temassinin, après avoir traversé, en suivant les lits de nombreux ravins, le massif montagneux et aride qui domine Temassinin au nord. C'est ce massif qui, par trois étages successifs de falaises blanches et rouges, descend brusquement jusqu'à la dépression d'El Djoua, sur le bord de laquelle se trouve Temassinin dans les premiers replis des dunes.

» L'oasis de Temassinin n'est qu'un petit jardin de deux ou trois cents palmiers arrosés par un puits jaillissant d'un débit de deux à trois litres par minute. Un hartani d'In-Salah, El Hadj Embarek, habite là seul avec sa femme et ses enfants, garde la zaouïa et en cultive les palmiers, perdu à dix journées de marche de tout centre habité.

» Au départ de Temassinin, une route au sud-ouest faisait traverser à la mission l'immense plaine de reg uni qui fut le lit de l'oued Igharghar. Seuls, quelques bouquets de gommiers viennent rompre l'uniformité constante de cette plaine, qui se poursuit ainsi jusqu'aux premiers mouvements du Tinghert, où une cuvette à fond de gypse cache le puits dit hassi Tin-Sig.

» C'est près de ce puits que furent assassinés, en 1885, les deux Chaamba nommés Abdul-Behari ben Ali et El Mustapha ben Si-Amira, assassinat commis à titre de représailles par des touareg Ouled-Messaoud revenant de hassi Mokhanza, où ils avaient eu trois ou quatre des leurs tués par le Chaambi révolté Saïah ben Bou Saïd.

» De hassi Tin-Sig, M. Foureau se dirigea vers le nord, afin de renouveler sa provision d'eau au puits d'El Biodh. Cette partie de la route se développe sur une hamada rugueuse coupée de fréquents ravins, et qui ne prend fin qu'à l'oued Tarfa, immense sebkha couverte de tamarix et s'étendant jusqu'au pied de l'Erg, près de l'entrée du gassi El Adham.

» Aux puits d'El Biodh, M. Foureau trouva de jeunes palmiers : c'étaient ceux que le colonel Flatters, lors de sa première mission avait fait semer autour des puits, dans une cuvette de dunes. Ce semis avait prospéré, puisqu'au passage du voyageur, ces dattiers étaient en train de fleurir. Il ne faut pas oublier que deux autres groupes de palmiers, situés non loin du puits, existaient déjà en 1880.

» D'El Biodh, le voyageur résolut d'aller reconnaître Messeguem, et se dirigea vers ce puits en longeant l'oudje de l'Erg. Ce massif de l'Erg repose sur une ossature calcaire visible presque partout et forme de nombreux promontoires dont les principaux, relevés par le voyageur entre El Biodh et Messeguem, sont menkeb Hallhal, menkeb El Talha, menkeb El Beghoul, menkeb Rtem et menkeb Ben Abbou, qui domine le maader Ben Abbou.

» Du maader Ben Abbou, grand estuaire de la rivière du même nom où poussent de vigoureux gommiers, du rtem et du drinn, M. Foureau se dirigea vers le sud-ouest, à travers la hamada ravinée qui sépare le Tinghert de l'Erg et qui, en ce point, ne présente qu'une faible largeur. Remontant le cours d'un affluent de gauche de l'oued Ben Abbou parsemé de quelques gommiers, il traverse l'oued El Abed et, franchissant les dernières ramifications que forme le Tinghert vers le nord-ouest, il débouche dans la plaine de Messeguem.

» Avant d'arriver au puits de ce nom, le voyageur eut encore à franchir l'ouad Aouleggui qui s'épanouit ici au milieu d'un amas de très petites dunes couvertes d'ethels, de tamarix, de rtem et de drinn. La rivière a coulé récemment, et les laissées argileuses de la crue montrent qu'elle a couvert une assez grande largeur. Des campements d'Oulad-Bahammou, fraîchement abandonnés, semblent prouver que les nomades d'In-

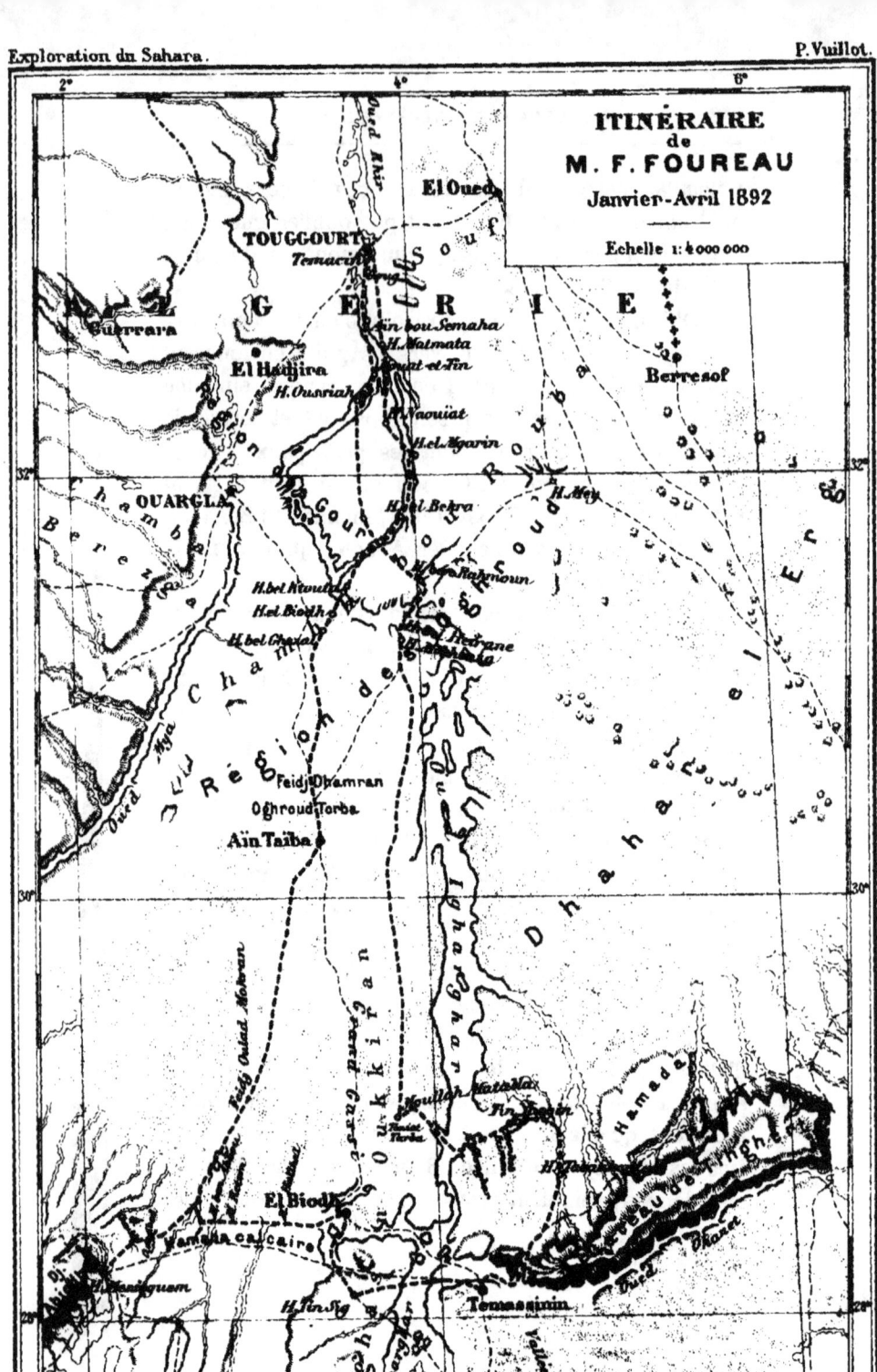

Salah n'ont pas voulu laisser se perdre la jeune verdure du maader de Messeguem.

» Hassi Messeguem, situé à trois kilomètres dans l'ouest du lit de la rivière, est dominé au nord par les derniers caps du Tademayt et à l'ouest par une chaîne de dunes; il est creusé dans une petite cuvette gypseuse au milieu d'une grande surface de reg. Son eau est excellente et abondante. Le second puits qu'avait foré ici le colonel Flatters a été comblé. Par contre, les Zoua de Foggarat el Arab y ont élevé une koubba au-dessus des restes d'un des leurs, le marabout El Hadj Sliman, mort en cet endroit en 1890.

» Entre Messeguem et le maader Ben Abbou, la route de retour de la mission a été la même que celle d'aller. De ce dernier point elle a traversé l'Erg, du sud au nord, par le « Feidj oulad Mokran », trouée presque dépourvue d'obstacles que M. Foureau avait indiquée, d'après renseignements, dans son itinéraire de 1890 et qu'il a suivie cet hiver. Ce gassi ou feidj tire son nom du passage des Oulad-Mokran, tribu du Tell révoltée en 1871 et qui fuyait devant nos armes. Cette tribu manquant d'eau, puisque nous tenions les puits du Nord, perdit là tous ses chevaux et tous ses mulets, et leurs ossements jonchent encore la partie sud du feidj. Vainement les fuyards essayèrent le forage d'un puits au milieu de l'Erg; ils furent arrêtés à huit mètres par la dureté des roches rencontrées.

» A son arrivée à Aïn-Taïba, M. Foureau a trouvé, campé en ce point, M. G. Méry qui, parti pour Rhât et le territoire Azdjer, avait dû rentrer, n'ayant pu déterminer ses hommes à dépasser El Biodh de plus d'une cinquantaine de kilomètres.

» Dix jours plus tard, le 26 mars, la mission rentrait à Touggourt, par les puits d'El Ghezal, El Biodh, El Bekra, Meggarine et Matmat.

» Pendant ce voyage M. Foureau a trouvé de très nombreux silex taillés ; il a rapporté, en outre, quarante-une longitudes et quarante-une latitudes et de très nombreuses altitudes, relevé les températures et les profondeurs des divers puits rencontrés, et enfin tracé un itinéraire à la boussole de la route parcourue ; il est, de plus, le seul voyageur européen qui, depuis la deuxième mission Flatters, ait visité Messeguem et se soit aventuré aussi loin dans cette direction. »

CHAPITRE XV

UNE AMBASSADE TARGUIE EN ALGÉRIE. — MISSION DE M. MÉRY CHEZ LES AZDJER (DÉCEMBRE 1892 - AVRIL 1893). — MISSION DE M. FOUREAU (DÉCEMBRE 1892 - FÉVRIER 1893).

Au mois d'octobre 1892, parvenait à Alger la nouvelle qu'une ambassade targuie était arrivée à El Oued, et que, sur les instances des autorités françaises de cette ville, les membres de ce « mïad » avaient résolu de venir jusqu'à Alger saluer le Gouverneur général.

Ils vinrent en effet, présentèrent au Gouverneur l'assurance des sentiments pacifiques dont étaient animés à notre égard les chefs des diverses confédérations targuies, et, satisfaits de la brillante réception qui leur fut faite, reprirent la route d'El Oued, pour regagner ensuite leurs territoires habituels.

La venue en Algérie de ce mïad targui, bien que n'ayant abouti qu'à un échange platonique de salutations et de protestations d'amitié, n'est pas sans importance; en recherchant, en effet, les raisons qui ont déterminé ces Touareg à venir nous rendre visite, on peut se rendre compte de l'état d'esprit actuel de leurs tribus à notre égard.

C'est un notable de la tribu maraboutique des Ifoghas, nommé Abd n Nebi ag Rhali, arrière-neveu du cheikh Othman, qui eut l'idée première de cette ambassade, et qui décida les autres membres de la délégation à le suivre. Il se rendit dans l'Ahaggar, et fit réunir par Ahitaghel les chefs et les nobles des différentes tribus; dans une assemblée tenue sur l'atakor du Hoggar, il parvint à les persuader de l'utilité d'une démarche auprès de nous; un autre Ifogha, Si Ahmed, neveu du célèbre marabout tidjani Mohammed S'rir, de Temacin, acheva de convaincre l'aménokhal du Hoggar et les nobles de son conseil.

Ahitaghel donna donc son consentement, et trois Hoggar, de la tribu des Isakkamaren, se joignirent aux Ifoghas. Ce consentement d'Ahitaghel doit être, suivant le dire de Si Ahmed, tenu pour une chose considérable, car, s'il ne les avait pas autorisés, les Ifoghas n'auraient pas osé venir d'eux-mêmes, certains de trouver au retour leurs tentes pillées, leurs troupeaux égorgés ou vendus.

L'ambassade se composait donc de touareg Ifoghas et d'Isakkamaren du Hoggar; c'étaient :

    N'Tiniri ag el hadj Mousa,
    Hadj Mokhammed ag Iddar,
    Sidi Ali, fils du précédent,
Tous trois de la tribu des Isakkamaren;
    Abd n Nebi ag Rhali, arrière-neveu du cheikh Othman;
Ses deux neveux :
    Amma ag Si Mokhammed ag Mousa,

Sid el Bey ag Bedda,

Tous trois de la tribu des Ifoghas ;

Si Ahmed, neveu du marabout Si Mohammed S'rir, de Temacin ;

Si el Arousi, mokaddem de la zaouïa de Guemar, dans le Souf,

Tous deux marabouts de l'ordre religieux de Tidjani.

Le but de cette ambassade, l'intention de ceux-là même qui l'envoyaient, les résultats immédiats et ceux qu'on pouvait en attendre dans la suite, se trouvent indiqués dans cette conversation que M. Masqueray, directeur de l'Ecole de lettres d'Alger, eut avec Abd n Nebi et les autres envoyés touareg :

« — Etes-vous venus apporter de la part d'Ahitaghel au gouvernement de l'Algérie des propositions fermes ? Votre voyage avait-il un but précis, comme la conclusion d'un traité ou quelque chose de semblable ?

» — Nous sommes venus vous rendre visite, répondit finement Abd n Nebi, admirer de nos yeux votre puissance et nous enquérir de vos intentions. Nous savons maintenant que vous êtes décidés à occuper In-Salah un jour ou l'autre, et que vous entretenez d'excellentes relations avec Mouley Abd er Rahman (c'est ainsi qu'ils désignent toujours l'empereur du Maroc). Ce sont deux faits importants que nous ignorons. Nous savons, d'autre part, à n'en plus douter, que votre principal désir est de commercer avec le Soudan à travers le Sahara, et non pas de faire la guerre aux Touareg. Nous avons vu, depuis le Souf jusqu'à Alger, vos villages et vos villes, vos routes et vos chemins de fer, vos garnisons, vos vaisseaux et vos canons sur la mer. Nous sommes émerveillés de votre police et de vos inventions, et ce que nous en dirons là-bas ne pourra manquer de faire une impression profonde.

» — Mais pensez-vous que la paix que vous souhaitez, et pour laquelle vous avez tant fait, soit bientôt rétablie ? Pouvons-nous espérer que, dès votre retour ou peu de temps après vous avoir entendus, Ahitaghel écrira au Gouverneur que les routes du

Sahara sont libres, et, mieux encore, qu'il nous y garantira la sécurité ?

» — Il faut aller plus lentement avec les Touareg, interrompit Si Ahmed. Les nobles, qui sont le conseil d'Ahitaghel, sont dispersés; ils campent souvent à de longues distances les uns des autres, et il est toujours difficile d'obtenir d'eux un assentiment unanime. »

Abd n Nebi, qui avait eu le temps de se recueillir, dit à son tour d'une voix un peu haute, comme s'il voulait être bien entendu de tous ses compagnons :

« — Il nous importe peu en principe que vous occupiez In-Salah ou non. Nous tenons pour certain, par ce que nous avons vu de vous, que vous y établirez un gouvernement régulier et que vous n'y persécuterez pas la religion; mais In-Salah est, avec Agadez dans le Soudan, le marché le plus important sur lequel trafiquent les Hoggar, et ses villages sont des forteresses toutes faites pour recevoir des garnisons. Si vous voulez vous engager par avance à ne jamais en exclure les Touareg et à ne pas profiter de votre occupation pour envoyer des soldats dans le Hoggar, vous contentant de le traverser en négociants pacifiques avec notre concours, et suivant les usages du pays, nous retournerions avec la ferme espérance et presque la certitude d'aboutir; mais que cela reste entre nous. Il n'est même pas nécessaire d'en dire plus pour le moment : il suffit que nous ayons été reçus ici avec tant de bonne grâce. Nous ne sommes encore que des messagers porteurs de bonnes paroles. Nous avons gagné votre amitié, et vous devez penser que vous avez gagné la nôtre : voilà, certes, un bénéfice considérable. D'ailleurs, je sais que votre gouverneur est décidé à s'entendre avec Ahitaghel. Il a confié à l'un de nous un symbole qui nous répond de l'avenir.

» — Quel symbole?

» — La moitié d'une pièce d'or coupée. Je ne sais si c'est là une de vos habitudes; mais rien n'est plus fréquent chez nous, sous d'autres formes. Nous appelons cela une *tamatart*. Quand Ahitaghel aura bien réfléchi sur les conditions auxquelles un accord définitif pourra être conclu entre lui et le Ouali (gouverneur) du pays d'Alger, il remettra cette moitié de pièce à un de ses amis qui la présentera au gouverneur. Ils la rapprocheront de celle qu'il aura conservée, et ensuite ils conféreront ensemble, et ce que cet homme dira sera dit par Ahitaghel, et ce que le gouverneur répondra sera répondu à Ahitaghel. »

.*.

Tandis que les envoyés des Hoggar venaient en Algérie pour sonder en quelque sorte le terrain, et s'assurer de nos sentiments pacifiques, une mission française, confiée à M. Méry par le syndicat de Ouargla-Soudan, se dirigeait vers le territoire des Azdjer, dans le but de s'entendre directement avec les chefs de cette confédération et d'obtenir le libre passage sur son territoire de nos futures caravanes à destination du Soudan central.

C'est là, en effet, logiquement, la première étape du programme de pénétration scientifique de l'Afrique française par le Nord, tel que l'avaient compris, avec une rare perspicacité, les signataires du traité commercial de Ghadamès en 1862.

Au préalable, et dès le mois d'août 1892, M. Georges Rolland, président du syndicat de Ouargla-Soudan, avait envoyé M. Méry à Tripoli, pour qu'il se renseignât sur le mouvement d'échanges existant entre ce port et le Soudan, ainsi que sur la nature des marchandises échangées. M. Méry était revenu de Tripoli avec des renseignements précis, puisés aux meilleures sources, et ne laissant aucun doute sur la réelle importance du courant commercial qui se fait entre la Méditerranée et le Soudan central par l'intermédiaire des Azdjer et du Kel Oui.

Le 10 décembre 1892, M. Méry, suivi de deux compagnons de route, MM. Guilloux et Lacour, quittait Biskra pour se rendre à El Oued, où il avait à l'avance concentré son matériel et ses approvisionnements, et où le Gouverneur général avait donné les ordres nécessaires pour l'organisation de la caravane. Celle-ci comptait, au départ, soixante-six hommes et soixante-cinq chameaux, dont vingt mehara montés par les Chaamba de l'escorte.

Partie d'El Oued le 31 décembre, la caravane arrivait, le 4 janvier 1893, au hassi Mey, où un bordj tout récemment construit marquait alors le point extrême de notre occupation militaire de ce côté. M. Méry y compléta son escorte en s'adjoignant les deux fils du caïd des Chaamba bou Rouba.

Le 12 janvier, dans le gassi de Sjert Brahim, la mission fit la rencontre fortuite de l'ambassade targuie qui revenait également d'Alger par El Oued, et campa avec elle, le soir même, au hassi Bel Haïran [1].

De leur plein gré, les Touareg décidèrent de se joindre à la mission et de l'accompagner jusqu'à Temassinin, afin de faciliter au voyageur une entrevue avec les chefs Azdjer; mais cette décision eut pour conséquence la défection d'une vingtaine de Chaamba de l'escorte, qui refusèrent de voyager en compagnie de gens qui, aux yeux des nomades du Sud-Algérien, passent pour être d'une cruauté sans pareille envers ceux qui se hasardent sur leur territoire; du reste, les Chaamba cherchent sans cesse à entretenir et à grossir cette légende, et cela dans le but de rester seuls maîtres des routes et du commerce de notre extrême Sud; ils sont intéressés à empêcher notre extension vers l'intérieur, qui les en-

---

[1] Quelques mois plus tard, un bordj était construit sur ce point par les soins de l'autorité militaire d'El Oued, étendant ainsi les limites de notre occupation effective sur tout le cours moyen de l'Igharghar.

claverait, et ils font tous leurs efforts pour nous déconsidérer aux yeux des populations frontières.

Un des compagnons de voyage de M. Méry, M. Lacour, sérieusement malade depuis quelques jours déjà, dut accompagner les Chaamba qui faisaient défection, et regagna Touggourt. Il ne restait donc plus à M. Méry qu'un seul compagnon français, M. François Guilloux, qui devait le suivre jusqu'au bout de son voyage.

A partir de Bel Haïran, M. Méry, se dirigeant droit au Sud, remonta directement le lit même de l'Igharghar, conformément aux instructions qu'il avait reçues. Le premier, il a constaté, *de visu*, que l'Igharghar est une voie naturelle, *absolument libre de sables,* offrant à notre activité commerciale une large voie ouverte vers le Sud.

Pour bien déterminer le lit de l'Igharghar, M. Méry le suivit pendant neuf jours consécutifs. Se trouvant alors par le travers de Matalla, à cinquante kilomètres à l'est de ce point et n'ayant plus assez d'eau pour gagner Temassinin, il se trouva forcé de s'arrêter pendant trois jours, temps nécessaire pour aller faire boire les chameaux à Matalla et y remplir les peaux de bouc.

Pendant cet arrêt, plusieurs des mehara qui faisaient partie de l'escorte du voyageur, et qui avaient été volés quelques mois avant aux Touareg, furent reconnus par ceux-ci; dans la crainte qu'on ne les leur reprît, les Chaamba les firent partir la nuit en coupant leurs entraves, et, afin de rendre cet accident vraisemblable, ils coupèrent également les entraves de deux des chameaux du convoi et du mehari de M. Guilloux, qui, dès lors, fut privé de sa monture.

De ce fait, la caravane se trouvait réduite encore de six hommes, et M. Méry prévoyait de nouvelles désertions à mesure qu'il avancerait vers le pays targui. Ne l'appelle-t-on pas le « Pays de la Peur » ? expression qui suffit à expliquer les craintes plus ou moins sincères des Chaamba de l'escorte, craintes que rien, d'ailleurs, ne justifia dans la suite.

Afin de ne rien omettre dans la description de l'itinéraire suivi par M. Méry et dans le récit de ses entrevues avec les chefs de la confédération Azdjer, nous ne croyons pouvoir faire mieux que de reproduire le récit qu'il fit lui-même de son voyage devant la Société de géographie [1] :

« Je tenais, dit M. Méry, à bien déterminer le lit même de l'Igharghar ; aussi, mes chameaux étant de retour de Matalla, nous reprîmes notre route vers le Sud en suivant, pendant deux jours encore, le lit du grand oued saharien jusqu'à sa sortie du Tinghert, où il se trouve encaissé entre de hautes berges crétacées.

» Prenant alors les pistes de Ghadamès à In-Salah, je vins faire de l'eau à Mouilet. A partir de là, nous en avions fini avec les graviers de l'Igharghar ; mais les terrains crétacés où nous entrions n'offrirent pas un meilleur sol pour nos chameaux, qui n'y avançaient qu'avec plus de difficulté encore.

» J'ai minutieusement relevé à la boussole mon itinéraire tout le long du lit de l'Igharghar. Il n'avait pas encore été suivi, et il complète heureusement mon itinéraire de l'an dernier. De son côté, M. Guilloux, que j'avais chargé des observations astronomiques (longitudes et latitudes), a fait un certain nombre de stations avec un théodolite du Service géographique de l'armée. Je serai ainsi en mesure de dresser une carte de cette région, encore bien peu connue, des Gassi, dont je serai heureux de faire hommage à la Société de géographie.

» J'ai pu, en outre, faire chaque jour des observations météorologiques, et j'ai réuni une collection assez complète d'échantillons géologiques et botaniques.

(1) Société de géographie de Paris, séance du 5 mai 1893.

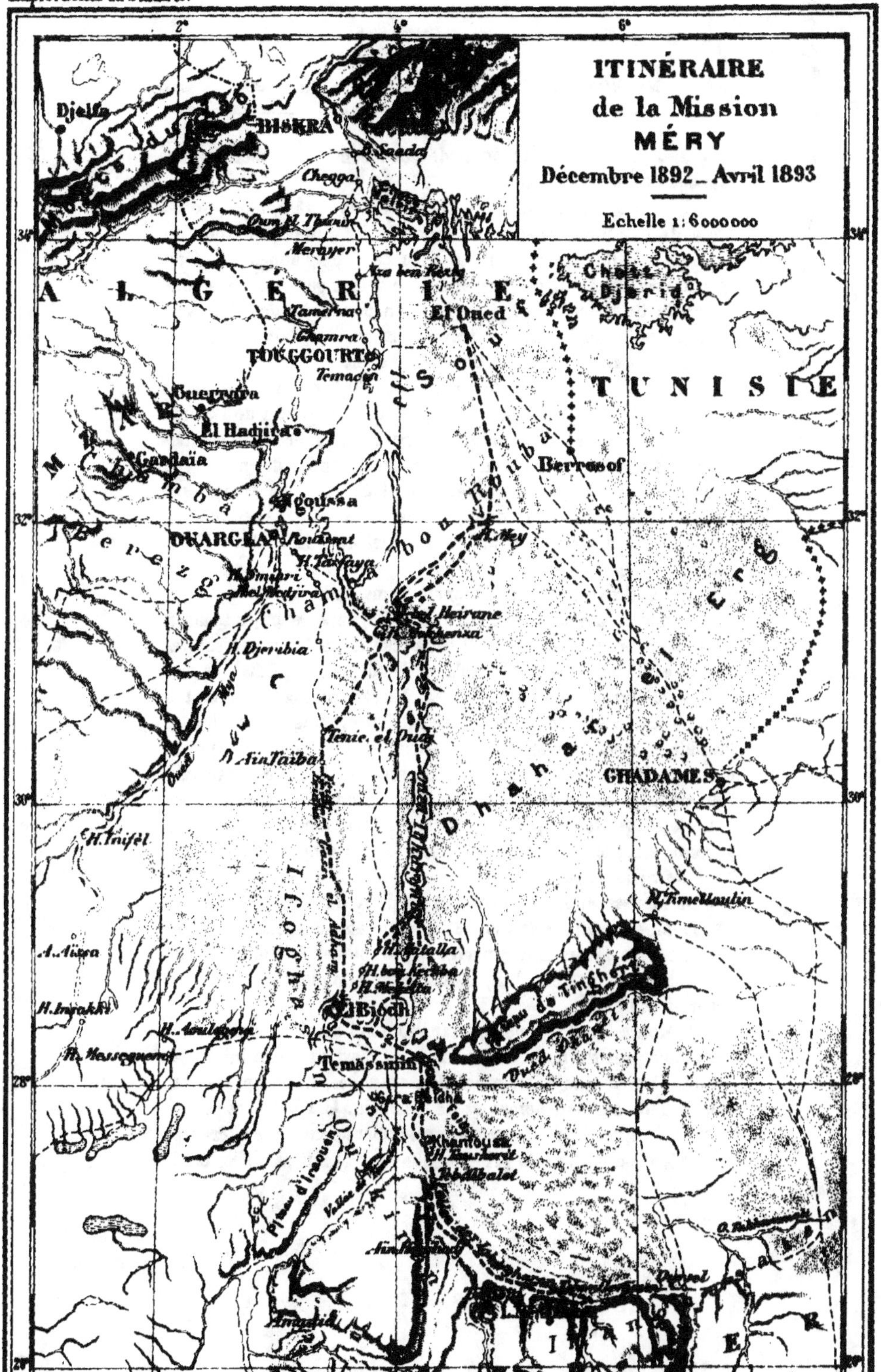

Gravé par R. Hausermann. Imp. E. Dufrénoy

» J'espère donc qu'au point de vue scientifique, mon voyage aura aussi quelques résultats.

» Pour ne pas revenir sur cette région de l'Igharghar, je dirai de suite que mon itinéraire au retour a été différent de mon itinéraire à l'aller, et se confond avec celui de l'année dernière. Ayant reconnu le lit du fleuve, et ne voulant pas m'imposer une nouvelle privation d'eau, je pris le chemin ordinaire des caravanes, situé plus à l'ouest, à travers les grandes dunes de Taïba.

» Mais je reprends mon itinéraire d'aller.

» Le 21 janvier, nous retombions dans l'Igharghar. La majeure partie des Touareg du Miad nous quittèrent, profitant de l'Oued, qui est une vraie route naturelle, pour regagner leurs campements, éloignés encore d'environ douze journées de marche au sud-sud-ouest. Ils se séparèrent de nous en nous remerciant chaudement des cadeaux dont je les avais comblés, et en me faisant force protestations d'amitié. Le chef du miad, Abd n Nebi, me restait cependant.

» Le lendemain, nous arrivions à Temassinin.

» Temassinin est un point d'une réelle importance, en raison de sa position géographique. Il est à cheval sur les pistes suivies par les caravanes allant d'In-Salah à Ghadamès ou à Rhât, et sert de lieu d'étape à tous les Touareg, Hoggar ou Azdjer, allant à l'est ou à l'ouest; un puits jaillissant fournit une eau bonne et limpide en assez grande abondance pour arroser la jolie mais petite oasis qui l'entoure. Cette oasis minuscule ne compte guère que deux cents palmiers de très belle venue, à l'ombre desquels poussent blé, orge, fèves, pois, carottes, oignons, melons, pastèques, piments, etc.; le tout sert à la consommation du gardien du tombeau de Si Moussa.

» Si Moussa était un marabout, parent de Cheikh Othman, notre ami, qui vint à Paris en 1861, et qui était lui-même intimement lié avec Henri Duveyrier et M. le colonel de Polignac, les précurseurs de notre politique d'alliance commerciale avec les Touareg de l'Est.

» Si Moussa était très vénéré dans tout le Désert; il avait fondé une zaouïa près du puits de Temassinin. C'est en partie lui qui a fait des Ifoghas une tribu religieuse, ayant les mêmes préceptes que les Tidjania de Guemar et de Temacin. Ces préceptes consistent à accepter les événements quels qu'ils soient, sans chercher à les éviter, en partant du principe que tout se fait par la volonté de Dieu, et que c'est se mettre en révolte contre lui que de chercher à échapper à ses décisions et même de les commenter.

» Le corps de Si Moussa repose dans une kouba, près de ses disciples et amis. Dans un rayon de plusieurs kilomètres, on n'oserait se chercher querelle. C'est un lieu saint, en un mot. Très vénérée, l'âme de Si Moussa accompagne les voyageurs pieux et généreux qui l'invoquent.

» Pour me conformer aux usages, j'offris un chameau et deux chèvres aux mânes du marabout. Il n'y eut d'ailleurs pour lui dans mon offrande que l'intention, car la chair des animaux sacrifiés fut vite dévorée par mes hommes.

» La cérémonie se fait ainsi : On passe d'abord les mains audessus de charbons ardents, où brûle de l'encens, puis la pièce d'étoffe qui doit recouvrir le tombeau pendant les évocations. Cela fait, on s'avance respectueusement dans une attitude de prière. On fait dire alors, par l'intermédiaire du gardien, ce que l'on désire. C'est ainsi que je fis dire à l'âme de Si Moussa : « Je » t'offre un chameau, celui qui était le plus beau et le plus gras, » deux chèvres, dont la chair n'était que graisse, pour que tu » chasses loin de nous les démons et les dangers. Je suis sin- » cère. Ecoute-moi et protège-nous ; fais que nous revenions. » Cela se dit en même temps qu'on égorge les animaux. Alors chacun crie ce qu'il souhaite, et tous ont la croyance que Si Moussa ne manquera pas d'exaucer leurs vœux.

» Le nègre m'assura que pas un voyageur ne s'était plaint de la non-exécution des demandes faites par les fervents. Comme l'objet de ces demandes est le plus souvent de revoir le tombeau de Si Moussa, on s'explique fort bien l'assurance du gardien; car il est certain que, si ceux qui reviennent remercient Si Moussa, ceux qui meurent dans le voyage ne viennent pas se plaindre, ce qui fait qu'il ne reçoit jamais de reproches.

» Les environs de Temassinin sont très curieux, par suite des dépressions humides qui s'y trouvent et des falaises qui les dominent. Ici les sebkha sont à fond marneux, couvert de végétation; là, elles sont à croûte saline; dans toutes, il y a des multitudes de coquilles, venant attester l'époque peu éloignée où ces sebkha étaient de véritables lacs. Il en est ainsi sur plus de cinquante kilomètres dans une direction ouest-est. Toutes ces sebkha sont au pied de majestueuses falaises, aussi intéressantes par leurs couches géologiques, variées à l'infini, que par l'abondance des fossiles de toute sorte, dont je fis ample provision.

» J'eus de nouvelles défections à Temassinin, et il m'y fallut dire adieu à ce bon et brave Abd n Nebi, le mokaddem des ambassadeurs touareg. Je n'oublierai jamais son émotion et les bénédictions qu'il nous donna : « Tu ne mens pas, me disait-il, tu as
» Dieu avec toi. L'âme de Si Moussa te préservera de tous dan-
» gers. Je suis tranquille. Si j'avais des inquiétudes, j'irais t'ac-
» compagner et mourir avec toi. Marche sans peur. Dieu est
» grand ! »

» Il me laissait deux des siens. L'un devait me servir d'émissaire et prenait les devants dès le lendemain ; l'autre m'était donné comme guide, car, de tous ceux que j'avais, pas un n'avait dépassé l'oued Ihan.

» En partant de Temassinin, nous avions à franchir le plus gros massif de dunes de la région. Le deuxième jour, nous campions au pied du mont Khanfous, rocher avancé au Tassili. L'aspect de cette première montagne est lugubre ; son nom lui vient des coléoptères noirs qui y pullulent.

» Le lendemain, nous entrions dans la région montagneuse, que nous ne devions plus quitter jusqu'au lac Menkhough. Nous passâmes la nuit à Tebalbalet, à l'endroit même où avait campé la première mission Flatters. L'eau de l'unique puits de Tebalbalet est aussi abondante que bonne, et les pâturages y sont excellents.

» Deux jours plus tard, nous étions à Aïn el Hadjaj, et nous campions près de quatre tombes de pèlerins, massacrés là on ne sait par qui ni comment. Nous trouvâmes le puits comblé ; il fallut un travail de cinq heures pour le déblayer.

» Au sud-est de ce puits, nous apercevions les larges vallées des Ighargharen, où nous devions rencontrer les premiers campements touareg, ce qui causa une indicible épouvante à mes hommes. A cette crainte s'ajoutait l'aspect des montagnes toutes noires qui nous environnaient. La vue des tombes dont je viens de parler n'était pas faite non plus pour leur donner du cœur. Aussi, le soir, ils me prévinrent qu'ils ne feraient pas un pas de plus. Rien n'y fit, ni l'engagement formel qu'ils avaient pris, ni la perspective de passer au retour pour des lâches.

» Le lendemain matin je restais avec mon guide, mon garçon et mon ami Guilloux, qui voulut, malgré tout, me suivre et partager les dangers dont nous pouvions être menacés. Au moment du départ cependant, cinq hommes se décidèrent à nous accompagner. Quant aux autres ils retournèrent sur leurs pas sans se soucier davantage de ce qui pourrait nous arriver. A vrai dire, j'étais plutôt satisfait d'en être débarrassé.

» Nous arrivions ainsi le 10 février en plein pays targui.

» J'envoyai mon guide targui en avant pour prévenir de notre arrivée, car les pistes fraîches des moutons et des chèvres nous indiquaient que les campements n'étaient pas éloignés. Deux jours après, nous en étions à proximité, et, au moment de nous arrêter pour camper, nous vîmes arriver une douzaine de Touareg en costume de guerre, mon guide en tête; ils venaient à nous avec des signes d'amitié.

» Nous les abordâmes franchement, et c'est avec joie que j'appris d'eux que mon émissaire les avait prévenus de mon désir de voir les grands chefs. Ils nous attendaient pour nous conduire à eux et nous prièrent d'aller camper près de leurs tentes, où ils nous offrirent des moutons. Pour nous souhaiter la bienvenue, ils firent une fantasia sur leurs chameaux coureurs.

» Nous passons la nuit près d'eux sans nous garder, et nous nous endormons dans la plus complète quiétude.

» Depuis la veille l'aspect du pays a changé; nous côtoyons les montagnes noires du Tassili à droite, tandis que nous laissons d'énormes dunes de sable à gauche. Entre ces roches et ces sables se déroulent de belles vallées, où les plantes fourragères abondent et où je glane pour enrichir mon herbier. Çà et là quelques futaies où l'hazel, le tamarix, l'éthel, atteignent des proportions énormes. A mesure que nous avançons dans ces vallées des Ighargharen, les bois deviennent plus épais. Nous rencontrons de nombreux troupeaux, les bergers viennent sans crainte au-devant de nous nous offrant du lait.

» Trois caravanes venant du Fezzan avec des chargements de dattes, nous croisent en route. Les dattes constituent, avec plusieurs espèces d'asperges gigantesques, la principale nourriture des Touareg.

» C'est gaiement que nous continuons ainsi, accueillis par tous avec de significatives protestations d'amitié.

» Le 15 février, j'arrivai au lac Menkhough, où j'avais donné rendez-vous aux grands chefs des Azdjer.

» Etant donnée l'importance de mes entrevues avec eux, je

me permets de citer textuellement un extrait de mon journal de route, qui en est la relation fidèle :

» 15 février. Réveil à cinq heures et demie. Départ à six heures et demie. Les Touareg qui nous accompagnent ont pris les devants pendant le chargement. A sept heures et demie, nous tombons dans l'oued Menkhough. Le lit de la rivière a de vingt-cinq à trente mètres de large ; il est encaissé de trois à quatre mètres par des berges verdoyantes. Nous sommes en pleine forêt.

» Peu après, nous trouvons la piste de Salem, mon émissaire qui nous a cherchés sous bois et a regagné Menkhough. Nous avons un jour de retard.

» A onze heures nous arrivons au lac Menkhough, où nous trouvons le brave Salem qui, très inquiet de notre retard, nous attend, après avoir vainement cherché toute la matinée dans la forêt. Il nous annonce la pleine réussite et l'arrivée pour l'après-midi de trois ou quatre chefs touareg, dont Guedassen, fils de la sœur de Mouley, l'aménokhal ou grand chef actuel des Azdjer, et son héritier désigné.

» Nous campons à cinquante mètres, au sud-sud-est d'un puits qui se trouve à dix mètres de la berge du lac décrit par la mission Flatters. Ce lac est aujourd'hui à sec ; une jolie forêt de tamarix en couvre le fond, et c'est par les racines qui sont bien au-dessus du sol que nous pouvons juger de son niveau dans les années pluvieuses.

» A une heure, Salem qui est en observation sur un point culminant, nous annonce l'arrivée des Touareg. Nous les voyons passer à environ douze cents mètres au nord-nord-est du lac et disparaître dans le bois, où ils s'arrêtent pour mettre ordre à leur toilette. Notre émotion est grande à ce moment.

» A deux heures et demie ils arrivent brusquement au petit trot. Trois chefs sont à vingt mètres en avant. Les autres, une quinzaine, marchent sur une même ligne. Muets comme des sphinx, ils passent tout près de nous et vont s'arrêter à environ cent mètres de notre bivouac.

» C'est alors seulement que l'étiquette targuie permet d'avancer. On accueille froidement les salutations d'usage. Guedassen ne comprenant pas l'arabe, et ayant de plus l'oreille très dure, il faut faire traduire par un mokaddem.

» Je dis à Guedassen que je suis venu chez lui en paix, plein de confiance en la foi du traité d'Ikenoukhen, l'assurant que je suis un ami et qu'il n'a pas dépendu de moi que, dès l'année précédente, je ne lui aie rendu visite. — « Tu as bien fait de venir » avec la paix, me répondit-il ; tu retourneras avec la paix. Salut » sur toi. »

» Nous nous éloignons un peu et nous nous accroupissons sur le sable. Après un moment de silence, il reprend brusquement : « Pourquoi avez-vous emprisonné mon serviteur ? » et il me désigne Gouima, mon guide targui, qui sortait des prisons de Tunis.

» — Je lui réplique que Gouima a été condamné par la justice du bey et que je ne sais rien de plus ; que, pour nous, nous sommes ses amis.

» — Bien parlé, pour le vent, me dit-il. « C'est vous qui avez » envoyé, il y a huit ans, le voleur Amran et ses hommes (dont » un est avec toi) pour piller nos tentes, prendre nos mehara, » arracher la barbe aux vieux et ravir un enfant noir à sa mère. » Quatre-vingt-dix chameaux volés, dont mon grand blanc ».

» Je lui expose que les campements des Chaamba sont éloignés de nos postes et que leurs razzou se font à l'insu de nos chefs.

« — Nous savons que les Chaamba sont les esclaves des Fran» çais et ce sont les tiens qui doivent en répondre », réplique-t-il.

» Je lui répète froidement ce que je lui ai déjà dit et j'ajoute qu'il n'a plus qu'à porter plainte et que tout lui sera rendu.

« — Fais que tes paroles viennent du cœur et que tu aies raison, » et fais-moi rendre mes chameaux et mon nègre. »

« — Je t'assure que je ferai le possible, mais que je ne suis pas » venu pour discuter sur des faits que j'ignore, mais bien pour » lui parler de choses intéressant les deux tribus. »

« — Bien, me répondit-il, à demain. La nuit éclaire la vérité. »

» Et nous regagnons nos campements respectifs, moi très inquiet de la tournure que cela prend.

» Nous allons et venons pourtant très tranquillement, sans armes. Eux ne quittent pas les leurs. Nous dormons poings fermés, toujours sans garde. »

» 15 Février. — Dès six heures, nous sommes debout. A huit heures, Guedassen me fait dire qu'il m'attend. Nous allons nous accroupir entre les deux camps avec Cheikh et Ana, les deux chefs qui accompagnaient Guedassen.

» Je leur dis que je viens au nom d'un groupe de Français

très puissants, marchands et hommes de bien, pour leur demander des garanties de sécurité, au cas où une caravane, chargée de nos produits, voudrait aller les échanger au Soudan. Guedassen me répond qu'il y a un traité fait par Ikhenoukhen, que tous les Touareg connaissent, même les bergers. Il ajoute que pas un ne manquera à la parole donnée par un chef au nom de toutes les tribus.

« Venez en paix, dit-il, vous retournerez en paix. Vos mar-
» chands seront traités, Français ou Musulmans, tout comme
» ceux de Tripoli. Ils n'auront rien à craindre pour leur tête, ni
» pour leurs marchandises. La parole d'un chef est un sceau qui
» ne s'efface jamais. Venez, allez avec la paix dans le cœur, et
» vous retournerez en paix. »

» Je ferai remarquer en passant combien on a été mal inspiré en qualifiant d'œuvre éphémère ce traité de Ghadamès, dont le souvenir est resté, depuis 1862, si vivace chez ces gens.

« Mais, pas de soldats, ajoute Guedassen ; ils viendraient deux,
» puis dix, puis cent. Nous ne voulons pas être esclaves. Nous
» serons fidèles à la parole donnée à Ghadamès. Voilà. »

» Je lui réponds que l'intérêt du marchand est d'aller lui-même faire ses échanges ; puis j'ajoute : « Tu sais que la France est
» puissante et forte. D'une façon ou d'une autre elle doit aller
» au Soudan, d'abord pour y faire ses échanges et ensuite pour
» garantir ce vaste territoire contre l'invasion des Européens par
» le Sud, ce qui t'intéresse autant que nous. En dix ans, les Eu-
» ropéens ont fait plus de la moitié du chemin de la mer au Bor-
» nou ; ils s'avancent vers Kano, et les Français tout comme toi,
» ont intérêt à ce que le pays reste libre. Pour cela, il faut que
» nous ayons à Kano un œil, et nous sommes décidés à l'y porter.
» Il vaut mieux que ce soit avec vous, en amis, si vous le voulez. »
Et j'accompagne mon dire d'une démonstration géographique sur le sable, pour lui faire voir combien j'ai raison.

» Cela paraît le frapper et, après avoir échangé quelques mots avec les autres chefs, il me dit : « Tu es sage. Nous verrons. Pour
» le moment ce qui est écrit reste écrit. Tu reviendras. »

» Je l'engage à envoyer des chefs chez nous. Ils verront quelles sont notre force, notre bonté, notre loyauté et la richesse de notre pays. — « Peut-être ! » me répondit-il.

» Il revient alors à ses chameaux. Comme il n'y a personne pour écrire, nous faisons venir Ali qui écrit sous sa dictée une

réclamation à M. le Gouverneur général de l'Algérie. Guedassen signe gauchement sur ma demande qui paraît l'étonner ; car il croit qu'il suffit qu'on ait écrit devant lui pour que cela vaille toutes les signatures possibles. Je suis sûr qu'il n'a pas touché dix fois une plume, et cela pour faire quelques barres. — « Prends,
» me dit-il en me donnant le papier, et reviens avec mes cha-
» meaux. »

» Je lui explique l'avantage qui résulterait pour lui d'un traité d'amitié avec les Français. Il me répond que le traité existe et qu'il n'a rien à y ajouter. — « Vous pouvez venir. Nous vous loue-
» rons des chameaux et nous vous accompagnerons jusqu'aux li-
» mites de nos pays. Restons-en là. »

» Il me demande si j'ai l'intention d'aller à Rhât, s'offrant à m'y faire accompagner. Je lui réponds que ce n'est pas mon intention.

« — Pourquoi, me dit-il ensuite, changeant brusquement de sujet
» de conversation, le colonel n'a-t-il pas attendu Ikhenoukhen ? »
« — Parce que, lui répondis-je, les renseignements qu'il avait reçus
» le portaient à croire qu'Ikhenoukhen, étant très loin, ne vien-
» drait pas de longtemps. » — « Ce sont les Chaamba qui l'ont
» trompé, répliqua-t-il, ce ne sont que des chiens. »

» Nous causons longtemps encore ; puis il me fait dire adroitement qu'il désire un fusil à répétition. Je m'empresse de lui en offrir un. Je vais ensuite à mon campement ; j'ouvre mes caisses pleines de tissus divers et d'objets de fantaisie ; j'en fais quatre parts, dont la plus importante doit être réservée pour Mouley, absent, et je leur offre ces présents au nom de la France. Ils restent impassibles ; mais cependant on peut deviner leur étonnement et leur joie, car les cadeaux sont réellement d'une grande valeur.

» A trois heures et demie, le fils de Mohammed Ikhenoukhen vient au camp et nous dit que son père, malade, n'a pu se rendre au rendez-vous ; il me prie de l'excuser.

» Le reste de la journée se passe en allées et venues. J'en profite pour prendre des renseignements géographiques, politiques et commerciaux.

» Le soir, j'offre à tous une grande diffa. Guedassen me fait demander une attestation de mon libre passage sur le territoire touareg à l'aller et au retour, ce que je fais de bon cœur, car il doit me faire accompagner jusqu'à Aïn el Hadjaj.

» Le 17 février, j'ai encore une entrevue avec Guedassen, et, à huit heures et demie du matin, nous nous quittons, moi reprenant mon itinéraire en sens inverse.

» 20 Février. — A cinq heures du soir, nous arrivons au lieu dit Ahizaouten, au confluent de l'oued Samen et de l'oued Tedjoudet. Deux Touareg nous annoncent que Mouley, le cousin et le successeur d'Ikhenoukhen, en route pour Menkhough, vient nous voir. A six heures, en effet, il arrive avec douze cavaliers, et nous nous abordons de suite d'une façon toute cordiale et presque familière.

» Il me dit spontanément qu'il était heureux qu'un Français soit venu dans son pays, qu'il allait à Menkhough, le cœur plein de joie, pour m'assurer que la paix était partout et qu'il remerciait Dieu de m'avoir gardé en santé avant et depuis que je suis chez les siens. — « Demain nous parlerons, » ajoute-t-il en me serrant plusieurs fois chaleureusement la main.

» Mouley est un homme de haute taille (1ᵐ 80 environ), très sec, très gai, et avec cela un air de grande dignité.

» 21 Février. — Dès six heures du matin, Mouley, son khalifat et moi, nous montons au sommet d'une dune pour causer tout à notre aise. Mouley me dit aussitôt : « Les Azdjer sont amis » des Français depuis longtemps. Et il y a longtemps que vos ca» ravanes et vos marchands iraient au Soudan, si vous aviez écouté » la vérité et fermé l'oreille aux démons ! » Puis il me reproche amicalement de n'être pas venu plus tôt.

» Sur la question d'alliance que je lui fais, il me répond par ces mots : « Que feraient les Français contre ceux qui nous pillent ? » Je lui réponds sans hésitation : « Ils vous défendraient. » Il me serre alors fortement la main avec ces simples paroles : « Dieu » est grand. Nous verrons. »

» Au bout d'un moment, il me dit : « Je tiens pour fait tout » ce que tu as dit ou arrêté avec Guedassen. Tous les chemins » sont libres. Il n'y a pas de portes à nos oued quand on vient » avec la paix. Nous aimons les Français, ils sont dans notre cœur. » Sois le bienvenu, toi qui, le premier, n'a pas eu peur de venir. » Dis bien aux tiens, au Sultan de ton pays, ce que tu as vu de » tes yeux. Nous avons la paix chez nous, et nous ne voulons que » la paix. »

» Je le remercie des assurances de paix et d'amitié qu'il me donne, et lui promets de revenir.

« Voilà le chemin du Soudan, me dit-il en me montrant l'oued

» Samen. Venez, toi et les tiens, et vous verrez qu'un chef ne sait
» pas mentir. Pour te prouver mon amitié, tiens, prends mes armes. »
Et me voilà embarrassé de lances, de poignards et d'un énorme
bouclier dont je ne sais que faire. Je lui offre spontanément mon
winchester et mon revolver, et nous nous serrons encore une fois
amicalement la main.

» Mouley me demande alors le nom de notre Sultan, et après
avoir fait écrire une lettre au Président de la République il me
la donne en me faisant promettre une réponse. « Maintenant que
» nous sommes frères, me dit-il, viens quand tu voudras ; tu es
» pour tous un frère. »

» Questionné enfin par moi sur l'éventualité de la construction
d'un bordj commercial à Temassinin, il me répond : « Construisez,
» nous serons plus voisins. »

» Notre conversation se prolonge encore longtemps, et ce n'est
qu'après m'avoir accompagné plus de huit kilomètres qu'il me quitte,
aussi ému que moi-même, et en me faisant de nouveau promettre
de revenir.

» Ma mission était terminée ; mais je tenais à prouver en revenant
par le même chemin que ce voyage n'avait pas été un raid hardi.
En effet, mon retour sans encombre au milieu des Touareg-Azdjer
n'est-il pas la preuve la plus concluante de leurs bonnes dispositions à notre égard ? Aussi, je ne crains pas d'affirmer que nous
avons la route du Soudan ouverte par le Nord, si nous voulons
la suivre, et à ceux qui me contrediraient, je me contenterai de
répondre que je m'offre à en faire pratiquement la preuve.

» Le concours des Touareg-Azdjer et celui de leurs voisins
du Sud, les Kel-Oui, sera pour nous décisif. Ces deux confédérations détiennent actuellement entre leurs mains le seul vrai
courant commercial qui ait lieu, du sud au nord, entre le Soudan
central et la Méditerranée.

» J'ai pu me rendre compte de l'importance de ce courant
d'échanges par des renseignements puisés à bonne source dans
un voyage spécial à Tripoli et près des chefs touareg. Or nous
pouvons y prendre part, cela n'est pas douteux, et le développer
pour le plus grand profit de notre industrie. Les Azdjer seront
pour nous des auxiliaires, des convoyeurs sûrs, et nous faciliteront
l'accès de ce Soudan central tant convoité, en attendant que nous
nous décidions à y pénétrer avec d'autres moyens plus pratiques
de transport, c'est-à-dire avec une voie ferrée.

» Quoi qu'on en pense, quoiqu'il soit imprudent, dit-on, d'en parler, je dis bien haut que ce sera là, dans l'avenir, la voie de pénétration la plus conforme à nos intérêts, et elle aura pour conséquence de centupler le valeur de ces pays riches, industriels et agricoles, d'y porter et d'y étendre pacifiquement notre influence politique et commerciale. »

**

De sa mission, M. Méry rapporte donc la confirmation du traité de Ghadamès, ainsi qu'une déclaration fort nette des chefs azdjer déclarant leur territoire ouvert à nos caravanes et au commerce français.

Or, tandis que M. Méry poussait cette pointe hardie en territoire targui, M. Foureau, chargé de mission par le Ministère de l'Instruction publique et par le Gouvernement général de l'Algérie, parcourait pour une troisième fois le Sahara algérien et relevait des itinéraires nouveaux dans la région s'étendant entre Ouargla, Temassinin et Ghadamès.

Entouré d'une escorte de quarante Chaamba sur le dévouement desquels il pouvait compter, M. Foureau quitta Biskra dans le courant du mois de décembre 1892 et se rendit tout d'abord à Aïn-Taïba, par El Alia, Ngoussa et hassi Mjeira. Cette première partie du voyage n'offre pas grand intérêt, ce même itinéraire ayant déjà été suivi et décrit par plusieurs autres voyageurs.

Mais, à partir d'Aïn-Taïba, M. Foureau choisit une route nouvelle et intermédiaire entre ses anciens itinéraires de 1890 et de 1892, laissant dans l'est la vallée de l'Igharghar en reg plan et uni qu'il avait suivi en partie l'année précédente, et que M. Méry était en train de relever à la boussole dans toute sa longueur.

Après avoir renouvelé sa provision d'eau au hassi Matalla, le voyageur s'arrêta à El Biodh, et y retrouva les jeunes palmiers qu'il avait déjà signalés lors de son précédent passage en ce même point. De là, il franchit la dépression de l'oued Tarfa et le plateau rocheux de Tinghert, coupé de ravins et profondément entaillé par la faille où passe l'Igharghar dont les bords à pic dominent le fond du lit de plus de 120 mètres.

Du Tinghert une succession de plateaux superposés, dont il faut descendre les berges, amène bientôt le voyageur à Temassinin. Par le gardien de la zaouïa de Sidi Moussa, il apprend que plusieurs nobles Azdjer se trouvent près de Ghadamès; il prend aussitôt la décision d'aller vers cette dernière ville.

Deux routes se présentent devant lui, toutes deux en sol extrêmement dur de hamada : il choisit celle qui passe par l'oudj méridionale de l'Erg et qui n'a encore été parcourue par aucun Européen; elle compte une douzaine de jours de marche, dont dix sans eau.

Le premier point situé sur cette route est le hassi Tabankort, où l'explorateur avait auparavant rencontré un groupe de touareg Azdjer. Plus loin, la mission touche à Tin-Yagguin, cuvette où se voyait autrefois un puits actuellement recouvert par le sable. On y retrouve de nombreux vestiges des temps préhistoriques et aussi des traces plus récentes de campements, et de tombes targuies.

Toute la bordure de l'Erg, région très curieuse et jusqu'alors inexplorée, est en sol de hamada rocheuse calcaire, qui borde sans interruption le pied sud des dernières dunes. Cette hamada devient plus dure à mesure qu'on avance vers l'est. De même, la végétation sur les dunes est excessivement dense dans la seconde moitié de la route la plus rapprochée de Ghadamès.

Arrivée au hassi Imoulay, la mission y campa. M. Foureau ne crut pas devoir s'approcher plus de Ghadamès; chargé d'une mission officielle par le Ministère de l'Instruction publique et le Gouvernement général de l'Algérie, il craignit d'éveiller, par sa présence en territoire tripolitain, les méfiances jalouses de l'Italie.

De son campement du hassi Imoulay, M. Foureau envoya donc quatre des Chaamba de son escorte à la recherche de quelques Touareg connus de lui, des Ifoghas, probablement. Ses émissaires, porteurs de diverses lettres, une entre autre émanant des marabouts algériens de l'ordre du Tidjani, restèrent absents cinq jours et remplirent parfaitement la mission dont ils avaient été chargés, car ils revinrent au campement accompagnés de quelques Touareg.

M. Foureau apprend alors qu'un certain Abd-el-Hâkem, sur lequel il comptait, venait de mourir; mais son fils aîné, nommé Ouan Titi, avait répondu à l'appel, avec quelques-uns de ses compagnons.

Voici, d'après M. Foureau, le résumé de ce que lui dirent ces Touareg :

« La masse de leur nation ne connaît point la convention de 1862; elle sait seulement que nous sommes des infidèles avec lesquels ils ne tiennent nullement à prendre contact; il faut laisser aux Kebar plus éclairés le temps et le soin de mettre les esprits au point et de leur persuader que leur intérêt est de se rapprocher des Français... Voilà deux fois, ajoutent-ils, que nous entendons parler de toi dans le Sahara; tu nous apportes la paix, tu nous amènes la pluie; c'est bien, nous avons confiance en toi, mais il faut faire passer notre conviction dans la pensée de tous; aussi nous ne pouvons actuellement te faire visiter tout notre pays, nous y risquerions notre tête et la tienne, et nous ne voulons pas qu'un Français soit tué chez nous.

» Nous te promettons formellement de plaider la cause française parmi les nôtres; nous n'hésiterions pas, pour te donner confiance, à aller, avec quelques autres notables, en Algérie avec toi, si nous pouvions en ce moment quitter nos campements. Nous te promettons toutefois que ce n'est que partie remise et que nous partirons prochainement en M'iad vers le Ouali d'Alger, où nous te dirons alors que tu peux venir chez nous en toute sécurité et avec qui tu voudras. Donne-nous à cet effet un « serih » (une lettre laissez-passer) qui nous accrédite auprès des chefs de ton pays. »

Nous réservant d'apprécier plus loin la contradiction flagrante qui existe entre les dires de ces Touareg et les affirmations qui, au même moment, étaient faites à M. Méry par les notables Azdjer réunis au lac Menkhough, nous continuerons à suivre M. Foureau dans son itinéraire à travers l'Erg.

Après avoir séjourné trois jours au camp de la mission, Ouan Titi, enchanté des cadeaux reçus, s'éloigna vers Ghadamès avec ses compagnons, tandis que le voyageur allait reprendre la route du retour; mais, se trouvant à peu de distance du point où, en 1881, avaient été massacrés les Pères Richard, Morat et Pouplard, il ne voulut pas s'éloigner sans avoir recueilli leurs ossements. Nous avons vu, plus haut, dans le récit de la fin

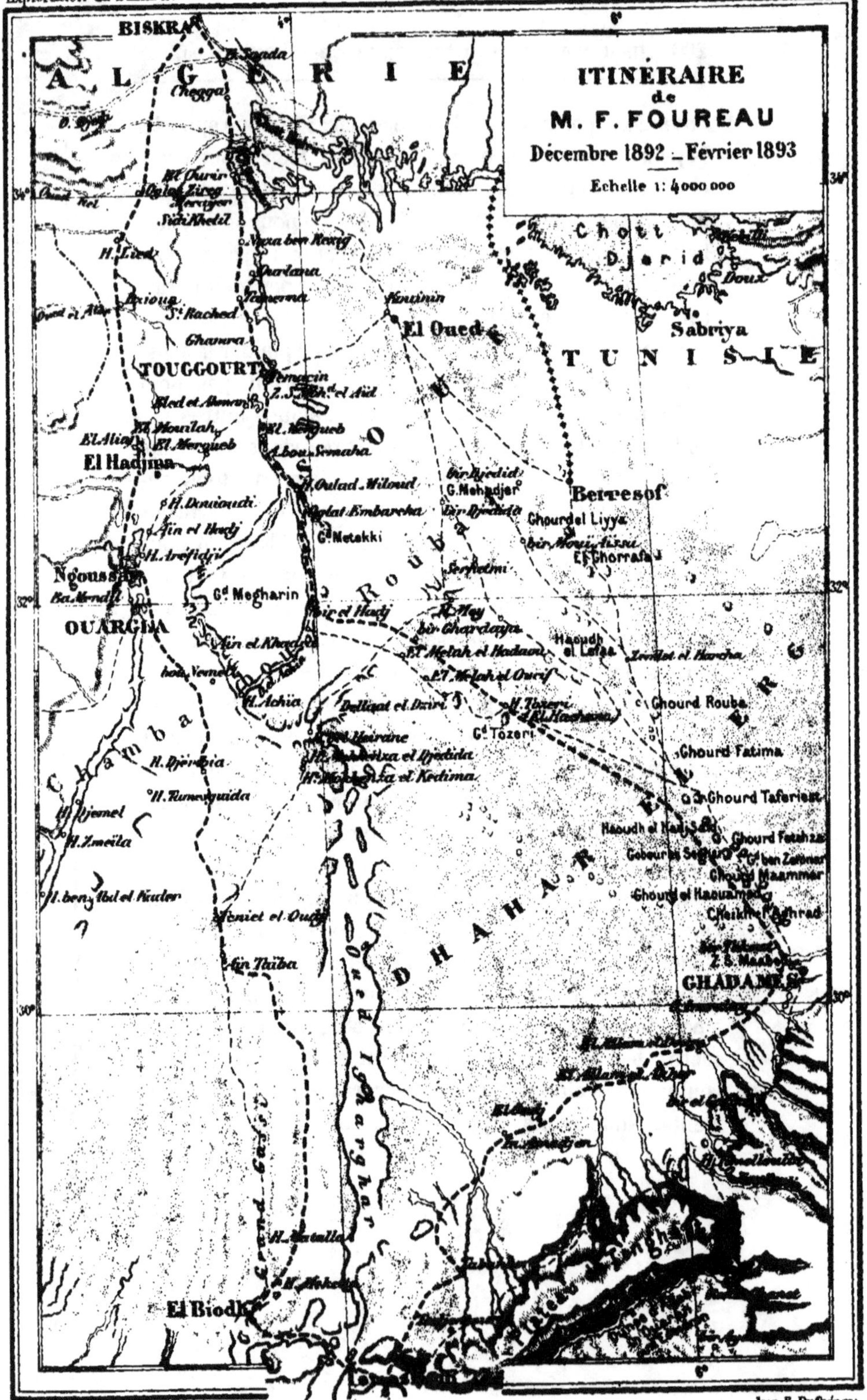

Gravé par E. Hausermann. Imp. E. Dufrénoy

de ces infortunés missionnaires, que les restes seuls des Pères Richard et Pouplard avaient été rapportés et remis au Supérieur des Pères blancs, ainsi que quelques-uns des volumes et des papiers qui gisaient sur le sable, à côté des corps, et que la siccité du climat saharien avait tenus dans un état de conservation presque parfaite.

Quittant le lieu du massacre des Pères, qui se trouve un peu à l'est du hassi Imoulay, M. Foureau rentre à nouveau dans la région des dunes qui, hautes de 200 à 300 mètres d'abord, s'atténuent peu à peu jusqu'à leur limite nord où elles n'atteignent plus qu'un maximum de 70 mètres.

Sur tout ce parcours dans l'Erg, la mission rencontre une très belle végétation et y constate l'existence antérieure de lits de rivières paraissant se diriger vers l'ouest, et de lacs desséchés, au sol jonché de fragments de coquilles.

La caravane arrive ensuite au hassi Touaïza, situé à six jours de marche au sud de Touggourt, ayant parcouru, depuis le hassi Imoulay, plus de 320 kilomètres en soixante-dix-huit heures de marche effective accomplie en huit jours et demi.

Quelques jours plus tard, M. Foureau se trouvait à Touggourt et rentrait à Biskra.

.˙.

Au point de vue géographique pur, cette mission de M. Foureau présente un certain intérêt. Le voyageur a rapporté le relevé à la boussole, appuyé sur cinquante-quatre observations astronomiques, de trois fractions de route non encore parcourues : 1° d'Aïn-

Taïba, directement, au hassi Mouilah-Matallah, entre la route de la mission Flatters, à l'ouest, et celle qu'il avait suivie lui-même, l'année précédente, par le hassi Touil, à l'est; 2° de Temassinin au hassi Imoulay par l'oudj sud de l'Erg, au nord de celle parcourue par Gerhard Rohlfs, qui avait passé par Timelloulin et Gafgaf; 3° du hassi Imoulay au hassi Touaïza, à travers l'Erg, entre l'itinéraire de Largeau (hassi Bottin-Ghadamès) et les itinéraires du capitaine De Bonnemain et de Duveyrier, — la route de Dournaux-Duperré étant plus au nord et allant rejoindre la piste de Berreçof vers le ghourd Fathma.

Quant aux résultats diplomatiques de cette mission, ils sont en si complète contradiction avec ceux de la mission Méry que cette constatation ne laisse pas, au premier abord, que de paraître quelque peu embarrassante. Voici en quels termes[1] M. Fock, ingénieur à Constantine, dont nul ne peut contester la compétence en matière de questions sahariennes, apprécie la divergence qui existe entre les affirmations des deux explorateurs :

« M. Méry affirme que tous les Azdjer connaissent le traité de Ghadamès. M. Foureau vient nous dire que la masse de la nation ne connaît point le traité en question. D'après M. Méry la route du Soudan central par le nord est virtuellement ouverte; suivant M. Foureau on risquerait sa tête en voulant actuellement visiter le pays des Azdjer. Et ainsi de suite. A chaque déclaration de M. Méry, M. Foureau en oppose une autre qui en est le contre-pied.

(1) Politique coloniale, 6 juin 1893.

» Si nous étions en présence d'une contestation purement géographique ou scientifique, je me contenterais de la signaler tout en la déplorant. Mais il s'agit ici d'une question qui intéresse au plus haut degré la politique de pénétration saharienne. Il importe donc de l'élucider et de voir clair dans cet ensemble assez déconcertant de renseignements contradictoires. C'est ce que je vais essayer de faire, en soumettant à un examen comparé les informations recueillies par les deux explorateurs.

» Voyons, en premier lieu, quels sont les informants, et s'il convient d'attribuer à leurs dires une valeur et une importance égales. M. Méry s'est rencontré avec les représentants de la tribu noble des Oraghen, à laquelle appartient la famille d'Ikhenoukhen. Il a eu des entrevues avec le successeur de celui-ci, l'aménokhal actuel, Mouley, et avec Guedassen, l'héritier présomptif du pouvoir suprême. M. Méry a donc été en contact avec les véritables chefs des Azdjer, avec ceux qui ont qualité pour parler au nom de la confédération et dont, par conséquent, la parole a une autorité incontestable.

» Quant à M. Foureau, il a envoyé à la recherche de « certains Touareg connus de lui ». Les émissaires sont revenus, ramenant des « Touareg ». L'explorateur a alors appris que « Abd el Hakem, sur lequel il comptait,
» venait de mourir, mais son fils aîné, Ouan Titi, avait
» répondu à l'appel ».

» Voilà qui semble bien vague. A quelle tribu appartiennent les Touareg qui se sont présentés devant M. Foureau ? Quelle est la position sociale d'Ouan Titi ag Abd el Hakem ? L'explorateur ne donne aucune indication à ce sujet, et l'on ne saurait trop regretter cette omission.

» Il est toutefois certain que Ouan Titi ne fait pas partie des Oraghen [1] et qu'il occupe une situation très inférieure à celle de Mouley et de Guedassen. M. Foureau le reconnaît implicitement puisqu'il constate lui-même que c'est Mohammed ben Ikhenoukhen et sa famille qui commandent chez les Touareg Azdjer. Les déclarations faites à M. Méry par les membres de cette famille méritent donc une confiance bien plus grande que tout ce que Ouan Titi et ses compagnons ont pu dire à M. Foureau.

» D'ailleurs, ce dernier a-t-il seulement eu affaire à des chefs ou à des nobles? Le voyageur garde un silence absolu sur ce point cependant essentiel; aussi bien, pour se former une opinion à cet égard, n'a-t-on d'autre moyen que de s'en rapporter au langage tenu par les Touareg dont on cherche à déterminer le rang et la condition.

» Or, comment s'expriment-ils? Écoutons-les :

« Nous ne pouvons actuellement te faire visiter tout
» notre pays; nous y risquerions notre tête et la tienne.

» Nous te promettons formellement de plaider la cause
» française parmi les nôtres.

» Nous n'hésiterions pas, pour te donner confiance,
» à aller avec quelques autres notables en Algérie,
» avec toi, si nous pouvions en ce moment quitter
» nos campements. »

» Sont-ce là les fières paroles d'un chef Azdjer, d'un

---

[1] Ce Ouan Titi appartient à la tribu des Ifoghas; Abd el Hakem, son père, descend de Si Moussa, de Temassinin, et sa sœur est mariée à un parent du Cheikh d'Ouargla, du nom de Serhir ben Cheikh.

notable occupant une place considérable dans cette société féodale targuie, si bien dépeinte par M. Masqueray? Evidemment non.

» L'étranger couvert par la protection d'un chef se trouve à l'abri de tout danger en territoire targui. La défense de leurs hôtes constitue, en effet, la vertu par excellence des cavaliers voilés de noir; l'exemple de Duveyrier est, sous ce rapport, d'une rare éloquence. Et qui, dans un pareil milieu, oserait seulement élever la voix contre un noble exerçant l'hospitalité? Est-ce que, au surplus, le célèbre voyageur Barth n'a pas démontré par sa marche de Tripoli jusqu'à Kano, qu'il suffit de se placer sur chaque territoire sous la sauvegarde d'un chef pour traverser le Sahara sans courir le moindre risque?

» Rapprochons des déclarations de Ouan Titi à M. Foureau, celles de Guedassen à M. Méry : « Les » Français venant sur mon territoire avec la paix », dit le neveu de l'aménokhal, « seront traités en amis; » ils passeront en paix, et en paix ils pourront re- » tourner ». Voilà le langage d'un chef qui a conscience de son autorité, qui ne songe pas à plaider une cause auprès des siens, mais qui la leur fait accepter parce que telle est sa volonté.

» Ouan Titi apparaît donc comme un bien mince personnage. Au demeurant l'offre de venir en Algérie, qu'il formule sans hésiter, ne laisse subsister aucun doute à ce sujet. Les nobles de race targuia ne quittent leur territoire que pour faire la guerre; en toute autre circonstance, l'entrée en pays étranger équivaudrait pour eux à un acte de soumission. Certes, avec de la patience, et en usant de beaucoup de ménagements, on finira par avoir raison de ce farouche préjugé. Mais il n'en existe pas moins encore aujourd'hui ; et à l'heure actuelle, où pas un seul chef n'accepterait facilement de se rendre en Algérie, une proposition spontanée en ce sens ne peut émaner que d'un homme libre de toute préoccupation de prestige.

» Or, on en vient ainsi à se demander si Ouan Titi et ses compagnons ne sont pas de simples marabouts, des Ifoghas, qui sillonnent le Désert dans toutes les directions. Ils ont consenti à venir trouver M. Foureau au hassi Imoulay, c'est-à-dire en dehors du pays des Azdjer ; d'autre part, ils ont été conduits au camp par des Chaamba de l'escorte de l'explorateur.

» Or, les nobles Touareg n'acceptent de rendez-vous que sur leur territoire. C'est ce qu'a parfaitement compris M. Méry, et c'est ce qui l'a décidé à aller courageusement de l'avant pour demander aux Oraghen une entrevue au lac Menkhough. Mais il leur a envoyé un émissaire targui sachant fort bien que les Chaamba eussent été tués, et que ceux-ci d'ailleurs n'eussent pas osé s'aventurer chez leurs ennemis mortels.

» Parmi les personnes au courant des choses sahariennes, nul n'ignore en effet que les Chaamba se refusent à franchir la route transversale de Ghadamès à In-Salah, et à prendre contact avec les Azdjer. Il résulte de là que ce n'est pas à cette confédération qu'appartenaient les hommes voilés amenés au hassi Imoulay par les émissaires de M. Foureau ; il s'en suit également que Ouan Titi et ses compagnons ne venaient pas en droite ligne du pays des Touareg de l'Est.

» Dès lors, on ne saurait les considérer que comme des personnalités sans mandat, dont la parole n'engage

personne. Et quand ils viennent dire que « la masse de
» leur nation » — confédération serait plus juste — « ne
» connaît point la convention de 1862 ; qu'elle sait seu-
» lement que les Français sont des infidèles avec les-
» quels ils ne tiennent nullement à prendre contact »,
il n'y a pas lieu d'attacher autrement d'importance à
ces renseignements assez suspects.

» Comment, en effet, avoir la moindre confiance en
des gens qui prétendent que vouloir faire visiter actuellement leur pays à un voyageur venant de l'Algérie,
serait risquer sa tête et la leur, alors que, presque
au moment même où ils émettaient cet avis, un autre
explorateur pénétrait à plusieurs journées de marche
en plein territoire targui, et se rencontrait avec les chefs
suprêmes de la confédération de l'Est ?

» Du reste, Mouley et Guedassen qui, eux, ont
qualité pour parler au nom des Azdjer, n'ont-ils pas
affirmé à M. Méry qu'il y avait un traité fait par Ikhenoukhen, connu de tous les Touareg, même des bergers ?
Et n'ont-ils pas ajouté cette fière déclaration : « Nous
» serons fidèles à la parole donnée à Ghadamès ; la
» parole d'un chef est un sceau qui ne s'efface ja-
» mais. »

» Cette dernière phrase peint bien le caractère des Azdjer, chez qui, comme l'a fait observer Duveyrier, la fidélité
aux promesses et aux traités est observée à l'extrême.
Aussi, la cause semble-t-elle définitivement entendue.
Les informations quelque peu fantaisistes de Ouan Titi
ne diminuent en rien la portée considérable des engagements pris par Guedassen et confirmés par Mouley.
La route du Soudan central par le Nord est réellement
ouverte, et M. Méry a dit avec raison qu'il était urgent

de profiter des excellentes dispositions des Azdjer en allant franchement à eux avec nos caravanes.

» Je sais bien que les informants de M. Foureau donnent une note peu encourageante en ce qui concerne le côté économique du problème de la pénétration saharienne. D'après ces indigènes le commerce serait nul entre In-Salah et Ghadamès, et peu important entre l'Aïr, la région du Tchad et la Méditerranée.

» Seulement, à s'en référer aux considérations développées plus haut, il convient de formuler les plus expresses réserves à propos de tous les dires de Ouan Titi et de ses compagnons. Ils confondent d'ailleurs le mouvement d'échange du Nord au Sud, avec celui de l'Est et de l'Ouest. Que le courant entre Ghadamès et In-Salah ne se soit momentanément ralenti, personne ne songe à le contester; mais il y a loin de là à soutenir qu'il n'existe plus, et surtout que le courant entre Tripoli, Rhât et l'Aïr soit lui-même insignifiant; peut-être eût-il été utile de se renseigner à cet égard auprès des marchands de Tripoli.

» C'est ce que M. Méry a fait pour le commerce de ce dernier port avec le Centre africain. Des renseignements précis, puisés sur place aux meilleures sources ne lui ont laissé aucun doute sur l'importance des échanges commerciaux entre la Méditerranée et le Soudan central. Or, peut-on hésiter entre les racontars d'indigènes sujets à caution, et les données fournies par des négociants sérieux ?

» D'autant plus que ces données ne font, en somme, que confirmer toutes les informations antérieures. Chaque année de grandes caravanes parcourent la route de Tripoli à Kano, en passant soit à Ghadamès, soit principalement par Rhât et l'Aïr. Elles sont les instruments d'un commerce actif d'importation et d'exportation qui permet de réaliser de fort beaux bénéfices, et auquel il faut s'efforcer de faire participer la France et l'Algérie.

» En résumé, on est en droit de considérer comme justifiés les pronostics encourageants formulés, à la suite de la mission Méry, en faveur de la pénétration pacifique et commerciale du Sahara. M. Foureau a été induit en erreur par des personnages d'origine et de situation mal définies, sinon douteuses; il importait de le faire ressortir et de rétablir les faits.

» Avant de terminer je tiens à mettre en lumière que, si M. Foureau a reproduit sur la question targuia des assertions ne méritant qu'une très médiocre confiance, il a fort bien apprécié la politique saharienne du Gouvernement général de l'Algérie. M. Cambon a été, en effet, très heureusement inspiré en décidant la création d'une série de postes avancés dans le Désert. Mais M. Foureau a l'air de considérer que ces postes présenteront tous un seul et même caractère. Or, selon moi, rien n'est moins exact. A l'Ouest leur rôle sera surtout stratégique et militaire; dans l'Est, ils deviendront plus particulièrement des marchés de ravitaillement et d'échanges.

» Aussi, lorsque M. Foureau insiste sur la nécessité de procéder dans le Sahara par la démonstration de la force, a-t-il probablement en vue une marche éventuelle sur In-Salah ou une expédition contre le Gourara ou le Touat. Car vis-à-vis des Azdjer une pareille politique serait une lourde faute.

» Souvenons-nous de ce que Duveyrier a dit de leur

haine de l'oppression, « encore aussi vivace chez eux » qu'aux plus beaux jours de la puissance des Berbères, » puisque c'est leur amour de l'indépendance qui les a » conduits et les maintient au Désert. » N'oublions pas d'autre part, les paroles de Mouley et de Guedassen, adressées à M. Méry, donnant à trente ans de distance une preuve éclatante de la sûreté du jugement du célèbre voyageur : « Allez et venez en paix, tes frères » et toi. Mais, pas de soldats : ils viendraient quatre, » puis dix, puis cent, puis mille. Nous ne voulons pas » être esclaves. »

CHAPITRE XVI

MISSION F. FOUREAU (NOVEMBRE 1893-MARS 1894). — MISSION D'ATTANOUX (JANVIER 1893-AVRIL 1894).

De même qu'en 1892 et en 1893, le but de M. Foureau était de pénétrer chez les Touareg Azdjer, de traverser leur territoire et d'atteindre dans l'Aïr; telle était la mission dont l'avaient chargé à la fois le Ministère de l'Instruction publique, le Ministère des Affaires Étrangères et le Sous-Secrétariat d'Etat des Colonies.

Cependant, avant de prendre la direction de Temassinin et du Tassili des Azdjer pour accomplir la mission qui lui était confiée, M. Foureau dut, afin de déférer au désir du Gouvernement général de l'Algérie, faire un levé rapide de la route d'El Goléa au Tidikelt.

De Biskra, le voyageur se rendit donc à El Goléa, par Dzioua, Ouargla et hassi El Hadjar, et de là, seul, sans bagages, ni tentes, ni convoi, accompagné de cinq Chaamba seulement, poussa une pointe hardie jusqu'au hassi El Mongar[1], à peu de distance au nord-est des oasis d'In-Salah.

Quinze jours plus tard, le 3 décembre, M. Foureau retrouvait au hassi El Hadj Moussa son escorte et ses bagages, et, dès le surlendemain, adressait à M. le Gouverneur général son rapport de mission et le dessin au 1/100 000me des 650 kilomètres parcourus.

L'explorateur, mis en retard par ce raid vers le sud-ouest, se hâte alors de reprendre la route du sud-est, pour arriver chez les Touareg Azdjer, son principal objectif étant de traverser leur territoire, pour essayer de gagner l'Aïr. Il coupe l'ouad Insokki, touche à Guern el Messeyed, suit l'oudj sud de l'Erg, boit à El Biodh et atteint ensuite la zaouïa de Sidi Moussa (Temassinin). Là il rencontre des Touareg Azdjer, dont l'un accepte de lui servir de guide jusqu'aux campements des Kebar des Azdjer. Il est convenu que l'on évitera, pour deux raisons, la route de la vallée des Ighargharen : d'abord, parce qu'elle a été, plusieurs fois, faite par des Européens, et qu'ensuite elle est jalonnée de nombreux campements touareg, dont les habitants viendraient, suivant la coutume, se faire nourrir et demander des cadeaux, et épuiseraient ainsi, dès l'origine, et sans profit aucun, les ressources de la mission.

M. Foureau réexpédia alors en Algérie la moitié de son escorte, dont la solde devenait lourde pour ses ressources, et se décida à partir de Temassinin en suivant d'abord le Djoua vers Ohanet; puis, coupant à travers l'erg d'Issaouan, il rejoignit le gour Abreha et le puits

---

[1] En 1874, Soleillet avait parcouru le même itinéraire, et s'était même avancé jusqu'à Miliana, beaucoup plus près d'In-Salah; mais il n'avait rapporté aucun levé de la route parcourue. (Voir pages 125-129.)

de Tadjentourt, situé sur la route de Ghadamès à Rhât, et qu'avait visité jadis Duveyrier. Toute cette partie de la route était absolument nouvelle, puisque aucun Européen n'était passé dans ces régions ; le guide targui de la mission ne connaissait que Tadjentourt, mais nullement les contrées entre Temassinin et ce point, si bien que l'on s'était dirigé seulement par à peu près pendant ce laps de temps. La mission avait rencontré, dans l'intervalle, des flaques d'eau de pluie et pu ainsi abreuver ses animaux.

Au puits de Tadjentourt, la mission rencontre une caravane targuie rentrant à ses tentes, vers la vallée des Ighargharen. Son chef, un Ifogha du nom de Abderrhaman ben Doua, qui était à El Oued peu de temps auparavant, se trouve être connu de M. Foureau qui l'a vu, autrefois, à Biskra et lui a fait des cadeaux. Il déclare à M. Foureau que, bien que ce ne soit pas sa route, il l'accompagnera jusqu'au camp des Kebar Azdjer ; cet homme a fait tous ses efforts dans la suite pour être utile à l'explorateur.

La mission ayant ensuite traversé le plateau d'Eguélé, grande hamada ou désert nu de grès, coupé de quelques rivières dont la plus importante est l'ouad Assekifaf, arrive, un peu après Saghen, dans l'ouad Tikhamalt où elle campe. Elle dépêche le guide targui Mohammed aux campements des notables Azdjer, situés à petite distance, afin d'aviser ces derniers de son arrivée et leur demander une entrevue, soit à leurs tentes, soit au campement de la mission.

L'ouad Tikhamalt est rempli de grandes flaques d'eau, laissées par la crûe du mois précédent, et son lit est couvert d'une végétation très belle et assez élevée ; dans son lit sont campés des imrhad ou serfs avec leurs troupeaux ; ce sont les premiers Touareg qui se présentent au camp.

Les notables Azdjer arrivent, le 11 janvier, à la tente de M. Foureau. Ils sont au nombre de dix-huit, mais les principaux et les plus importants sont seulement Guedassen, le chef en titre, Mohammed ben Ikhenoukhen et Mouley ag Khaddadj. Anakrouft, un personnage important, est actuellement absent et en route pour l'Aïr.

M. Foureau, qui avait fait dresser une tente pour recevoir ces hôtes, leur donne le soir une diffa pour laquelle il a fait abattre un de ses chameaux, et ce n'est que le lendemain, suivant le cérémonial accoutumé, qu'il les entretient de ses projets et de ses desiderata, qui peuvent se résumer en ceci : autorisation de traverser leur territoire pour gagner l'Aïr.

Les Kebar étaient du reste au courant des intentions de M. Foureau, tant par les lettres qu'il leur avait adressées au printemps de 1893, par l'entremise de Ouan Titi, que par les conversations du guide targui Mohammed, qui avait eu pour mission, non-seulement de les prévenir de l'arrivée du voyageur, mais aussi de leur donner de vive voix toutes les explications nécessaires sur ses projets.

Après de très longues et très pénibles discussions, les Kebar finirent par accepter de faire traverser leur territoire à M. Foureau, mais seulement jusqu'aux monts Anahet par environ 23 degrés de latitude nord.

Heureux d'avoir obtenu ce résultat, l'explorateur termine son courrier, ferme ses notes et ses documents et expédie le tout en Algérie par le reste des hommes de son escorte dont la solde épuisait trop rapidement ses ressources. Il ne garde avec lui que le matelot Villatte, trois Chaamba, et loue quelques chameliers touareg pour le service de sa caravane.

Après avoir fait aux notables présents des cadeaux en étoffes, en tapis et en argent; après avoir donné, en outre, un méhari et un étalon à Guedassen, après avoir versé 500 francs de droits de passage, M. Foureau, remontant l'ouad Tikhamalt, marche vers le sud et s'arrête d'abord à Afara n Ouech-cherane, aux tentes des Kebar des Azdjer, où il séjourne trois jours; pendant ce laps de temps, il reçoit fréquemment la visite des notables qui lui donnent en présent une chamelle blanche, et la visite des femmes touareg auxquelles il est aussi fait des cadeaux en argent; suivant la coutume, il est forcé de nourrir bon nombre de gens et de leur faire des cadeaux.

Guedassen est toujours très réservé; il a peur d'un envahissement; il craint que l'on ne veuille faire passer un chemin de fer dans son pays; il redoute l'accaparement du peu de commerce qui est entre les mains de sa nation, et s'étonne que les Européens désirent tant traverser son pays et aller vers le Soudan.

Cependant, la mission continue à s'avancer vers le sud; le premier jour Mohammed ben Ikhenoukhen la rejoint, offre un mouton à M. Foureau et dîne avec lui; il engage ce dernier à bien veiller sur ses provisions : « Les gens ont faim, dit-il; on essayera certainement de te voler. » Il fait de grandes protestations d'amitié au voyageur et l'engage à prendre garde : « N'oublie pas que tu as rencontré une caravane à Temassinin, les Ahaggar connaissent maintenant ta présence et ton voyage; prends garde. »

Le voyageur est accompagné dans toute cette partie de l'itinéraire par l'un des notables, Mouley ag Khaddadj, destiné à lui servir de garde d'honneur et de porte-respect.

On remonte toujours la rivière qui entre dans le Tassili, massif montagneux, hérissé de pics aigus et composé de grès noirs inabordables. Isouitar, Tadjenout, Tafersin, Oursel sont dépassés.

Guedassen vient rejoindre la mission et veut maintenant s'opposer à la marche en avant, s'appuyant sur divers prétextes plus ou moins mal fondés, rééditant la vieille histoire des chameaux enlevés aux Azdjer par nos nomades d'El Oued. Les discussions reprennent, agaçantes, interminables. M. Foureau, à force d'insistance, arrache pourtant à Guedassen, avant son départ du camp, l'autorisation de marcher au sud, au moins jusqu'au lac Mihero. Chaque soir la mission hospitalise des gens venant un peu de partout et qui semblent aussi malveillants qu'affamés.

Les chameliers touareg de la mission ne travaillent absolument pas, et c'est le chef de mission, aidé de son matelot et de ses trois Chaamba, qui fait à peu près tout le travail de chargement et de déchargement du convoi; les plus jeunes des chameliers ne se gênent guère pour se moquer des infidèles, bien que Mouley fasse tous ses efforts pour les engager à rester convenables.

Le 19 janvier, la caravane cheminait dans l'ouad Mihero, lorsqu'elle fut arrêtée par un certain Cheikh ben Mohammed des Azdjer. Ce dernier, propriétaire de la rivière, parlant très haut et d'un ton menaçant, discutait violemment avec Mouley, prétendant empêcher les infidèles de passer sur son territoire.

Mouley, très animé, voulait d'abord passer quand même, mais il dut bientôt demander à M. Foureau de camper en ce point même, pour continuer la discussion et tâcher d'amener une solution favorable.

La mission dresse donc ses tentes dans l'ouad Mihero dont les berges sont, en cet endroit, très abruptes, et le lit couvert de fourrés de tamarix.

La bande des opposants s'est grossie d'un certain nombre d'hommes, notamment d'un chérif de l'Adrar, marié à une femme targuie et ami d'Abidine. Ce chérif, qui a la prétention de tuer tout Français qui lui tombera sous la main, excite encore Cheikh ben Mohammed, dont on aurait peut-être eu raison avec quelques douros, et le tapage augmente. La nuit presque entière se passe en discussions violentes. Mouley est dans l'obligation de se mettre en personne à garder la mission pour empêcher un assassinat après lequel les bagages auraient été divisés en trois parts : l'une pour le chérif, l'autre pour Cheikh, la troisième pour Mouley ; ce dernier, indigné, s'élève violemment contre un tel projet.

Le lendemain, Mouley, ne pouvant rien obtenir, décide qu'on rentrera au campement des Kebar et en informe le voyageur.

« Rien d'aussi triste qu'un pareil retour, dit M. Foureau ; l'homme le plus fort et le plus énergique se sentirait découragé... Ainsi, trois années successives, j'avais essayé d'aller vers l'Aïr en pénétrant chez les Azdjer et en nouant des relations avec eux ; j'avais écrit aux notables en leur demandant le passage ; je les avais vus, je venais enfin de réussir à les convaincre ou à peu près et il me fallait voir brusquement s'écrouler tout cet échafaudage si péniblement édifié, il me fallait recommencer encore de nouvelles tentatives et perdre toute une année. On comprendra aisément le sentiment de regret poignant qui m'étreignait à cet instant de deuil et de découragement. »

La mission, suivant la même route et escortée pendant longtemps par les fanatiques de l'ouad Mihero, revint donc au campement d'Afara n Ouech-cherane. Guedassen, informé, parut furieux de ce qu'on avait méconnu son autorité et tenu tête à Mouley, qui, en quelque sorte, le représentait auprès de la mission.

Les notables tinrent conseil, et, refusant tout d'abord d'accéder au désir du voyageur qui leur proposait de le conduire à Rhât, ou au pis aller à Ghadamès, ils restèrent deux jours entiers à prendre une décision ; leur principale préoccupation, à ce moment, paraissait être d'assurer le retour de l'explorateur en Algérie sans fâcheuse rencontre ; or, ils craignaient les Ahaggar avertis par le chérif et par ses émissaires.

Guedassen, dont les manières avaient beaucoup changé et qui était devenu beaucoup plus aimable, peut-être parce qu'il voyait le départ prochain du voyageur pour l'Algérie, avisa M. Foureau de la décision prise.

« Il est donc convenu, dit l'explorateur, que je me dirigerai à travers l'erg d'Issaouan de façon à passer à deux jours dans l'est de Temassinin où les Touareg redoutent la présence de gens malintentionnés ; je gagnerai ensuite Tabankort. Une dizaine de notables, y compris Guedassen, m'accompagneront pendant deux ou trois jours pour veiller à ma sûreté ; mon guide targui Mohammed et un de mes chameliers, Moussani, continueront avec moi jusqu'à Tabankort et de là je me débrouillerai seul avec mes trois Chaamba. J'accepte en définitive ce programme, puisqu'il n'y a pas moyen de faire autrement. »

La mission, escortée comme il est dit plus haut, descend l'ouad Tikhamalt et l'ouad Assekkifaf où elle s'arrête pour faire sa provision d'eau et abreuver ses animaux à une large mare laissée par la crûe.

Là les Touareg prennent congé et, après avoir reçu le paiement de leur déplacement, ils rentrent à leurs tentes; Guedassen, devenu très aimable, fait ses adieux à M. Foureau, lui promet son concours pour l'an prochain, et lui souhaite bon voyage.

Le 25 janvier, M. Foureau, resté seul avec ses trois Chaamba, ses deux Touareg et son matelot, dirige lui-même la caravane au milieu de l'Erg d'Issaouan qu'aucun de ses guides n'avait jamais traversé, et, après avoir franchi le Djoua, au point même où il désirait l'atteindre, grimpé la falaise du Tinghert, descendu l'ouad In-Aramas, bu à Tabankort, d'où repartent pour leurs tentes les deux guides touareg, et traversé enfin les ouad In-Amestekki et Igharghar, la mission campait, le 8 février, au puits de Mouilah-Mâattallah.

De là, redescendant le Gassi Touil, M. Foureau atteignit Hassi Feidjet-el-Mzabi où des chasseurs Chaamba lui donnaient les premières nouvelles d'Algérie. De ce puits et évitant les anciens itinéraires dans la région, il passait à Hassi Khaldiat, El Alia, Dzioua et rentrait à Biskra, le 4 mars, après cent trente-quatre jours de voyage.

« Ainsi donc, dit M. Foureau, j'étais parvenu, après trois ans d'efforts, de démarches, de lettres, à pénétrer au cœur même des campements des Touareg Azdjer et à me mettre franchement en route pour l'Aïr.

Il a fallu cette malheureuse circonstance de la présence d'un chérif fanatique dans l'ouad Mihero pour renverser toutes mes espérances, et si les notables Azdjer, notamment Guedassen, avaient voulu y mettre un peu d'énergie, ils auraient réussi à me faire passer ; mais ils ne l'ont pas fait. Toutefois, adoucis par mes cadeaux et renseignés sur le but que je poursuis, ils m'ont assuré de leurs bonnes dispositions pour l'année prochaine. Telles sont les dernières paroles de Guedassen. Quant à Mouley et à Ikhenoukhen, ils me sont acquis d'avance. »

Au point de vue scientifique, M. Foureau rapporte un itinéraire de 4,600 kilomètres, levé au 1/100 000, 138 observations astronomiques faites au théodolite, avec cinq montres pour les longitudes, et de nombreuses observations magnétiques et météorologiques ; ce sont là des résultats plus que suffisants pour mériter à M. Foureau la reconnaissance de tous ceux qui admirent avec quelle courageuse persévérance il tente de faire pénétrer chaque année plus avant dans le Sahara central l'influence civilisatrice de la France.

∴

De même que l'hiver précédent, cette mission de M. Foureau se trouva doublée par une seconde, constituée par un groupe privé, le Syndicat de Ouargla-Soudan, mais ayant cependant l'appui officiel du Gouvernement général de l'Algérie.

Cette mission avait pour objet de tirer parti des résultats de la première mission Méry et de la compléter. Au départ d'Ourir, petite oasis de l'oued Rhir au sud de Biskra, la mission comprenait cinq Européens :

M. Méry, chef de mission; M. B. d'Attanoux[1], rédacteur au *Temps*; M. Bonnel de Mézières, ancien membre de la mission Maistre, et deux Pères des Missions d'Afrique, les PP. Hacquart, supérieur de la station d'Ouargla, et Ménoret, dont le concours devait être fort précieux dans la suite, en raison de leur parfaite connaissance des choses africaines et des idiomes en usage dans les territoires à parcourir; leur caractère religieux avait de plus l'avantage d'affirmer aux yeux des populations sahariennes le caractère essentiellement pacifique de la mission.

Le 24 octobre, la mission se mettait en route; mais, dès les premiers jours, les compagnons de M. Méry ne purent se mettre d'accord avec lui au sujet de l'organisation de la caravane et des mesures les plus élémentaires à prendre pour assurer, dans la mesure du possible, leur sécurité en territoire Azdjer et le succès de leur mission. M. Méry, légèrement souffrant, d'ailleurs, rentra en France[2], et M. Bernard d'Attanoux fut désigné comme nouveau chef de la mission.

Mais tandis que la mission se disposait à se mettre définitivement en route, un mïad (ambassade) de Touareg quittait de son côté le Sahara, se dirigeant sur l'Algérie dans le but de continuer les relations ébauchées entre les deux pays par l'ambassade venue à Alger l'an-

---

[1] M. B. d'Attanoux est un ancien officier; sorti de Saint-Cyr en 1873, il fut incorporé d'abord aux chasseurs à pied, puis nommé lieutenant aux tirailleurs algériens.
Après avoir, en 1880, donné sa démission, M. d'Attanoux se rendit au Maroc et en Algérie où il fit une étude très approfondie des questions algériennes. Il publia dans le *Temps* des articles très appréciés sur la politique coloniale et la *Nouvelle Revue* à plusieurs reprises lui ouvrit ses colonnes.

[2] E. Gaston Méry est actuellement à Tombouctou, où il a été envoyé par le Syndicat de Ouargla-Soudan, afin d'ouvrir des comptoirs commerciaux dans le Soudan Français.

née précédente. Il était évident que si la mission avait continué sa marche, sa présence chez les Touareg n'aurait pu être mise immédiatement à profit, car ceux-ci eussent indubitablement renvoyé tous pourparlers, remis toutes décisions jusqu'à l'époque du retour de leurs envoyés; il fallut donc attendre à El Oued, dans le Souf, que le mïad ait achevé sa mission pour l'accompagner, ou le suivre, dans son retour.

Dans les lettres que les grands chefs Touareg, aussi bien Hoggar qu'Azdjer, avaient remises à leurs mandataires, il est dit en propres termes que, *si la France veut envoyer des voyageurs au Sahara, et si ceux-ci se présentent en petit nombre, dans un appareil et avec des allures pacifiques, libre parcours et protection leur seront accordés.*

Jugeant inutile de faire voyager jusqu'à Alger l'ambassade targuie, le Gouvernement général délégua à El Oued M. le général de La Roque, commandant la division de Constantine, pour aller traiter avec elle des différentes questions qui intéressent nos futures relations sahariennes. Ce fut à la zaouïa de Guemar, près d'El Oued, qu'eurent lieu les entrevues, chez Sid el Aroussi, chef de la confrérie des Tidjania, et profondément dévoué à la cause française.

Le 13 janvier, les Touareg du mïad, sous les ordres du marabout Abd en Nebi, reprenaient la route du sud, vers Bel Heïran ; la mission part avec eux, Abd en Nebi [1] s'engageant à la mener jusqu'en territoire Azd-

---

(1) Abd en Nebi est *mokaddem* de l'ordre des Tidjania : il avait donc amené les ambassadeurs à la *saouïa* de cet ordre à Guemar, chez le cheikh Sid el Aroussi. Celui-ci, depuis plusieurs années, sert d'intermédiaire entre les autorités françaises et les diverses confédérations des Touareg du nord, par l'entremise des Ifoghas, tribu maraboutique, flottant entre Azdjer et

jer et à lui faciliter une entrevue avec la djemaa des Kebar (chefs) de cette confédération.

La mission, accompagnée du mïad, se mit donc en route le 13 janvier, dans la direction de Bel Heïran. Le chemin est connu, car il traverse les terrains de plusieurs de nos tribus du Sud algérien. La marche est, au début, assez lente, la caravane devant régler son allure sur celle des Touareg, qui semblent peu pressés de quitter notre territoire, où la plus large hospitalité leur est assurée.

Le 31 janvier, on arrive au hassi Bel Heïran. Les voyageurs y ont été précédés de quarante-huit heures par la colonne chargée d'édifier en ce point un bordj destiné à assurer la sécurité dans cette partie du Sahara.

De Bel Heïran, la mission gagne hassi Mokhanza Djedida, dont elle déblaye le puits, considéré à tort comme tari; puis, délaissant le gassi Touil, que l'explorateur G. Méry avait relevé l'année précédente dans toute son étendue et qui oblige à un trajet de sept à huit jours sans eau, elle se rend à Aïn-Taïba. De là, elle se dirige sur Mouilah-Mûatallah en étudiant la région des gassi, qu'elle traverse, et en s'attachant à éviter les chemins déjà suivis. Elle coupe cependant, à plusieurs reprises, les itinéraires de la première mission Flatters et quelques-uns de ses campements.

Hoggar, intriguant partout, réussissant à se faire tolérer également des uns et des autres. De Ghadamès à In-Salah, les Ifoghas sont chez eux, se mêlant de tout, s'entremettant dans tous les différends, et les guerriers leur confient volontiers les besognes qu'ils dédaignent de remplir eux-mêmes.

Soyons reconnaissants à cette tribu d'avoir produit cheikh Otman, le guide intelligent et le protecteur dévoué de Henri Duveyrier, et d'amener encore aujourd'hui des m'ïad qui ont tout au moins un résultat très certain : celui de prouver aux Touareg qu'un étranger mettant le pied sur le sol français n'a pas infailliblement la tête coupée.

Entre Aïn-Taïba et Mâatallah, la mission est rejointe par un courrier expédié par l'autorité militaire pour l'aviser du départ, de chez Bou Amama, d'un rhazzou de dissidents ayant pour objectif le Sud algérien. Abd en Nebi, qui s'est chargé de guider la mission, adopte alors, pour gagner Temassinin, une route des plus sinueuses afin d'éviter une rencontre possible avec le rhazzou. Cette circonstance donne aux voyageurs le moyen de reconnaître des régions non encore explorées. Après une pénible traversée de la hamada, qui constitue le premier palier du plateau de Tinghert, la caravane débouche sur la rive gauche de l'Igharghar. A ce point elle constate l'existence d'un affluent important du fleuve, l'oued en Naga, qu'elle remonte vers Temassinin, évitant ainsi les roches du plateau que l'Oued coupe de part en part.

A Temassinin, tout est calme au moment du passage des voyageurs; de là, pour gagner la vallée des Ighargharen, la caravane fait un crochet vers l'ouest afin d'aller reconnaître un puits important. Elle revient ensuite au mont Kanfousa où l'existence d'une source lui est révélée. Suivant alors la vallée des Ighargharen, elle passe successivement aux points d'eau de Touskerit Tebalbalet et Aïn el Hadjadj.

Elle coupe, à leur confluent avec les Ighargharen, l'oued Maston et l'oued Samen. Ce dernier est considéré comme la véritable route du Soudan; mais le premier serait aussi une voie tout indiquée vers l'Aïr, car, au dire des indigènes, il conduisait directement et sans obstacle dans la sebkha d'Amadghor.

Croyant les grands chefs Azdjer à Menkhough, Abd en Nebi leur a envoyé depuis plusieurs jours un des siens

Exploration du Sahara. P. Vuillot.

ITINÉRAIRE de la Mission D'ATTANOUX
Octobre 1893 — Avril 1894
Echelle 1 : 6 000 000

pour les aviser de l'arrivée de nos compatriotes et cet émissaire a répandu en route le bruit de leur passage. Le 2 mars, les explorateurs aperçoivent courant vers eux une troupe d'une trentaine de cavaliers marchant en grande tenue de guerre. Ce sont des Ifoghas, dont le chef de la tribu, Mohammed, frère d'Abd en Nebi. Ils viennent souhaiter la bienvenue à M. d'Attanoux et à ses compagnons. Une diffa leur est offerte, et les cadeaux divers : burnous, étoffes, etc., leur sont remis. Sous prétexte que de nombreux campements de Hoggar se trouvent sur la route de Menkhough et peuvent constituer un danger pour les Français, les Ifoghas déclarent vouloir les accompagner, afin de les protéger au besoin. On se met en route dans ces conditions, mais comme le nombre des Ifoghas grossit tous les jours et que ces gens ne cessent de demander des vivres et des cadeaux, leur présence devient une véritable gêne pour la mission. On traverse bientôt une région où campent des Hoggar.

Ceux-ci se montrent irrités de la venue des explorateurs et exigent tout au moins des droits de passage pour leur laisser poursuivre leur chemin. M. d'Attanoux et ses compagnons se refusent d'acquitter une pareille taxe entre d'autres mains que celles des Azdjer, les légitimes propriétaires du sol. La discussion tourne un moment à l'aigre et la mission constate que les Ifoghas ne lui sont d'aucun secours ; mais, grâce à une négociation habilement conduite par le Père Hacquart, tout finit par s'arranger moyennant un cadeau infime fait personnellement au chef des Hoggar qui, revenu à de meilleurs sentiments, livre passage aux voyageurs en leur souhaitant un heureux succès.

Il a énormément plu cette année au Sahara central, chose qui, au dire des indigènes, ne s'était pas produite depuis plus de dix ans; aussi les rivières ont-elles débordé, de sorte qu'arrivés à ce point de leur route, à la daya Tibabité, les voyageurs, empêchés de continuer à suivre la vallée transformée en marécage, se trouvent forcés de gravir les premières pentes du Tassili, dont ils peuvent ainsi se faire une idée exacte. Ils rectifient la direction de quelques-uns des oued coupant le plateau qui figurent sur les cartes et en relèvent de nouveaux.

C'est dans un de ces derniers, l'oued Anéfié, le 4 mars, que se passa l'incident capital du voyage :

« Nous cheminions dans le lit de l'oued, raconte M. d'Attanoux, quant au sommet des berges qui l'encaissent, une troupe de méharistes nous apparut tout à coup. En pareil cas, on commence toujours par se mettre sur la défensive, attendant d'être fixé sur les dispositions des arrivants. C'est ce que nous faisons sur les conseils d'Abd en Nebi que la vue de ces gens en ce lieu écarté ne rassure guère et qui marmotte nerveusement entre ses dents une de ses phrases favorites : « Ceux qui cherchent » le bien trouveront le bien ; ceux qui cherchent le mal trou- » veront le mal. » Mais, à mesure que les cavaliers se rapprochent, toute cause d'appréhension disparaît, car nous reconnaissons alors en tête nos envoyés. Avec eux, et accompagné de ses imrhad (serfs), en assez grand nombre, marche Kounni, frère d'Ankrouf, un des membres de la djemaa des nobles Azdjer. Les chefs n'ont fait que toucher barre à Menkhough et sont actuellement campés à trois jours de là, plus à l'est, sur l'oued Tarat. Des raisons d'ordre matériel et moral, également impérieuses les unes et les autres, s'opposent à ce que nous poussions jusque-là. Nos provisions ne résisteraient pas aux premiers assauts que lui donneraient la multitude que nous y trouverions et pour laquelle la venue d'un voyageur bien approvisionné est une bonne fortune inespérée. Puis, parmi ceux qui la composent, il se trouve en grand nombre des Imanghasaten et des habitants du Fezzan, gens mal disposés pour nous et qui s'efforceraient de susciter des obstacles au cours de nos négociations.

» Les mêmes considérations s'opposent également à ce que les membres de la djemaa viennent jusqu'à nous, car la même foule leur ferait escorte pour voir les Français, contrecarrer leurs projets au besoin et profiter d'eux en attendant. Les nobles Azdjer sont cependant prêts à se mettre en route si tel est notre désir; mais, dans l'hypothèse du contraire, ils nous envoient un des leurs pour connaître le but exact de notre visite, et le chargent de leurs pleins pouvoirs pour parler au nom de la djemaa.

» Le représentant de la djemaa des Azdjer, Kounni, est un homme d'allures distinguées, portant beau et remarquable par la régularité de ses traits et la finesse de ses mains. Il nous aborde avec une brusquerie dont la franchise nous plaît, car elle nous montre qu'avec un tel négociateur nous pourrons obtenir des réponses précises qui, favorables ou non, auront au moins le mérite de clore la controverse qui se poursuit depuis plusieurs années au sujet de ce que nous avons à espérer des Touareg de l'Est.

« Que venez-vous faire ici ? » nous demande-t-il presque à brûle-pourpoint, sitôt les salutations d'usage échangées.

» Nous lui répondons en lui exposant les projets de la France relatifs aux communications à établir entre le Soudan et l'Algérie, et son désir de faire appel au concours des Azdjer pour les réaliser. Un document existe depuis trente ans qui donne droit de compter sur ce concours; mais les opinions étant partagées chez nous sur la valeur que les Touareg attachent encore à l'heure actuelle au traité de Ghadamès, nous sommes venus pour chercher une réponse officielle et formelle à ce sujet, et, le cas échéant, pour nous concerter sur les détails d'exécution de la convention de 1862. Nous nous séparons sur ces mots, remettant au lendemain une conversation que l'heure avancée ne nous permet pas de poursuivre.

» L'accueil de Kounni a été poli, mais rien de plus. Quant à son entourage, il parvient à peine à dissimuler non-seulement sa froideur, mais même une certaine hostilité. Nous apprenons du reste par nos émissaires que tout ce monde est animé de dispositions peu bienveillantes et que notre voyage est vu d'assez mauvais œil. Nous n'allons pas tarder à en avoir la confirmation. Toute la nuit, on discute et on s'agite beaucoup chez les Touareg campés à une centaine de mètres de nos tentes. Nous faisons naturellement les frais d'un entretien qui ne paraît pas précisément à notre avantage. On va, on vient de tous côtés avec précipitation; on s'interpelle, on hurle et dans le brouhaha quelques paroles sinistres arrivent jusqu'à nous : *Inreuss! Inreuss!* (tuez-les! tuez-les!) vociférent les imrhad au milieu de leurs imprécations.

» Abd en Nebi n'est pas lui-même beaucoup mieux traité, et on l'accuse formellement d'être vendu à l'étranger. La situation ne laisse pas d'être critique, et nous demeurons sur pied, la main sur nos armes, prêts à tout événement. Ce qui nous rassure, c'est la présence d'un chef qui, nous ayant accueilli, nous a pris de ce fait sous sa protection; nous savons qu'un noble Azdjer est incapable d'une trahison.

» Mais que penser d'une telle attitude si peu conforme à ce que l'on nous avait assuré et à ce que nous espérions ? Après tout, dira-t-on peut-être, ces gens hostiles ne sont que des serfs et on rappellera que, lorsque le Père Richard fit, en 1880, son voyage de Ghadamès au pays des Azdjer, il n'éprouva de difficultés qu'en traversant un campement d'imrhad. Il est certain que l'amrhid est moins porté que le noble à prendre contact avec l'étranger, plus attaché au sol que son seigneur ; il est d'instinct plus méfiant et voit dans tout nouveau venu une menace et un danger. Mais les imrhad sont d'autant moins à dédaigner que, chez les Touareg, ils forment pour ainsi dire la masse de la population, les nobles n'y comptant guère qu'à l'état d'individualités. Et puis, il faut se garder de voir dans le serf un esclave dans le sens que nous donnons couramment à ce mot; l'imrhad, c'est le serf du moyen âge travaillant pour nourrir son seigneur pour qui la guerre est la seule occupation. Ici, en outre, loin d'être tenu dans une situation inférieure, le serf attaché à un noble vit avec lui sur le pied de la plus complète familiarité. Pour lui, la pensée du maître n'a rien de caché, et l'avis qu'il ne se prive guère de donner en toutes choses est souvent pris en grande considération.

» Ainsi organisée, la société offre, en pays targui, l'exemple d'une forme de socialisme qui en vaut bien une autre. Elle a, en tout cas, ceci de remarquable que le principe de l'autorité n'en est nullement atteint. Nous en avons eu un exemple significatif. Deux chameaux ayant un jour disparu de notre troupeau, nous en informâmes Kounni, qui nous répondit sans hésiter que, fussent-elles au plus haut des airs ou au centre de la terre, nos bêtes nous seraient rendues »; et, en effet, dès le lendemain notre cavalerie était de nouveau au complet.

» Les imrhad ayant une telle situation, la manifestation à laquelle nous assistions n'en offrait que plus de gravité. Nous ne pouvions au surplus en deviner la cause et nous nous demandions si nous n'étions pas victimes d'un colossal malentendu. Dans tous les cas, elle faisait peu prévoir les heureux résultats que nous avons pu obtenir au cours de nos négociations ultérieures. Dès le lendemain nous allions nous en expliquer avec Kounni, et la conversation que nous eûmes à ce propos vint nous donner le mot d'une énigme qui nous avait paru indéchiffrable.

» La présence à quelques semaines de distance de deux missions françaises sur le territoire des Azdjer a été un fait absolument regrettable et qui aurait pu avoir les conséquences diamétralement opposées au but poursuivi. Ne comprenant pas la nécessité de ces deux séries de visiteurs, les Touareg en ont conçu une grande méfiance, se demandant dans quel but on multipliait ainsi les voyages dans leur pays. Ajoutez à cela que les oued qui avoisinent la vallée des Ighargharen sont remplis de Hoggar en déplacement de pâture, et que ceux-ci ne se sont pas fait faute d'inquiéter les Azdjer sur les intentions des Français, lesquels, à les entendre, construisaient déjà un bordj à la zaouïa de Temassinin qui leur aurait été vendue par les Ifoghas. En nous voyant pénétrer chez eux, nombreux et solidement armés, les Azdjer n'ont plus mis en doute les mauvais desseins que nous prêtaient nos ennemis, et, pour eux, ceux qui nous avaient précédés de quelques jours n'étaient autres que des éclaireurs chargés de préparer des voies. On peut dire que les Touareg nous en ont surtout voulu de la peur que nous leur avons causée sans le vouloir.

» Mais rien ne vaut les explications nettes pour dissiper les malentendus entre gens de bonne foi, et je dois rendre à Kounni cette justice qu'il n'a pas hésité à nous croire quand nous lui avons déclaré que notre appareil guerrier n'avait d'autre but que de nous permettre de traverser sans encombre les régions peu sûres qui séparent l'Algérie du pays touareg. Les préventions dissipées, il ne s'agissait plus dès lors que de traiter les questions qui nous avaient amenés ici; mais, dépourvu d'eau et de pâturages, le lieu où nous sommes est peu propre à un séjour; aussi est-il décidé que nous irons à Menkhough poursuivre les pourparlers.

» L'année dernière l'explorateur Méry avait trouvé le lac à sec;

cette année il y a de l'eau en abondance, l'oued s'étant répandu dans la vallée. C'est même ce qui nous empêche d'en approcher de très près et nous oblige à dresser notre camp à quelques kilomètres au sud-ouest à l'embouchure de l'oued Timatouiet.

» C'est là que pendant trois jours nous avons eu avec le délégué de la djemaa des grands chefs de nombreuses et longues conférences, au cours desquelles nous avons abordé la généralité des questions ayant trait aux rapports réciproques des deux pays. Kounni est demeuré l'homme précis que nous avions trouvé dès la première rencontre, nous disant les choses avec une netteté qui ne laisse place à aucun doute, prétexte à aucun ergotage. On voyait du reste que rien de ce dont nous l'entretenions n'était nouveau pour lui, et ses réponses, nullement cherchées, montraient bien que nos questions avaient été prévues et avaient fait l'objet de discussions anticipées.

» Tout d'abord, il demeure désormais acquis d'une façon officielle et formelle que les Azdjer se considèrent toujours comme liés par le traité conclu à Ghadamès entre les représentants de la France et le mandataire d'Ikhenoukhen. Ce point fondamental bien établi, il restait à arriver à l'exécution de la convention précitée. Un des articles de cette convention qui importe le plus au succès de nos tentatives de pénétration soudanienne stipule que, non contents de protéger et de guider nos caravanes jusqu'aux limites de leur pays, les Touareg de l'Est useront de leur influence auprès des Kel-Oui pour nous obtenir d'eux un traitement analogue et permettre ainsi à nos marchandises d'arriver jusqu'au Soudan central. Voilà plus de trente ans que cette clause a été acceptée et je ne sache pas que, depuis lors, on se soit mis en peine d'en obtenir l'exécution. Le moment nous a semblé propice pour la réclamer et nous avons la promesse que, dès cet été, les Azdjer s'aboucheront à cet effet avec les Kel-Oui qu'ils doivent rencontrer à Rhât. Sitôt fixés sur leurs intentions, avis en sera donné aux autorités françaises et l'on pourra alors se livrer à un premier essai de négoce par caravanes.

» La première partie du programme de la mission se trouvait donc heureusement remplie, et ce n'était pas la moins importante, puisqu'elle fixait des points hier encore controversés et qu'elle assurait, sans qu'il soit nécessaire d'y revenir, la base sur laquelle s'échafaude toute l'œuvre de la pénétration. Restait à poursuivre le plan général pour l'exécution duquel nous nous étions mis en route. Mais, arrivés à ce point de notre œuvre, un obstacle nous a arrêtés : le désir des Azdjer de ne pas nous voir aller plus loin cette année, et leur intention de ne nous conduire chez les Kel-Oui qu'après que ceux-ci auraient répondu aux ouvertures qui doivent leur être faites à notre sujet. Devions-nous donc tenter quand même de poursuivre notre marche? Singulière façon de prouver aux Azdjer notre désir de voir s'exécuter le traité de Ghadamès, que de commencer par tenir nous-mêmes pour négligeable la clause qui leur donne la conduite et la protection des convois depuis l'entrée de leur territoire jusqu'à l'Aïr! Avec des gens inquiets comme le sont à l'heure actuelle les Touareg de l'Est, grâce aux manœuvres de nos adversaires, c'eût été commettre la plus irréparable des imprudences que de fournir à ceux-ci un semblant de prétexte pour nous représenter comme faisant bon marché des engagements pris. Et puis quelle situation allions-nous trouver en quittant les Azdjer? Etant données les circonstances présentes, ne risquions-nous pas de compromettre ou de faire reculer l'œuvre de la pénétration par un échec que rendait probable l'état d'agitation dans lequel le Sahara se trouve en ce moment? Toutes ces raisons, la première surtout, nous ont dicté notre conduite d'une façon impérieuse, et c'est ainsi que nous prenions, le 8 mars, le chemin du retour, rapportant comme bagages les résultats obtenus chez les Azdjer que nous quittions en amis après avoir été accueillis par eux en gens suspects. »

Très heureux de ce résultat, qui assure une base indiscutable à l'œuvre de la pénétration du Soudan par le nord, M. d'Attanoux et ses compagnons reprennent le chemin du nord.

« Notre itinéraire de retour, dit M. d'Attanoux dans ses notes de route, nous fait traverser de nouveau la région fréquentée par des Hoggar et où nous éprouvâmes, en nous rendant à Menkhough, quelques difficultés. Ces Hoggar sont un composé de Taïtok et d'Isaqqamaren, ces derniers appartenant, on le sait, à la plus puissante des tribus serves des Touareg de l'Ouest, vassale de la tribu noble des Kel Rhelâ, laquelle fournit l'aménokhal à la confédération.

» Comme à l'aller, nous entrons en rapport avec le chef de cette agglomération et de nouveau la question des droits de passage est soulevée par lui. Mais c'est à un point de vue purement théorique, car il n'insiste pas pour nous faire acquitter une taxe dont nous contestons la légitimité. Cependant, à l'entendre, il serait en droit de l'exiger. Il nous explique alors que, venant régulièrement pâturer dans la région qui s'étend de Théoutélemoun à Touskerit, et qui comprend les puits d'Aïn el Hadjadj et Tebalbalet, il s'est substitué, sous certaines conditions, aux usages naturels du pays et a hérité ainsi de leurs droits et privilèges. Ce que vaut une pareille affirmation, je ne saurais le dire, n'en ayant pas eu connaissance, alors qu'il m'aurait été possible de la vérifier auprès des chefs Azdjer. Je dois cependant la signaler, car il y aura lieu de la tirer au clair lorsque la fixation des droits de passage pour nos caravanes sera établie avec les Azdjer.

» Jusqu'ici nous avons continué à être escortés de quelques Ifoghas, mais leur nombre va diminuant de jour en jour, à mesure que nous approchons de Temassinin. Abd en Nebi lui-même nous quitte à Touskerit pour rejoindre sa nezla, campée à proximité, et, quand nous arrivons à la zaouïa, nous sommes de nouveau réduits à nous-mêmes. Ici la tranquillité est complète, et le gardien nous redit ce qu'il nous avait appris déjà lors de notre premier passage, à savoir que depuis de longs mois il ne s'est rien passé de suspect ni chez lui ni aux environs.

» Les intrigues qui se sont nouées chez les Hoggar à l'occasion de notre voyage (et dont je vous ai entretenus), jointes au désir que nous éprouvons de ne pas accomplir deux fois le même parcours, nous engagent à faire alors route vers l'Est. Nous nous dirigeons en conséquence sur Tabankort, où nous arrivons le deuxième jour de notre départ de Temassinin. Grâce aux pluies de cet hiver, nous trouvons dans l'oued Tabankort de nombreux r'dirs, mais, en revanche, le puits a disparu, comblé et recouvert par les sables que la rivière a charriés; il faudra un assez long travail de déblaiement pour l'utiliser de nouveau.

» Entre nous et Bel Heïran se dresse le grand massif de l'Erg oriental qui semble un obstacle d'autant plus insurmontable que les cartes n'y font figurer aucune route par laquelle on puisse espérer passer. Le contourner en suivant l'itinéraire de M. Foureau en 1892, allongerait beaucoup notre route, et puis il serait bien intéressant de savoir comment se comporte cette région de sables. Notre guide, un Chaambi déterminé, nous assure que nous pourrons en venir à bout; aussi nous n'hésitons pas à nous confier à lui et à nous lancer dans l'inconnu après avoir renouvelé notre provision d'eau avec d'autant plus de soin que nous devons parcourir plus de 300 kilomètres sans trouver le moindre puits.

» Cette traversée s'est effectuée dans des conditions meilleures que ce que nous pouvions espérer, et cela grâce à un immense gassi dans lequel nous sommes tombés au bout de peu de temps, superbe couloir d'au moins 100 kilomètres de long, atteignant jusqu'à 20 kilomètres dans sa plus grande largeur, et qui nous fait déboucher dans le gassi Touil, au sud de Bel Heïran, un peu au-dessus du 30° degré de latitude nord. Cette route a le grand avantage de permettre d'éviter, en allant à Temassinin, les régions, souvent peu sûres, de Mouilah-Máatallah et d'El Biodh. Aussi l'avons-nous soigneusement relevée à la boussole, tandis que nous prenions, au moyen du théodolite, les coordonnées des points principaux. Inutile de dire combien nous sommes enchantés d'apporter ainsi un élément de plus à la connaissance du pays.

» Le 24 mars, au soir, nous en avons fini avec toutes nos fatigues et nous les oublions du reste bien vite en apercevant les tentes de Bel Heïran et en nous retrouvant au milieu de nos compatriotes, les officiers de la colonne, venus au devant de nous.

» De grands changements se sont produits en ce point depuis notre passage d'aller. A l'heure actuelle, le bordj est aux trois quarts terminé et il le sera sans doute à la date fixée pour le retour des troupes. C'est une importante construction de 40 mètres de longueur sur chacune de ses faces, flanquée à deux angles de bastions ayant eux-mêmes 4 mètres de largeur. Il peut donner asile à une centaine d'hommes et cette garnison aura toutes facilités pour s'y maintenir, un puits creusé dans la cour centrale fournissant autant d'eau qu'il en sera besoin. Pour l'instant il n'est question que d'y loger un gardien. Il y sera, je crois, très tranquille car dans ces pays les bordjs agissent surtout par le fait seul de leur existence et sans qu'elle ait besoin de se manifester autrement. Ils jouent le rôle d'écriteaux sur lesquels on lirait : « Région interdite désormais aux rezzou et autres exploits de » malfaiteurs. » Ceux-ci se le tiennent généralement pour dit et vont opérer plus loin.

» Si notre marche, à l'aller, a été assez lente, nous nous sommes largement rattrapés au retour. Partis de Menkhough le 8 mars, nous arrivions à Touggourt dans la matinée du 1ᵉʳ avril, ayant parcouru un millier de kilomètres en vingt-cinq jours, desquels il convient de défalquer deux jours passés à Bel Heïran, soit vingt-trois jours de marche effective. Il faut dire que, dans la traversée de l'Erg et dans le gassi Touil, nous avons fait de véritables marches forcées, poussés par la crainte de manquer d'eau et aussi par le désir que nous avions de nous trouver à Bel Heïran pour les fêtes de Pâques. C'est ainsi, entre autres, que nous avons marché durant trois jours à raison de quinze à seize heures par jour, accomplissant des parcours de 58, 68 et 74 kilomètres, et cela sans laisser en arrière ni un homme ni une bête de charge.

» A Touggourt notre mission est terminée en tant que voyage. Il ne nous reste qu'à rentrer en France, ayant la satisfaction de rapporter d'utiles résultats pour la cause de la pénétration et la conscience d'avoir fait tout notre possible pour accomplir en entier la tâche dont on nous avait chargés. »

CHAPITRE XVII

AVENIR DU SAHARA. — SON IMPORTANCE COMMERCIALE. — MINIMUM DE CE QU'IL Y AURAIT LIEU DE FAIRE POUR SA MISE EN VALEUR PRATIQUE : 1° DANS LA DIRECTION BISKRA-EL OUED-GHADAMÈS ; 2° DANS LA DIRECTION BISKRA-TOUGGOURT-OUARGLA-TEMASSININ ; 3° VERS EL GOLÉA ; 4° DANS LA DIRECTION AÏN SEFRA-IGLI ET LE GOURARA. — CONCLUSION.

Nous venons de passer en revue les principaux voyages et les explorations les plus importantes qui aient été faits dans le Sahara septentrional ; nous en avons fait ressortir les conséquences et les résultats ; il nous reste maintenant à indiquer rapidement l'importance du commerce du Sahara, sa décadence actuelle, plutôt apparente que réelle, et quelles seraient à notre avis, les mesures les plus simples et les moins dispendieuses pour en tirer tout le profit possible, en attendant que la question du Transsaharien ait enfin reçu la solution qu'elle comporte.

On ne saurait nier que les relations commerciales de l'Algérie avec les habitants du Sahara soient beaucoup moins intenses que dans le passé ; les grands marchés de Ouargla, d'El Oued, du Mzab, sont en pleine décadence; les routes de caravanes, venant de Rhât ou de Ghadamès à l'est, du Touat, du Gourara et du Tidikelt à l'ouest, vers ces marchés du sud de l'Algérie, sont presque abandonnées; le courant commercial, au lieu de remonter droit vers nos possessions, s'est divisé en deux, allant soit vers le Maroc, soit vers la Tripolitaine.

Les causes de cette nouvelle orientation des caravanes du sud sont multiples et d'ordres divers. Tout d'abord, l'extension de notre autorité effective dans le sud de l'Algérie, supprimant la traite et l'esclavage, a forcé les caravanes venant du Soudan et ayant avec elles des esclaves (ce qui est le cas de presque toutes les caravanes) à aller se débarrasser de leur marchandise humaine, soit en Tripolitaine, par Mourzouk et Sokna, soit au Maroc, par Timbouctou, Taoudeni et le Tafilet ou l'oued Noun.

De plus, au temps de la prospérité commerciale des Ksour du Sud algérien, c'étaient les tribus berbères du Sahara qui convoyaient les caravanes et se chargeaient, moyennant un prix convenu, de conduire les marchandises de tel à tel point, et de protéger convoi et marchands contre les pillards et les coupeurs de route; actuellement, tout le Sahara algérien est occupé par la tribu nomade des Arabes Chaamba : les Chaamba bou Roûba sont au sud d'Ouargla, les Chaamba Berezga au sud du Mzab, et les Chaamba el Mouadhi au sud d'El Goléa; ils ont, chez les autres Arabes, de même que chez les Touareg, la fâcheuse réputation d'être des pillards émérites; ils sont continuellement en razzia avec les tribus touareg; aussi conçoit-on facilement que ces dernières préfèrent diriger les caravanes qu'elles escortent, soit à l'est, soit à l'ouest de nos possessions, et éviter leurs ennemis les Chaamba qui forment en réalité une barrière aux relations commerciales qu'ils voudraient tenter de renouer avec nos comptoirs du sud.

Il semble donc qu'il faudrait, pour rendre à nos marchés du Sud algérien leur ancienne prospérité, ramener en un seul faisceau les deux branches du commerce soudanien qui vont, d'une part du Tchad à Tripoli par l'Aïr, Mourzouk et Sokna, d'autre part du bassin moyen du Niger et du Macina au Maroc par Timbouctou, Araouan, Taoudéni et le Tafilet, ou par Acabli, le Tidikelt et le Touat. Il conviendrait également, afin d'éviter aux tribus touareg l'obligation de se trouver en rapports constants avec les Chaamba en venant commercer avec nous, et nous amener les caravanes et les produits du Soudan, il conviendrait d'établir, au delà des territoires des tribus chaamba, et sur les confins même des territoires de parcours des tribus touareg, une série de points exclusivement commerciaux, qui seraient comme les postes avancés de nos grands marchés sud-algériens.

Nous allons voir tour à tour quels seraient les moyens qui nous paraissent, de prime abord, les plus propres à réaliser ce double but : ramener les deux courants commerciaux de l'est et de l'ouest en un tronçon central, et étendre vers le sud l'influence commerciale de nos marchés sahariens.

Une grande partie du commerce de la riche région qui entoure le Tchad au sud, à l'est et à l'ouest du Sokoto, du Bornou, est canalisée vers la Tripolitaine, soit par Bilma et Mourzouk, soit par l'Aïr et Rhât, soit même par Ghadamès ; les produits européens sont, à leur tour, importés en sens inverse, et de Tripoli sont répandus en grande quantité dans le Soudan septentrional et dans le Sahara central.

Que faudrait-il donc pour que ce trafic, d'une importance énorme, soit détourné d'un port étranger et ramené chez nous, au grand profit de nos commerçants de la province de Constantine ? Peu de chose en vérité, à la condition de rester dans ce qui est pratique, sans vouloir faire grand et se lancer dans des entreprises chimériques.

Tout d'abord, il faut ouvrir une route de caravane pratique d'El Oued à Ghadamès, comme nous nous y sommes engagés en 1862, sans avoir rien fait depuis pour remplir notre engagement. Dix puits creusés ou restaurés, maçonnés, entourés d'un petit mur pour les protéger contre l'envahissement des sables, avec un Arabe logé avec sa famille dans un petit gourbi placé dans l'enceinte même du mur, et chargé d'entretenir le puits en bon état [1], suffiraient à assurer aux caravanes une route sûre et facile ; que l'on choisisse celle passant par Bir Ghardaïa, ou celle par Bir Mouï Aïssa, ou enfin celle de Berresof (Bir ès Çoff), peu importe, car le grand point, c'est de ne pas perdre des années à discuter la voie offrant le plus de commodités, à nommer commissions et sous-commissions, à entasser mémoires sur rapports, et... à laisser pendant ce temps la route sans puits et sans eau.

---

(1) Ainsi que cela se fait par exemple à Oglat Zelfana, à Oglat Noumerât, sur la route de Ouargla à Ghardaïa ; à Hameraia, à Mguebra, sur la route de Biskra à El Oued, et en bien d'autres points du Sahara algérien.

Une fois la route d'El Oued à Ghadamès facilitée aux caravanes, tout ne sera pas terminé : il faudra penser à ce qui se passera au point terminus, à Ghadamès : là, il sera absolument nécessaire à la France d'avoir un agent consulaire, dûment accrédité auprès de la Porte, de laquelle relève le pachalik de Tripolitaine ; cet agent serait alors à même de protéger nos nationaux et nos indigènes en cas de besoin, et aurait pour fonctions principales d'adresser aux Chambres de commerce françaises des échantillons des tissus et autres objets d'échange que demandent les caravanes venant du sud, ainsi que des échantillons des marchandises qu'elles apportent du Soudan.

De plus, il serait indispensable, et c'est là le point d'où dépend, à notre avis, l'avenir commercial de cette route Biskra-El Oued-Ghadamès, il serait indispensable d'obtenir du gouvernement ottoman « une concession » à Ghadamès, analogue à celles que la Chine a accordées aux nations européennes à Canton, par exemple. La Porte ne saurait refuser cela à une nation amie, pour peu que notre représentant à Constantinople soit assez habile pour déjouer l'opposition sourde que mettrait à ce projet la diplomatie anglaise.

Cette concession une fois accordée, on y appellerait des commerçants indigènes du Sud algérien, et principalement des habitants du Mzab : ce sont les meilleurs commerçants parmi toutes les populations du nord de l'Afrique, après les Juifs, et l'on peut être sûr qu'ils tireraient de la situation commerciale de Ghadamès tout ce que l'on peut en attendre. Naturellement, ces marchands, à qui seraient distribués des terrains de la « concession », seraient tenus de faire tous leurs achats de marchandises dans nos marchés d'Algérie, et d'y envoyer tous leurs achats faits aux caravanes du Soudan.

Tel est, à notre avis, le seul moyen pratique et peu coûteux de rendre une certaine activité commerciale à la route Biskra-El Oued-Ghadamès; quelques mois suffiraient pour le mettre à exécution; il ouvrirait de nouveaux débouchés à nos industries françaises et algériennes en faisant concurrence aux maisons allemandes et anglaises établies à Tripoli, et la province de Constantine ne saurait que gagner à l'augmentation de transit qui en résulterait.

∴

Une autre voie commerciale qu'il serait d'une grande utilité de ne pas négliger, est celle qui, partant également de Biskra, passe à Touggourt, Ouargla et, par la dépression de l'oued Igharghar, conduit au point d'eau si important de Temassinin. C'est là en effet que se croisent les pistes allant de Rhât en Algérie, et celles venant du Touat et du Tidikelt, se dirigeant vers Ghadamès; toutes les caravanes allant d'une à une autre de ces régions sont obligées de passer à Temassinin.

Là également, il y aurait deux questions à résoudre : la route d'abord, puis ce qu'il y aurait lieu de créer au point extrême.

Quant à ce qui concerne la route, rien de plus simple; nous avons vu, dans la première partie de cette étude, qu'elle a été parcourue par de nombreux voyageurs, qu'elle est sûre, connue, et que l'eau se trouve, sur tout son parcours, à quelques mètres de profondeur; elle est libre de sables d'un bout à l'autre, traversant l'Erg par une série de gassi et de feidj à sol ferme ; un avant-projet de ligne ferrée, passant par cette voie, a même été exécuté sur le terrain par l'ingénieur Béringer : donc, route facile, connue; quelques points d'eau seulement à établir, comme ceux dont il a été parlé pour la route d'El Oued à Ghadamès.

La route de Biskra à Touggourt est abondamment pourvue d'eau, et sera vraisemblablement doublée très prochainement d'une voie ferrée ; de Touggourt à Ouargla, par Ngoussa, les points d'eau ne manquent pas ; au delà d'Ouargla, les points de Djeribia, Teniet el Oudj, Aïn Taïba, El Biodh et quelques autres points intermédiaires paraissent tout indiqués pour y installer des puits permanents, maçonnés et entretenus.

La route une fois pourvue de points d'eau certains, voyons quel parti on pourrait tirer de la position exceptionnelle de Temassinin : là, aucune concession à demander : elle a été accordée, comme nous l'avons vu, par Mouley, neveu et héritier du pouvoir politique d'Ikenoukhen, aménokhal de la confédération des Azdjer, qui, en 1893, a déclaré à l'explorateur Gaston Méry, que toutes les tribus Azdjer se souvenaient parfaitement du traité de Ghadamès, qu'elles ne demandaient qu'à commercer avec nous, et que, pour lui-même, il verrait d'un bon œil la création à Temassinin d'un bordj commercial. « Mais surtout, a-t-il ajouté, pas de soldats ! »

La voie est donc toute tracée de ce côté ; que quelques commerçants d'Alger, de Constantine ou de Biskra, que quelques personnes ayant un peu d'initiative se réunissent en société ; un bien faible capital serait nécessaire pour construire à Temassinin un bordj comprenant un mur d'enceinte, une vaste cour pour les chameaux des caravanes, quelques magasins et un ou deux logements pour Européens : un agent commercial, ou deux, quelques Arabes, Mzabites ou autres, quelques chameaux dont le nombre s'augmenterait avec les besoins, pour assurer le ravitaillement du bordj et de ses magasins; tout cela n'entraînerait pas une dépense considérable, et, certes, l'argent placé ainsi serait assuré d'un produit des plus rémunérateurs. Temassinin deviendrait rapidement un centre de transactions important pour toutes les tribus des Azdjer, qui répugneront toujours à quitter leurs territoires habituels pour remonter vers le nord chercher nos commerçants qui les attendent au lieu d'aller les trouver; de plus, les Azdjer, dont le centre est Rhât, marché important ne l'oublions pas, prenant l'habitude de venir commercer avec nous à Temassinin, oublieront peu à peu la route de Tripoli, et, insensiblement, les produits du Soudan, entreposés à Rhât, viendront se vendre au bordj de Temassinin et remonteront à la côte par Ouargla, Touggourt, Biskra, Constantine, au lieu de suivre la route longue et difficile qui va rejoindre, à travers le Djebel Nefousa, la côte de la Tripolitaine.

Que faut-il pour obtenir ce résultat? Quelques capitaux bien modiques, assurés de trouver là un placement exceptionnel, et à la tête de la petite Société commerciale un homme d'initiative. Serait-ce si difficile à trouver? Et n'existe-t-il pas déjà une Société qui paraît se trouver dans les conditions les plus favorables pour établir à Temassinin un bordj commercial?

Nous venons d'indiquer en quelques lignes rapides ce qu'il serait possible de faire pour relever l'importance commerciale des routes Biskra-El Oued-Ghadamès et Biskra-Touggourt-Ouargla-Temassinin ; il nous reste à examiner l'importance réelle, militaire et commerciale du ksar d'El Goléa, puis à jeter un coup d'œil sur les nombreux groupes d'oasis groupés sous les noms de Gourara et Aouguerout, du Touat et du Tidikelt, et à démontrer l'urgence qu'il y a pour la France d'y établir sa domination.

Voyons donc tout d'abord ce qu'a été El Goléa, ce qu'il est actuellement, et cherchons s'il serait possible d'augmenter son importance commerciale.

Le ksar d'El Goléa, appelé Taorirt par les Berbères, est bâti au sommet d'un gour dominant l'oasis, et dépendait autrefois du sultan d'Ouargla, qui y entretenait un gouverneur ; actuellement il appartient aux Chaamba el Mouadhi, qui vivent en nomades dans les immenses terrains de parcours avoisinants, et ne viennent au ksar que pour y passer les quelques mois les plus chauds de l'été ; puis, au mois d'octobre, ils reprennent leur vie errante, laissant le soin de cultiver leurs jardins de palmiers et de veiller à leurs demeures à quelques familles de nègres affranchis qui sont, du reste, dans un état fort misérable.

L'oasis, assez importante aux temps passés, ne compte actuellement pas plus de 6,000 palmiers. Cependant, depuis 1887, époque à laquelle l'autorité militaire fit construire un bordj au pied du ksar, une pépinière a été créée, des puits ont été creusés, enfin un atelier de sondages artésiens a obtenu un succès très sérieux : la nappe artésienne jaillissante a été rencontrée à la profondeur de 45 mètres, et une eau douce et limpide jaillit à plus de deux mètres au-dessus du sol.

L'importance d'El Goléa, au point de vue stratégique, ne peut faire l'objet d'un doute : relié au nord par sept routes connues [1], ce point se trouve situé de manière à commander en même temps l'artère importante que forment l'oued Mya et les routes, nombreuses il est vrai, mais peu suivies, qui joignent le Gourara et le Tamat au Sud algérien [2]; il est tout indiqué pour servir d'appui aux bordjs militaires que nous serons obligés d'élever aux principaux *points* d'eaux sur la route d'In-Salah; le bordj d'Hassi Inifel vient d'être construit; il reste à en élever un second à Hassi Aouleggui ou à Hassi Messeguem pour être maître des routes allant d'In-Salah et des autres oasis au Tidikelt.

Si donc le ksar d'El Goléa se trouve être d'une grande importance stratégique, puisqu'il est appelé à commander, par ses bordjs détachés, le groupe d'oasis du Tidikelt, il est hors de doute que le mode de ravitaillement de ce poste avancé est particulièrement difficile ; tous ses approvisionnements sont obligés de passer par le Mzab, aucune voie ferrée n'abrège la longueur de cette route, et longues sont les étapes de Berrouaghia à Laghouat, de Laghouat à Ghardaïa, de Ghardaïa à El Goléa. Aussi le prolongement du réseau ferré du dé-

---

(1) 1° De Ghardaïa à El Goléa, par Hassi bou Messaoud; route dite des caravanes; 2° de Ghardaïa à El Goléa, en passant par Metlili; route dite des colonnes; 3° de Ouargla à El Goléa, directe par Hassi el Hadjar; 4° d'Ouargla à El Goléa, par Kef Sultan, Areg Touareg, Hassi el Hadjar, et Hassi el Hadadra; 5° de Brezina à El Goléa, par En Noubia et Hassi Echia; 6° d'El Abiod sidi Cheikh à El Goléa, par Hassi bou Zid; 7° d'El Abiod sidi Cheikh à El Goléa, par Oum el Hadjhadj.

(2) Voir la carte du Sahara algérien, Touat et Tidikelt. Dressée par le commandant Deporter, 1891. (Presse du 1er régiment de zouaves.)

partement d'Alger, au moins jusqu'au Mzab, augmenterait-il de beaucoup la puissance militaire d'El Goléa ; il permettrait de jeter rapidement, en cas de besoin, troupes et approvisionnements dans ce poste avancé, et en ferait, par cela même, une position militaire de premier ordre.

En dehors de cette importance stratégique, la ligne Berrouaghia-Laghouat-Ghardaïa aurait, au point de vue commercial, une importance au moins égale ; sans parler du centre considérable de Laghouat, elle aurait à desservir la petite confédération du Mzab, si commerçante et si industrieuse. Les cinq villes de ce groupe particulier amèneraient à la ligne un trafic très sérieux, qui serait certainement plus que suffisant pour couvrir l'intérêt des frais d'établissement et d'exploitation ; toutes les études qui ont été faites au sujet du Transsaharien central l'ont surabondamment prouvé.

Est-ce à dire pour cela que la ligne Berrouaghia-Laghouat-Ghardaïa doive être prolongée plus loin vers le Sud ? Nous ne le croyons pas, et sommes persuadés qu'elle devra être satisfaite de son rôle, si, tout en faisant du Mzab un grand marché commercial, elle contribue à augmenter la puissance militaire de la place d'El Goléa.

Que serait son sort si, de ligne *saharienne,* elle tentait à devenir ligne *transsaharienne ?* Aucun centre important à desservir, en dehors d'El Goléa, à moins de se diriger vers les oasis d'In-Salah ; or, d'une part, le plateau du Tademaït offre à l'établissement d'une ligne ferrée de nombreuses difficultés et demandera un certain nombre de travaux d'art, ce qui influera sur le prix de revient de premier établissement ; d'autre part, il ne faut pas oublier qu'aborder par l'est le Tidikelt serait, au point de vue militaire, un non-sens absolu. Les oasis d'In-Salah s'appuieront forcément sur le Touat d'abord, puis sur le Gourara, et en tireront des renforts ; leur voie de communication avec le Maroc restera entière, et constituerait un danger permanent pour notre influence dans toute cette région.

Oui, certes, il faut occuper In-Salah, foyer ardent de fanatisme et d'intrigues anti-françaises ; oui, il faut occuper au plus tôt ce dernier marché important, auquel puissent s'approvisionner les Touareg Ahaggar, si nous voulons les tenir sous notre dépendance ; mais il faut avant tout couper les communications de toutes ces oasis du Tidikelt, du Touat, du Gourara et de l'Aouguerout avec le Maroc ; il faut nous établir solidement au seul point qui commande la route du Touat au Maroc, à Igli.

*
* *

Nous venons d'examiner d'abord le développement commercial que pourrait prendre le sud-est de l'Algérie par Ghadamès et par Temassinin, puis l'importance plutôt stratégique du point d'El Goléa. Reste à voir l'avenir réservé au sud-ouest de notre belle colonie algérienne, si nous nous décidons à faire quelque chose pour le mettre en valeur.

Plus heureux que les départements d'Alger et de Constantine, celui d'Oran a un double avantage : celui d'avoir un réseau ferré qui va atteindre Djenian bou Resg, et celui de comprendre dans son hinterland une région peuplée de plus de 100,000 habitants.

Est-il nécessaire de décrire à nouveau le Gourara, le Touat, le Tidikelt, et d'en démontrer l'importance, après les travaux des commandants Deporter et Bissuel, de M. le capitaine Le Châtelier, de MM. Broussais et Sabatier ?

Chacun sait actuellement que le traité franco-marocain de 1845 nous laisse maîtres du Touat, et, comme l'a affirmé M. Ribot à la tribune, « la question du Touat est une question algérienne ».

La seule occupation d'Igli, par une petite colonne française, amènerait immédiatement la soumission des 80,000 habitants qui peuplent les douze districts du Gourara.

Le Touat, voyant ses routes de caravanes coupées par notre poste d'Igli au nord, et par celui de Timbouctou au sud, se trouvera contraint de se rendre à merci.

Resterait le Tidikelt et les oasis d'In-Salah. Certes, la majorité des habitants de ces oasis passe pour nous être hostile, excitée contre nous par tous les dissidents de notre Sud algérien. Mais tous ces bandits, réfugiés au Tidikelt, ne sauraient influencer l'opinion des négociants qui forment la classe la plus élevée de la population. Celle-ci comprend parfaitement que, tôt ou tard, la France décidera l'annexion de leurs ksour à nos possessions algériennes, et sait fort bien que toute résistance serait inutile. De plus, l'intérêt même de tous ces notables, vivant du commerce des caravanes, leur imposera l'obligation inéluctable de se soumettre à ceux qui tiendront les routes du Sahara. Par Igli, par Timbouctou, par Temassinin, nous pouvons leur fermer les routes du Maroc, du Soudan, de la Tripolitaine, et ruiner leur commerce ; ils le savent si bien qu'ils font tous leurs efforts pour nous empêcher d'occuper ces deux points si importants : Igli et Temassinin. Mais leurs efforts mêmes marquent à la France la vraie voie à suivre pour amener, sans conflits armés, sans colonnes coûteuses, mais par la force même des choses, la soumission des oasis d'In-Salah et de Tidikelt.

∴

L'avenir de la pénétration française au Sahara est dans une politique pacifique, prudente, mais ferme et appuyée au besoin par la force.

La construction récente des bordjs de l'extrême-sud, au hassi El Homeur, au hassi Chebaba, à Inifel, à Bel Heïran et à Berresof; la bonne réception faite aux derniers m'ad touareg, le prolongement de la voie ferrée d'Aïn Sefra à Djenian bou Resg, enfin l'appui officiel donné aux dernières missions, sont autant de preuves que le Gouvernement général de l'Algérie suit un plan nettement déterminé, et est résolu à le suivre jusqu'au bout.

Rendre la sécurité aux routes du Sahara, drainer vers nos possessions : Algérie, Sénégal, Rivières du Sud, côte du Bénin, tout le commerce du Soudan, depuis le Niger jusqu'au Tchad, tel doit être le vrai, le seul objectif de la France, et dont elle ne doit pas se laisser détourner.

Trop d'infortunés voyageurs, martyrs d'un noble mais chimérique idéal, d'un fol héroïsme, ont semé le Sahara de leurs ossements; trop d'explorateurs, de soldats, de savants, ont arrosé de leur sang les plaines sahariennes, pour que leur œuvre reste inachevée; ils se sont dévoués, jusqu'à la mort, à la grande cause française, à la grandeur et à la prospérité de leur patrie. Ouvriers de la première heure, ils ont ensemencé, et, du mystérieux au-delà, nous convient à la récolte. Ecoutons leur appel, imitons leur exemple; comme eux marchons droit au but, et réalisons enfin l'idéal rêvé par eux :

UNE AFRIQUE FRANÇAISE,

DU TCHAD A L'ATLANTIQUE, D'ALGER AU SOUDAN.

TABLE DES MATIÈRES

	Pages.
Préface	VII
Introduction et but de l'Ouvrage	IX

1re Période. — Depuis l'occupation française jusqu'au traité de Ghadamès (1830-1862).

Chap. I. — Les premiers voyageurs européens dans le Sahara. — Le major Laing, — René Caillié	1
Chap. II. — Voyages de Davidson, — Richardson ; — Barth, Richardson et Overweg	11
Chap. III. — Voyages de Panet, — de Bonnemain, d'Ismayl bou Derba.	43
Chap. IV. — Voyages de Henri Duveyrier. — Mission Colonieu et Burin.	59
Chap. V. — Mission Mircher et de Polignac. — Traité de Ghadamès...	77

2me Période. — Du traité de Ghadamès au massacre de la mission Flatters (1862-1881).

Chap. VI. — Voyages de Gerhard Rohlfs	93
Chap. VII. — Voyage et mort de Mlle Tinne. — Expédition du général Lacroix et du lieutenant-colonel Gaume. — Colonne du général de Galliffet	109
Chap. VIII. — Voyage et mort de Dournaux-Dupéré et Joubert. — Voyage de Soleillet au Tidikelt. — Les deux voyages de Largeau à Ghadamès. — Mort des Pères Paulmier, Ménoret et Bouchand. — Insuccès de Largeau au sud d'Ouargla. — Voyage et mort de Von Bary	119
Chap. IX. — Voyage d'Oskar Lenz. — Voyage des Pères Richard et Kermabon	153
Chap. X. — Première idée d'un chemin de fer transsaharien. — Missions Duponchel, Choisy et Pouyanne. — Les deux missions Flatters	173

3ᵐᵉ Période. — Du massacre de la mission Flatters jusqu'à l'époque actuelle.

Chap. XI. — Mort des Pères Richard, Morat et Pouplard. — Voyage de M. Foureau en 1883.................................... 201
Chap. XII. — Le lieutenant Palat. — Camille Douls................ 221
Chap. XIII. — Rhazzou de Touareg-Taïtok au hassi Inifel. — Mission de M. Foureau au Tademaït, en 1890............... 241
Chap. XIV. — Voyage de M. G. Méry (Février-Mars 1892). — Mission de M. F. Foureau (Janvier-Avril 1892)............... 255
Chap. XV. — Une ambassade targuie en Algérie. — Mission de M. Méry (Décembre 1892 - Avril 1893). — Mission de M. Foureau (Décembre 1892 - Février 1893)....................... 265
Chap. XVI. — Mission de F. Foureau (Novembre 1893-Mars 1894). — Mission d'Attanoux (Janvier 1893-Avril 1894)......... 297
Chap. XVII. — L'Avenir du Sahara. — Sa mise en valeur pratique. — Conclusions...................................... 321

Clermont-Ferrand, typographie Mont-Louis, rue Barbançon, 2.

TABLE DES CARTES

CARTES HORS TEXTE

	Pages
ITINÉRAIRE DE RENÉ CAILLIÉ (1827-1828)	
de Timbouctou à l'Iguidi	4
de l'Iguidi au Maroc	7
ITINÉRAIRE DE DAVIDSON (1836)	
de Tanger à Souekeya (Iguidi)	12
ITINÉRAIRE DE JAMES RICHARDSON (1845-1846)	
en Tripolitaine et à Rhât	14
ITINÉRAIRE DE BARTH, RICHARDSON ET OVERWEG (1850)	
de Tripoli à l'Ouadi Chiatti	18
de l'Ouadi Chiatti à Mourzouk et à l'Ouadi Aberdjouch	22
de l'Ouadi Aberdjouch à Rhât	26
de Rhât vers Assiou	28
dans la région d'Assiou	30
dans le massif de l'Aïr	34
ITINÉRAIRES DE BARTH (1850-1855)	
de l'Aïr à Timbouctou	36
aux environs de Timbouctou	40
ITINÉRAIRE DE LÉOPOLD PANET (1850)	
au Sahara Occidental	46

TABLE DES CARTES

	Pages
ITINÉRAIRE DU CAPITAINE DE BONNEMAIN (1856-1857)	
du Souf à Ghadamès..................................	50
ITINÉRAIRE D'ISMAYL BOU DERBA (1858)	
du Mzab à Rhât et chez les Azdjer.....................	56
ITINÉRAIRES DE HENRI DUVEYRIER	
au Mzab et à El Goléa (1859)........................	60
au Souf, à Ouargla, au Djérid et à Gabès (1860)...........	64
de Ghadamès à Tripoli par Rhât et Mourzouk (1860-1861)..	68
ITINÉRAIRE DE MM. COLONIEU ET DE BURIN (1860)	
au Gourara et à l'Aouguerout..........................	72
ITINÉRAIRE DE LA MISSION MIRCHER ET DE POLIGNAC	
de Tripoli à Ghadamès................................	80
ITINÉRAIRES DE GERHARD ROHLFS (1864)	
de Tanger à In-Salah................................	100
d'In-Salah à Tripoli.................................	106
ITINÉRAIRE des COLONNES LACROIX et de GALLIFFET (1872-73)	
à El Goléa et à Aïn Taïba.............................	116
ITINÉRAIRE DE DOURNAUX-DUPÉRÉ ET JOUBERT (1873-1874)	
au Sahara algérien et vers Rhât.......................	122
ITINÉRAIRES DE VICTOR LARGEAU (1875-1877)	
de Touggourt à Ghadamès par Hassi Botthin.............	132
de Biskra à Ghadamès par Berresof....................	136
au sud d'Ouargla....................................	144
ITINÉRAIRE DE VON BARY (1876-1877)	
à Rhât et dans l'Aïr.................................	148
ITINÉRAIRE D'OSKAR LENZ (1879-1880)	
de Tanger à Tindouf.................................	156
de Tindouf à Tombouctou et au Sénégal................	160
ITINÉRAIRE DE LA MISSION CHOISY (1880)	
de Laghouat à El Goléa et à Biskra....................	174
ITINÉRAIRE DE LA PREMIÈRE MISSION FLATTERS (1880)	
de Biskra au Lac Menghough.........................	180

TABLE DES CARTES

	Pages
PLAN DE OUARGLA ET DE SES ENVIRONS Rouissat, Sedrata, Adjadja, etc.	190
ITINÉRAIRE DE LA DEUXIÈME MISSION FLATTERS (1881) de Ouargla au Bir el Gharama	196
ITINÉRAIRE DE M. F. FOUREAU (1883) au Sahara algérien	216
ITINÉRAIRE DU LIEUTENANT PALAT (1886) au Gourara et vers In-Salah	226
ITINÉRAIRE DE CAMILLE DOULS au Sahara Occidental (1887)	230
de Tanger au Tidikelt (1888-1889)	236
ITINÉRAIRE DE M. F. FOUREAU (1888) au Tademayt et vers In-Salah	248
ITINÉRAIRE DE M. G. MÉRY (février-mars 1892) du Souf au Haut Igharghar	256
ITINÉRAIRE DE M. F. FOUREAU (janvier-avril 1892) de Touggourt à Temassinin	262
ITINÉRAIRE DE LA MISSION MÉRY (décembre 1892-avril 1893) du Souf au Lac Menghough	272
ITINÉRAIRE DE M. F. FOUREAU (décembre 1892, février 1893) de Biskra à Temassinin et à Ghadamès	286
ITINÉRAIRE DE M. F. FOUREAU (novembre 1893-mars 1894) de Biskra au Tidikelt et vers Rhât	302
ITINÉRAIRE de la MISSION D'ATTANOUX (oct. 1893-avril 1894) de Biskra au Lac Menghough	310

CARTE DU SAHARA ET DU N.-O. DE L'AFRIQUE, de la Méditerranée au Sénégal et au lac Tchad.

CARTES DANS LE TEXTE

	Pages
Gourara et Aouguerout.	75
Plan de Ghadamès.	82
Itinéraire de Mlle Tinne en Tripolitaine.	111
Groupe des Oasis d'In-Salah.	128
Itinéraire de Von Bary au Tassili des Azdjer.	148
Plan de Ouargla.	177
Environs du lac Menghough.	179
Lac Menghough.	180
Puits d'El Biodh.	182
Plan du hassi Tamesguida.	218
Gourara et Aouguerout.	224
Environ du hassi-Inifel.	242

www.ingramcontent.com/pod-product-compliance
Lightning Source LLC
Chambersburg PA
CBHW052043230426
43671CB00011B/1765